七雄逐鹿話戰國

朱良＊著

JPC HK

策劃編輯　梁偉基

責任編輯　徐楊烽

書籍設計　a＿kun

書　　名　七雄逐鹿話戰國

著　　者　朱良

出　　版　三聯書店(香港)有限公司
　　　　　香港北角英皇道 499 號北角工業大廈 20 樓
　　　　　Joint Publishing (H.K.) Co., Ltd.
　　　　　20/F., North Point Industrial Building,
　　　　　499 King's Road, North Point, Hong Kong

香港發行　香港聯合書刊物流有限公司
　　　　　香港新界荃灣德士古道 220-248 號 16 樓

印　　刷　美雅印刷製本有限公司
　　　　　香港九龍觀塘榮業街 6 號 4 樓 A 室

版　　次　2021 年 8 月香港第一版第一次印刷

規　　格　16 開(170 × 240 mm)352 面

國際書號　ISBN 978-962-04-4814-0

© 2021 Joint Publishing (H.K.) Co., Ltd.
Published & Printed in Hong Kong

本中文繁體字版由銀杏樹下(北京)圖書有限責任公司授權於香港、澳門地區獨家出版發行。

第一章　魏國崛起　　　　　　　　　　001

三分晉國　　　　　　　　　　　　　003
雄才大略魏文侯　　　　　　　　　　005
殺妻求將　　　　　　　　　　　　　007
樂羊食子　　　　　　　　　　　　　008
強奪河西　　　　　　　　　　　　　010
三晉伐齊　　　　　　　　　　　　　013
晉國末路　　　　　　　　　　　　　015

第二章　田氏代齊　　　　　　　　　　017

漫漫竊國路　　　　　　　　　　　　019
竊國者侯　　　　　　　　　　　　　021
篡位者最終勝利　　　　　　　　　　025

第三章　艱難維持的霸權　　　　　　　029

秦國的亡國危機　　　　　　　　　　031
四面出擊的魏國　　　　　　　　　　033
吳起變法　　　　　　　　　　　　　036
秦國崛起的開始　　　　　　　　　　038
三晉聯盟破裂　　　　　　　　　　　042
吳起的報復　　　　　　　　　　　　044
艱難維持的第一強國　　　　　　　　046

第四章　席捲各國的變法浪潮　　　　　051

河西烽煙再起　　　　　　　　　　　053
秦師初入中原　　　　　　　　　　　055
改變歷史的奇人　　　　　　　　　　057
商鞅變法　　　　　　　　　　　　　058
虛心納諫的齊威王　　　　　　　　　062

目
錄

諸子百家的黃金時代　　　　065

申不害變法　　　　　　　　068

第五章　中原霸主爭奪戰　　　073

慘淡經營的魏惠王　　　　　075

田忌賽馬　　　　　　　　　077

孫龐鬥智　　　　　　　　　079

虛幻的霸主夢　　　　　　　082

稱王的把戲　　　　　　　　084

馬陵之戰　　　　　　　　　085

商鞅作法自斃　　　　　　　087

第六章　智慧的火花　　　　093

魏惠王求賢　　　　　　　　095

孟母教子　　　　　　　　　096

大同世界的夢想　　　　　　098

無法實現的王道　　　　　　100

底層民眾的理想　　　　　　106

亂世隱者　　　　　　　　　110

第七章　合縱連橫　　　　　113

魏國的轉變　　　　　　　　115

中原集體沉淪　　　　　　　116

雕陰之戰　　　　　　　　　118

張儀相秦　　　　　　　　　121

連橫初顯鋒芒　　　　　　　123

各懷鬼胎的山東六國　　　　125

楚懷王的霸主夢　　　　　　128

修魚之戰 131

第一次合縱失敗 134

第八章 大國較量 137

開國何茫然 —— 早期的蜀國 139

秦國的滅蜀陰謀 140

巴國爭奪戰 143

一次離譜的禪位 146

出賣盟友的大國 150

張儀欺楚 152

秦楚大決戰 155

第九章 風雲激蕩 161

二年成邑，三年成都 163

張儀的最後一計 164

宜陽攻防戰 167

秦王舉鼎 171

風雲突變 174

「真小人」宣太后 177

第十章 楚國的悲劇 181

楚國的擴張 183

老謀深算的趙武靈王 185

禮賢下士孟嘗君 188

意外來臨的滅國之災 191

背信棄義的秦人 194

國殤，一個時代的悲劇 197

第十一章　雙雄並立　199

雞鳴狗盜　201
齊國的合縱　203
狡兔三窟　204
三晉哀歌　208

第十二章　激烈的生存競爭　211

燕昭王求賢　213
玩火自焚的趙武靈王　214
六國封相的傳說　218
超級間諜蘇秦　225
宋國的生存鬥爭　226
最大的一盤棋　229

第十三章　齊國隕落　231

意外來臨的五國合縱　233
局勢又一次反轉　234
齊國大難來臨　235
齊湣王的逃亡路　238
最慘的亡國之君　239
郢都保衛戰　241
哀民生之多艱　244

第十四章　最後的屏障　247

下一個打擊目標　249
完璧歸趙　250
澠池會　252

負荊請罪　　　　　　　　　　　255

燕趙有義士　　　　　　　　　　255

齊人的抗爭　　　　　　　　　　256

田單復齊　　　　　　　　　　　258

第十五章　秦趙大決戰　　　　　263

小人物的發跡史　　　　　　　　265

秦昭襄王的煩心事　　　　　　　267

遠交近攻　　　　　　　　　　　268

睚眥必報　　　　　　　　　　　271

意外來臨的決戰　　　　　　　　274

長平之戰　　　　　　　　　　　276

大屠殺　　　　　　　　　　　　280

第十六章　英雄傳奇　　　　　　283

趙國的命運　　　　　　　　　　285

白起的末日　　　　　　　　　　287

毛遂自薦　　　　　　　　　　　289

義不帝秦　　　　　　　　　　　291

竊符救趙　　　　　　　　　　　292

大反攻　　　　　　　　　　　　296

第十七章　英雄的黃昏　　　　　301

呂不韋的生意經　　　　　　　　303

債台高築　　　　　　　　　　　305

秦宮秘事　　　　　　　　　　　307

老去的時代　　　　　　　　　　308

第十八章　四海歸一　　　　　　　　313

穢亂宮闈的趙太后　　　　　　　315
年少有為的秦王　　　　　　　　317
趙國的頂樑柱　　　　　　　　　320
趙王自毀長城　　　　　　　　　321
燕國的最後一擊　　　　　　　　325
楚國的滅亡　　　　　　　　　　328
愚蠢又可悲的齊王　　　　　　　330
一統山河　　　　　　　　　　　331

附錄　大事年表　　　　　　　　334

第一章

魏國崛起

三分晉國

公元前 453 年，就在晉陽城即將被攻破的前夜，韓、魏兩家突然反水，跟趙氏合力攻打智氏，晉陽的形勢陡然逆轉，原本佔據絕對優勢的智氏一夜之間被滅族。

這個轉折來得太意外，國際國內一片嘩然。

最震驚的還是遠在絳城的晉出公。直到這時，他才發現魏、趙、韓三家如同盤踞在晉國土地上的三隻巨獸，正張開血盆大口，準備分食這個已經無力反抗的國家。

三家羽翼已成，晉君悔之晚矣。

絕望中的晉出公試圖發起最後一擊，他向齊、魯借兵去攻打三大家族，但哪裏是三家的對手？很快便被他們打得大敗。

晉出公只得逃到齊國去躲避，第二年便病死在了那裏。晉國國內，魏、趙、韓扶植晉哀公為傀儡君王，三家從此肆無忌憚地開始了瓜分晉國的浩大工程。晉國擁有天下最優質的國土資源，三家經過五十年的爭吵與磨合，在趙襄子和魏文侯兩任中軍將的主持下，最終在保留三家原來所佔土地的基礎上，達成以下瓜分方案——

魏：河西郡、河東郡、上洛之地、東郡

趙：太原郡、代郡、邯鄲郡

韓：三川郡、上黨郡

其中有幾個地塊值得說明——

河西郡：東方各國中唯一一塊黃河以西的地塊。這是當年晉文公、晉襄公時代從秦國手上搶來的。從地理上來說，這是插入秦國本土的楔子，位置極端重要，也極端險惡。這個地方是魏國打壓秦國的最前線，因此也成為秦魏兩國拚死爭奪的焦點。

河東郡：晉國的核心地帶，最繁華富庶的地方。絳城、曲沃都在這裏，半死不活的晉國政府也在這裏。魏國因為佔有了這塊土地，經濟實力在三晉之中位列第一。

太原郡：趙氏苦心經營多年的大本營，晉陽就在這裏。但這裏也挨著秦國，因此也需要跟秦國展開爭奪。

邯鄲郡：趙國的另一塊重要土地。地處太行山以東，靠近中原核心地帶。這裏可以直接威逼燕、齊，壓制韓、魏，屬進可攻退可守的絕對優質地塊。

上黨郡：佔據太行山南部，為天下之脊，晉國的制高點，佔盡地利之便。

三家分晉的結果——

魏：佔有晉國最核心的地帶，經濟實力和人口都超過趙、韓，可以說繼承了晉國大部分的資源。但它的缺點也非常明顯：河西郡是跟秦國爭鬥的前沿陣地，佔據河西郡的魏國天生就是秦國的死對頭；東郡又卡在中原最中央。這樣一來，魏國要麼四面出擊，要麼被眾人圍攻，沒有別的選擇。另外，魏國的土地被分為東、西兩大塊，無法整合到一起，這點嚴重分散了它的力量。

趙：三晉中地緣形勢最優越的一國。它既有太原郡這個穩固的大本營，又有邯鄲郡這個爭奪天下的橋頭堡；既避開了中原紛爭，又有北方大片土地可以開拓，真正是龍興之地的架勢。缺點則是必須承受北方游牧民族的壓力，並且早期經濟發展也比較落後。趙國在初期雖然默默無聞，但倚仗這樣優越的地理條件，終有一天它會崛起為一個大國。

韓：三晉中實力最弱的國家。從一開始就被困在太行山南麓跟洛邑之間，周圍強敵環伺，根本沒有發展空間。唯一可能的發展方向是向鄭國突破。但鄭國本身也是一個只能被圍攻的國家，這樣的地理形勢決定了韓國只能追求自保，默默過著自己的小日子，直到被滅掉。

總的來看，晉國的力量主要由魏國繼承下來，戰國爭雄，首先得看魏國！

雄才大略魏文侯

三晉之中，魏國繼承了晉國最精華的部分，本身底子就很厚。而魏文侯又是不可多得的有為之君，親手將魏國帶上了天下的至高峰。

魏文侯的賢德舉世皆知。

人們都說，他的高尚人格涵蓋方方面面，其中最突出的一點就是禮賢下士。

《呂氏春秋》裏有一則故事很能說明這點。據說魏文侯有一次召集群臣宴飲，大家都喝得很盡興，魏文侯自己也有些飄飄然了，就讓在座的大臣們挨個評論：「孤王是個怎樣的君王？」大家一聽，展現拍馬屁功夫的機會來了，都爭著大肆吹捧魏文侯：有說他「仁義」的，有說他「睿智」的……輪到任座的時候，他卻很不屑地說：「我看大王也不怎麼賢德，您打下中山國的土地，不封給自己的弟弟，卻封給自己的兒子，怎麼算得上是仁君呢？」

聽到這話，魏文侯的臉馬上拉下來了。任座這番話，不僅掃興，而且直接挑明了魏文侯兄弟之間若隱若現的矛盾，相當辛辣。

魏文侯一言不發，現場氣氛一度十分尷尬，大家都不知道該說甚麼。任座知道魏文侯沒有公開撵人已經很給他留面子了，所以很知趣地退出去了。

酒宴繼續，下一個輪到翟璜，他也假裝覥著臉拍馬屁：「大王當然是賢德的君主呀。下臣聽說，只有賢德之君，他的屬下才會直言敢諫，剛剛任座說話那麼直，正好說明大王的賢良。」

一番話頓時化解了尷尬，大家哈哈大笑，魏文侯也回嗔作喜，讓人把任座叫回來，自己親自下階迎接，還奉他為上客，雙方言歸於好，重又歡樂地喝起酒來。

從此魏文侯虛心納諫的名聲便廣泛傳播開來。

魏文侯就是這樣一個人。他對待士人，溫和謙厚，彬彬有禮，又聽得進勸諫，知錯就改，因此天下賢才都來歸附。他看人的眼光又相當精準，總

能挑出最合適的人才，並且不看門第出身、唯才是舉。因此，魏國漸漸聚集了一批冠絕當世的奇才，如翟璜、李克、西門豹等等，形成了戰國初期最豪華的一套政府班底。

為了進一步籠絡人才，魏文侯找來當時最有名的學者子夏，親自拜他為師。

子夏是孔子的弟子，「孔門十哲」之一。這時孔子的弟子們大多都已不在人世了，子夏作為當時的儒學泰斗，是孔門的代表人物。

子夏在魏國講學，開創了「西河學派」，天下的學者紛紛到這裏來交流學術思想，魏國成為了周朝的文化中心。

儘管對子夏極為尊敬，但魏文侯治理國家用的主要人才卻不是來自儒家，而是來自法家。其中最重要的代表人物就是李悝。

李悝作為魏國文臣之首，對於魏文侯的各種決策有著重大影響。他最重要的貢獻是在魏國主持變法。

李悝變法是一次全方位的革新運動，主要包括以下內容：打壓舊貴族，取消他們的世襲俸祿，按照才能選拔人才，由此籠絡新興的士大夫階層；頒佈《法經》，依「法」治國，《法經》是中國最早的法律典籍之一，對後世的法律制定有重大影響；廢除井田制，鼓勵老百姓開荒；大力發展農耕紡織，從而提高農業生產水平；實行「平糴法」，豐年由國家平價收購農民的糧食，荒年再平價賣出；重新編排軍隊，把士兵按照特長劃分為不同的兵種，並且建立起一支戰鬥力強悍的特種部隊，稱為「魏武卒」，一度威震天下。

「變法」是這個時代最新潮的名詞。春秋時代的貴族制度已經瓦解，新時代需要一套新的制度來推動社會的運行。魏國開風氣之先，在列國中第一個變法，國家從上到下煥然一新，因此遠遠走在了其他諸侯國的前面。

政治和經濟上由李悝主導，而在軍事上，魏文侯也招納到了一個頂級強人，這個人把魏國的軍隊帶上了戰無不勝的絕高位置。

殺妻求將

　　吳起，衛國人，以兵法謀略聞名於世，是個心狠手辣又才冠古今的奇人。據說吳起出生於一個富豪家庭。當時天下紛亂，胸懷經天緯地之才的吳起一心想幹出一番事業。他散盡家財，多方尋求門路，想找一個入仕的機會，卻一直沒有結果。鄉里的人都在背後譏笑他，吳起發狠，一口氣殺了三十多個嘲笑他的人。

　　官府聞訊前來緝拿，走投無路的吳起只好逃離故鄉。臨走時他牽著母親的手發誓：「不為卿相，不復入衛！」

　　吳起來到魯國，投到曾申門下。曾申是孔門著名弟子，當世鴻儒，吳起能得到他的接納，已經站到了政壇的大門口。

　　但不久以後吳起的母親過世了。按照儒家的規矩，這種情況應該回鄉守孝三年。吳起卻是個天不怕地不怕的主，根本不管這些規矩，別說守孝了，連回家看一眼都沒有。

　　「不孝」這種行為犯了儒家的大忌，曾申這種孔門聖賢怎麼可能容忍。極度憤怒的曾申把吳起逐出門庭，從此和他恩斷義絕。

　　離開孔門的吳起轉而精心鑽研兵法，連魯穆公也聽說了他的才幹。當時正好齊國發兵來攻打魯國，急需將才的魯穆公想任用吳起為將領。

　　但吳起之前已經娶了一個齊國女子為妻，如果讓他領兵去對抗齊國，魯國人難免不放心。急於求取功名的吳起又一次展現出他心狠手辣的一面，他手起刀落殺死自己的妻子，向魯國人表示「我已經跟齊國斷絕關係了」。

　　這件事引起的轟動可想而知。魯國人群情激奮，都罵吳起不仁不義。但齊國大軍來勢洶洶，已經沒法顧忌更多了，魯穆公最終還是決定任用吳起。

　　一入戰場的吳起頓時如同蛟龍入海，無往不利，無視齊、魯兵力的巨大差距，迅速打退了齊國的進攻。

　　但魯國畢竟是禮儀之邦，吳起這種狂放不羈的叛逆者天然地跟魯國人不合拍。儘管他幫助魯國戰勝了敵人，但魯國人還是很看不起他。有人挑撥

魯穆公說：「我們魯國是個小國，不安安穩穩地過日子，卻公然跟強大的齊國為敵，以後大國肯定都會來找我們的麻煩了。況且魯、衛是兄弟國家，吳起是衛國逃犯，任用吳起肯定會得罪衛國。」

魯穆公禁不起眾口鑠金，開始冷落吳起。這時一直賞識吳起的季孫氏又被下人殺了，吳起失去了靠山，再也待不下去，只好離開魯國，來到了魏國。

魏國也有很多人不喜歡這個狂傲的浪子，他們紛紛建議魏文侯不要接納他。但子夏的弟子李克（有一種說法認為李克就是李悝）對魏文侯說：「吳起這人雖然人品不好，但用兵如神，甚至超過名將司馬穰苴。」

魏文侯本就是「唯才是舉」的人，聽了這話，當即力排眾議，任用吳起為魏國軍隊的統帥。

吳起終於找到了可以大展拳腳的場所。除了吳起，樂羊也是魏文侯提拔起來的超級將才。那是在討伐中山國的戰役中。

樂羊食子

春秋時期，在晉國東北方有一個由鮮虞部落建立的國家，中山國。鮮虞是北方夷狄之一，戰鬥力強悍，在春秋時代就一直是中原諸侯們的死對頭。他們多次侵犯中原北部的邢國和衛國，給中原國家造成很大困擾。晉國作為北方大國，一直對中山國給予持續的打擊。春秋末期，趙襄子帶兵對中山國發起一連串攻擊，最終徹底控制了這個國家，隨後扶立中山文公為傀儡君王。

此後，中山國一直處在趙、魏兩家的控制下，名存實亡。三家分晉使晉國內部陷入混亂。中山文公的兒子中山武公趁機擺脫趙、魏兩國的控制，恢復了中山國，定都顧城，那是公元前 414 年。趙、魏兩國對於這種奴才造反的事情當然不能容忍。他們先忙瓜分晉國的事情，到公元前 408 年，瓜分晉國的任務已經基本完成，趙、魏兩家回頭來商量，準備聯手滅掉中山國。

魏國武力強大，但跟中山國中間隔著趙國，所以趙國借道，魏國派兵，跨過趙國土地去攻打中山國。

這時候的中山國復國不過六年，正在重新建設自己的國家。他們的遭遇令人同情，但兩個民族對生存空間的爭奪，不是你死便是我亡，沒有道義可講。

帶兵的是吳起和樂羊。樂羊是在戰前被臨時提拔上來的。他本來是翟璜的門客，翟璜為了這次戰爭，專門把他推薦給魏文侯。

翟璜是魏國的伯樂，向魏文侯推薦過許多傑出的人才，他看中的人基本是沒錯的。但樂羊有個很大的問題：他兒子樂舒在中山國當將領，還曾跟魏國打過仗。要是父子二人在戰場上相見，怎麼保證樂羊會真心為國出力呢？

魏文侯這時表現出了極其開明的一面，他完全不懷疑樂羊的忠誠，直接把大隊人馬交給他，讓他帶兵出征。

朝中大臣覺得這樣很冒險，都在提心吊膽地關注著樂羊的一舉一動，猜測樂羊會怎麼做。

當時的中山國君也認為有機可乘，所以立即把樂舒抓起來，以此要挾樂羊。不料樂羊絲毫不為所動，照樣指揮軍隊猛攻中山國城池。

中山國是夷狄，本來就殘忍嗜殺，看到這情景，乾脆直接殺掉樂舒，煮成肉醬裝在罐子裏，派人送給樂羊，想藉此打擊他的士氣。

樂羊聽到下人的報告，很冷靜地召使者進來見面，接下來是駭人聽聞的一幕──他面無表情地接過那罐肉醬，拿起勺子，一口氣吃完，問：「怎麼樣？滿不滿意？」

中山國的使者嚇得抱頭鼠竄，回去報告後，大家都無可奈何，知道確實動搖不了樂羊的意志，就只好硬拚了。

樂羊以自己的極端行為表明了他對國家的忠誠，從此軍隊上下不再懷疑他，真心接受了他的領導。

但魏文侯卻心情複雜。他一方面被樂羊的愛國行為所感動，一方面卻惴惴不安地想：「如此極端的人，甚麼事情幹不出來？」

前方的戰鬥依然激烈。中山國是一塊難啃的硬骨頭，魏軍又是在別人的國土上作戰，受到很大限制。所以這場戰爭打得十分辛苦，足足用了兩年多才終於攻克顧城，第二次滅亡了中山國，把這片土地再次收入囊中。

攻佔中山國以後，魏國的領土大幅擴張，插入齊、趙之間。行軍途中還見縫插針地佔了趙國一些土地，從此地緣上更加佔優，進一步壓倒了趙、韓兩國。

而趙國借道給魏國，卻沒有得到實際的好處，相當於把中山國這塊大肥肉白送給了魏國。這是他們的重大失策，但考慮到魏國壓倒性的實力，也許趙國這樣做也是不得已吧。

魏軍凱旋以後，樂羊受到了魏文侯的隆重接見。文侯當場讓人抬了兩個箱子上來，打開一看，裏面是滿滿的文檔。魏文侯隨手翻給樂羊看，都是各路官員彈劾他以及反對攻打中山國的奏摺。到這時，樂羊才知道文侯幫他擋下了如此之多的質疑，感動不已。

魏文侯真正把「用人不疑」做到了極致，魏國朝廷上下能夠如此齊心也就不難理解了。

但「樂羊食子」畢竟是一個抹不去的污點，對魏國的形象有很大的負面影響，後來魏文侯把樂羊封在中山國的靈壽，從此不再重用他，讓他在那邊養老，卻也給了他足夠的尊重。這應該是一個各方都能接受的最佳結果吧。

而另一方面，吳起的封神之路才剛剛開始，他一生最偉大的事業即將到來。

強奪河西

三家分晉以後，晉國「表裏山河」的地理優勢被打碎，魏、趙、韓都急需建立自己的戰略縱深，對外擴張不可避免。其中，最強大的魏國是擴張最積極的。

向東是強大的齊國，南、北是韓、趙兩兄弟國，都不方便擴張，所以魏文侯把擴張的重點選在西面，向蠻荒地帶的秦國要土地。

秦國在穆公的時候也曾囂張過一段時期，一度跟晉國打成平手。不過他們畢竟是半個蠻夷，經濟文化落後，人才資源跟不上，所以穆公過後就漸漸衰落了，雖然國土廣大，但只能算是個二流國家。

在國力衰退的同時，政治上的不穩定更讓秦國雪上加霜。

公元前429年，秦躁公死，他的弟弟秦懷公繼位。

當時秦國國政已經落入權臣手中，懷公掌權僅僅五年之後，庶長量帶領群臣圍攻懷公，秦懷公被迫自殺。懷公的兒子在這之前就已經死了，所以只好立他的孫子為君，是為秦靈公。秦靈公執政九年，還很年輕，卻又離奇身亡。他的兒子公子連這時才九歲，沒有政治實力。秦懷公的另一個兒子（秦靈公的叔叔）悼子發起政變，奪得了君位，是為秦簡公，公子連被迫逃到魏國避難。

從秦懷公開始，十五年間，秦國換了三任國君，每一任都不是通過正常途徑繼位，連續的動亂，把秦國拖入了國弱民貧的深淵。

從外部環境來說，兩百多年來，崤函通道一直牢牢地被晉國以及後來的魏國捏在手裏，秦國被隔離在遙遠的西方，跟中原各國缺乏聯繫。中原各國根本不瞭解他們，把他們當作化外之邦，各種會盟都不讓他們參加。秦國何止是孤立，可以說根本就沒有外交。

這樣一個積重難返的國家，卻佔著黃河以西大片豐腴的土地，最近處離安邑只有一百四十餘里，從地緣上直接威逼魏國的河東郡與上洛之地，是可忍孰不可忍！

所以奪取河西地區，把秦國人趕到更西方去，就成了魏國的既定國策。在河西地區的爭奪中，魏國佔有先天優勢。因為當初晉文公、晉襄公的時候，晉國打下了河西的少梁、彭衙等地，它們如同一把楔子，插入秦國的河西部分。

公元前419年，魏國開始動手。他們先在自己控制的少梁地區修築軍事要塞，作為爭奪河西地區的前哨。這是赤裸裸的侵略行為。秦國馬上派兵

來阻止，雙方圍繞少梁展開激烈的爭奪戰。

對於秦國來說，河西是關係到國運的重要戰略緩衝帶。秦國東進中原的唯一通路是崤函通道，河西是崤函通道北部的高原地帶，河西是否處在秦國控制下，直接決定了秦國能否順利通過函谷關進入中原。另一方面，河西高原向西俯視著秦國的腹地關中平原，一旦河西失守，關中就在敵人的眼皮底下，秦國的腹部將完全暴露在敵人的鐵拳之下。

少梁是河西南北交通的樞紐，從東西、南北四個方向掌控著河西局勢，自然也成為秦、魏雙方拚死爭奪的焦點。

很可惜，秦人雖然悍勇無比，然而戰爭終究是國力的較量。秦國國力如此弱小，在如日中天的魏軍面前哪有半點獲勝的機會？他們拚盡全力也拿不下少梁，只能眼睜睜看著魏人的城堡越築越高。

秦軍只能沿著黃河另俰一條防線，試圖圍困少梁，但這樣無力的抵扰起不到任何作用。

公元前413年，少梁的堡壘已經修好，魏國擁有了黃河以西的戰爭基地，隨即發起大規模進攻，向下俯衝，直入關中平原，開始吞併秦國的土地。

之後的幾年中，魏軍接連攻城拔寨，一路把秦軍向西驅趕，攻佔了秦國許多土地。

公元前409年，吳起開始統領魏軍。戰神的加入，使魏軍更加所向披靡，在河西地區一路橫掃。

據說吳起領兵的時候，吃住都跟普通士兵在一起，自己沒有任何特殊待遇。有個士兵生了膿瘡，吳起親自替他吸出膿液，這名士兵的母親聽到以後痛哭道：「當年吳公曾為這孩子的父親吸膿，他父親在作戰時就拚死衝在最前面，最終死在戰場上。現在我這個兒子也要死在戰場上了嗎？」可見吳起在士兵中威望之高。

有吳起這樣一位身先士卒的將領，魏國士兵人人爭效死力，戰鬥力極為恐怖，在幾年之內就成功趕跑了秦國人，把整個河西地區納入了魏國版圖。

魏文侯把這裏設為西河郡，任命吳起為西河郡守，防範秦國的反撲（當時「河西」與「西河」基本指同一個地方）。

吳起採取步步為營的策略，每佔領一個地方，就在當地築城，派兵駐守，然後繼續推進。漸漸地吳起在河西地區建立起多座城池，這樣一種「蠶食」戰術讓秦人無可奈何。

秦人只好退守洛水。至此，整個關中已經暴露在魏國的兵鋒之下。關中是他們剩下的唯一根據地，一旦這裏失守，秦國也就亡了，這將是秦人的噩夢。驚恐萬狀的秦人甚至沿洛水築起一座長城，試圖阻擋隨時可能到來的毀滅性打擊。

公元前 405 年前後，秦國遭遇空前危機，走到了亡國的邊緣。這時候遙遠的齊國發生動亂，成功吸引了魏國的火力，讓秦國得到了短暫的喘息機會。

三晉伐齊

魏國的地緣形勢在各國中幾乎是最差的（僅僅比韓國好一點），東、南、西三個方位都面臨大國的壓迫。

早在公元前 412 年，太子擊攻打河西的時候，齊、楚兩國就趁魏國國內空虛的時機發起進攻，分別從兩個方位夾擊魏國，魏國一時間面臨三線作戰的窘境。

在這種局面下，團結趙、韓兩兄弟，防止四面被圍攻就成了魏國必然的選擇。

魏文侯一直特別在意「三晉」之間的團結。據說趙獻侯曾暗地裏聯絡他，希望聯合滅掉韓氏，瓜分韓氏的地盤，魏文侯一口回絕了；韓武子也來找過他，希望聯手消滅趙氏，也被他拒絕了。因此趙、韓兩方都不高興，都在背地裏抱怨魏文侯。

後來趙獻侯跟韓武子見面聊起來，才知道魏文侯放過了消滅自己的機

會，於是都十分感激魏文侯的恩德，開始跟魏文侯團結起來，共同應對國際上的壓力。

晉國本來是無可爭議的天下第一強國，一度同時壓住齊、楚、秦三大強敵。分裂以後的三晉，地緣條件卻都大大惡化，都處在幾個方向的敵人的包圍之中。所以三晉一旦聯合，則接近於當年晉國的國力，基本天下無敵；三晉互相爭鬥，則會被四周的敵人各個擊破。這個道理魏文侯很清楚，趙、韓兩家也漸漸明白了。

這以後，三晉開始在國際上組成聯盟，同生死，共進退。由於魏國壓倒性的實力，三晉聯合體基本上就是魏國帶著兩個小弟的格局。有兩個小弟的扶持，魏國就有足夠的信心同時應對齊、楚、秦三方敵對勢力。

三晉聯合體的第一個代表作就是討伐齊國。

公元前 405 年，齊國的田氏發生內訌。

當時田悼子過世，田氏分裂成兩派，一派以田和為首，一派以田孫為首，田和的人殺掉了田孫，導致田孫手下的田會叛國，把廩丘送給趙國。廩丘和趙國中間還有大片由齊國控制的土地，趙國收留田會，就把這一大片土地順手都納入了自己的版圖，這當然是齊國絕對不能接受的。

田和馬上派兵進攻並包圍廩丘，趙國向韓、魏求援，魏國正想打掉齊國這個隱患，便帶領兩個小兄弟殺向廩丘，共同抗擊齊國。

三晉聯手天下無敵，他們靈活機動的步兵迅速包圍了齊國的車陣，齊軍兵敗如山倒，被斬殺超過三萬餘人。

隨後雙方在龍澤再戰，齊軍再度慘敗，聯軍一度打到齊長城，佔領了齊國大片領土。

最後連齊康公都被三晉聯軍活捉了，被解送到洛邑的周威烈王那裏。三晉挾這次大勝的聲威，要求周王冊封自己為諸侯 —— 這才是他們討伐齊國的真正目的。

晉國末路

公元前 403 年，周威烈王親自頒下誥令：分封魏、趙、韓為諸侯國。這等於公開承認了三個公卿家族篡權奪位的事實。三家經過五十多年的運作，終於使得周天子承認了自己的合法性，「三家分晉」因此有了官方認可，正式被國際社會接納。這是魏、趙、韓三家的重大勝利，也是天下一切亂臣賊子的重大勝利。

天子牽頭，公然推倒周禮，支持亂臣賊子以下犯上，這還是開天闢地以來頭一遭，給諸侯們造成的震動可想而知。

既然君不像君，臣當然也就不必像臣，大家從此可以甩開膀子幹了。諸侯們感到眼前豁然開朗，一個只講實力不講道義的時代在華夏大地上拉開了帷幕。

周威烈王因此被後世罵得狗血淋頭。很多人想不通身為天子的他為甚麼要帶頭支持逆臣，但看看他的父輩幹的那些事也就明白了。謀朝篡位本來就是他們的家族傳統：公元前 441 年，周貞定王駕崩，長子去疾繼位，是為周哀王。三個月以後，他弟弟殺死了他，繼位為周思王。五個月以後，周思王的弟弟又殺死了他，繼位為周考王。周考王就是周威烈王的父親。

有這樣的光榮傳統，周威烈王對於魏、趙、韓三個逆臣當然也就倍感親切，支持他們也就可以理解了。

所以他在生命的最後一年完成了冊封魏、趙、韓的大事，了卻了一樁心願，也把華夏帶入了戰國亂世。

這時候，國際社會的目光都聚集在這三個光彩奪目的新興諸侯身上，沒人注意到縮在絳城角落裏瑟瑟發抖的晉烈公。

從當年的晉哀公開始，晉國君主就已經是傀儡，這是大家都知道的事。晉哀公傳位給晉幽公，再到晉烈公，他們都只是擺設而已，不僅根本沒有能力阻止三家對晉國的拆分，甚至身為國君的晉幽公還得低聲下氣地去朝拜三家的領導人。

曾經的天下第一強國就這樣在無所事事中混著日子，默默看著自己的

國家被三隻巨獸肢解，最終被執行安樂死。

公元前 349 年，魏、趙、韓三家把晉靜公廢為庶人，瓜分了晉國最後的土地，晉國滅亡。

現在天下的主人是七大強國：齊、楚、秦、燕、魏、趙、韓。其中，齊、楚、秦、燕分別佔據東、南、西、北四方，三晉被圍在中間，是爭鬥的主角。另外還有魯、宋、鄭等少數倖存下來的小國，在大國的夾縫中艱難求生。它們之所以還沒滅亡，只是因為大國之間達成了平衡而已，真要消滅它們是分分鐘的事。

春秋初年的一百多家諸侯國，倖存到現在的也就是這二十來個而已。

這造成了一種很惡劣的後果──大國之間沒有緩衝地帶了。幾個大國彼此摩肩接踵，面對面地比拚，一旦打起來就是大戰，甚至很容易就把所有大國都裹挾進去。春秋時代很罕見的「世界大戰」現在隨時都可能爆發，戰國時代競爭的慘烈遠遠超過了春秋。

另外，魏、趙、韓三家成功上位，也給了別的陰謀家很大啟發，大家都想來嘗一嘗當國君的滋味。下一個受害者是立國六百多年、傳位三十二帝的呂氏齊國。

第二章

田氏代齊

漫漫竊國路

晉國被自己的公卿們瓜分的時候，另一個大國齊國也走到了生命的盡頭。

消滅這個國家的是一個外來的家族 —— 田氏。

春秋早期，陳厲公有個兒子叫陳完。傳說他剛出生的時候，周朝的太史替他占卜，說他「觀國之光，利用賓於王」，他的子孫後代將會佔有別的國家。不過這個傳說可能只是田氏後人給自己臉上貼金。

陳完六歲的時候，陳厲公被自己的侄兒殺死，君位被搶走，陳完也失去了繼位的機會，後來淪落為朝廷裏的一個大夫。

在他三十多歲的時候，跟當時的太子禦寇私交非常好，但太子不知道為甚麼事惹怒了陳宣公，被陳宣公殺了。陳完看到形勢不對，攜帶全家老小逃到齊國避難，被一代雄主齊桓公收留。

齊桓公很賞識他，想任命他做卿士。陳完可能是考慮到自己在齊國沒有根基，怕被人嫉妒，推掉了桓公的任命，只接受了一個工正的官職。

當時「陳」跟「田」的讀音是一樣的，所以後來陳完就改為田氏，稱為田完，他是田氏的第一代宗主。

田氏從此世代在齊國做官，無功倒也無過，就這樣平靜地過了四代。

到了第五代田無宇（田桓子）的時候，田氏開始進入軍方高層。田無宇曾在滅萊國的戰爭中立下大功，田穰苴（司馬穰苴）更是春秋時期最著名的將領之一。田氏因此漸漸膨脹為齊國一個重要的公卿家族。

那時當政的齊莊公是著名的昏君，沒幾年就被崔杼殺了。繼位的齊景公任命崔杼為右相，慶封為左相。崔杼不久以後又被慶封滅門，在這種局勢下，齊國國政一團混亂，世家大族開始野蠻生長，搶奪空出來的位置。

公元前 545 年 10 月 [1]，慶封外出打獵。田、鮑、高、欒四家合謀，趁著齊景公舉行秋祭的機會包圍了他們，剿滅了慶封的家族，把慶封趕出了齊

1　文中涉及的具體月份均指舊曆。下同。

國，齊國國政落入四大家族之手。

消滅掉共同的敵人以後，四大家族內部分為兩派。高、欒兩家的關係比較好，兩家的家主高強與欒施都是酒鬼，常常聚在一起痛飲。而力量較弱的田、鮑兩家則聯合起來對抗他們。兩派勢力一直在明裏暗裏較勁。

公元前 532 年，忽然有人向田、鮑兩家告密，說高、欒兩家準備攻打他們。

田桓子也不問真假，先讓族人們做好戰鬥準備，然後親自去見鮑文子。不料在路上遇到了喝得醉醺醺的高強正在策馬狂奔。派人一打聽，果然高、欒兩個酒鬼又湊在一起喝酒了，看來他們準備發起進攻這事是謠言呀！

田桓子來到鮑家，看見鮑家的人已經全副武裝躍躍欲試了。田桓子對鮑文子說了高、欒兩人在喝酒的事。兩人一合計，既然已經聽信謠言做了戰鬥準備，這事一傳出去，高、欒兩家肯定不幹，索性真的發起戰鬥，趁他們沒防備的時候滅掉他們兩家算了。

兩個家族就這樣無端發起了攻擊，但他們首先攻打的並不是高、欒兩家，而是齊景公。

兩個家族的士兵潮水般湧向齊王宮，攻打王宮最外面的虎門，希望迫使齊景公支持自己。

關鍵時刻，晏嬰穿上朝服來到虎門。他是景公最信任的寵臣，四大家族都趕緊湊過來招降他，晏嬰卻不回應。

晏嬰的手下問他：「我們應該支持哪家？」

晏嬰冷冷地說：「都不是好人。」

這時宮內派人來召晏嬰，晏嬰便進去了。兩大家族的人在外面等消息。不一會兒，宮門大開，大夫王黑打著齊景公的旗幟出來，鄭重宣佈：景公支持田、鮑兩家！

君王公開選邊站，雙方的力量對比頓時發生重大變化。兩派力量在隨後的幾個月中又發生了多次戰鬥，田、鮑兩家全部獲勝，逐漸擠壓高、欒兩家的勢力。最終，高、欒兩家徹底潰敗，高強與欒施逃到了魯國，國內的家產被田、鮑瓜分。田、鮑兩個家族從此在朝堂上稱王稱霸，無人可擋。

晏嬰卻私下對田桓子說：「建議您把分到的高、欒的家產都獻給國家。」

田桓子立即明白了他的意思，目前還需要「韜光養晦」。於是把搶來的那些財產土地全部捐給齊景公，又推掉了景公對他的封賞，並向景公請求退休，到莒地去養老。

他又從國外召回了當年被高氏趕走的子山、子商等公子，為他們準備好各種生活用品，把他們送回原來的封邑去，繼續過原來的貴族生活。

他廣施恩惠，利用手上的權力，給各位王孫公子增加俸祿；沒有俸祿的，就賜給他們封邑；對於國內的貧苦百姓，則私下送糧食。從此齊國上上下下都感激田桓子的恩德。

最後連齊景公都覺得田桓子人太好了，在眾人的請求之下，把高唐這個地方封賞給他，田氏的勢力由此進一步膨脹。

田桓子的兒子田僖子也非常善於收買人心。他首創了「小斗入大斗出」的做法。每次有人向他借糧，他就用大斗量好借給別人，等別人還糧食的時候，他卻用小斗來測量，這樣別人每次借糧都會「佔到便宜」。久而久之，舉國上下都誇讚他是賢良之人，齊人心裏只記著田氏的恩惠，而忘記了國君。

晏嬰對這種情況憂心忡忡，勸齊景公注意防範，景公卻不以為意。晏嬰因此私下對晉國大臣說：「看來齊國政權終究要落入田氏之手了。」那是公元前 539 年的事。

竊國者侯

到這時為止，田氏可能也並沒有竊取齊國政權的打算，他們所做的一切，都只是為了在亂世裏盡可能多地掌握權力，以保障自己家族的地位而已。

但齊景公晚年各種昏庸的決策卻給了田氏機會，讓他們從權臣更進一步，凌駕到了國君之上。

齊景公早期也是個有作為的君主。他任用晏嬰、田穰苴等賢臣，禮遇孔子，把國內治理得井井有條；外交方面，則對魯、衛、徐、莒等國威逼利誘，一度組成反晉同盟，多次率領聯軍對晉國發動戰爭，隱隱有取代晉國稱霸中原的勢頭。

但晚年的齊景公生活奢靡，廣修宮室，不恤民力，使得老百姓怨聲載道。他又沒能及時防範田氏收買人心的策略，被田氏竊得了民意。對外，在晉國內戰中，齊國支持范氏、中行氏，站錯了隊，范氏、中行氏的敗亡對齊景公的外交政策造成了重大打擊。

公元前490年秋天，在內憂外患中，齊景公走到了生命的盡頭。這時他才發現自己犯了一個不可挽回的重大錯誤——立儲的決定做得太遲了。

齊景公的太子在早些時候死了，他想立寵妾芮姬生的公子荼為太子。但芮姬地位很低，公子荼年紀又小，大臣們紛紛表示反對，都認為應該立一個年長的、有政治基礎的公子為太子。

景公為這個事情跟大臣們爭執不下，立儲的事情一拖再拖，一直到病重的時候，他才意識到事情的嚴重性。但他仍然堅持立公子荼，就把最信任的兩個大臣高昭子和國惠子召到榻前，正式申明公子荼為繼承人，要高、國二人輔佐他，並且把其他公子們全部趕出齊國。

不久以後，齊景公病逝，公子荼繼位，是為齊晏孺子。年幼的齊晏孺子沒有任何根基，田僖子立即看到了機會。他「認為」齊晏孺子不是合格的君王。當然，不管齊晏孺子怎麼做，田僖子都會這樣「認為」——只有自己扶立一個新君，才能真正把控朝政，所以他開始積極謀劃。

他選中了逃亡在魯國的公子陽生，想把他扶上位，於是開始離間高、國二人跟其他大臣的關係。

高、國兩家都是公族，也就是齊國國君的同宗兄弟，本身就是田氏掌權的巨大威脅，當年高強更是跟田氏爆發過大戰，是老對手了。

田僖子假裝奉承高、國二人，每次他們上朝的時候，田僖子都去套近乎，厚著臉皮蹭他們的車，一來二去的混熟了，田僖子就悄悄對他們說：「大臣們對於立晏孺子都不滿意，暗地裏在謀劃推翻他，您二位可要小

心些！」

在大臣們面前，田僖子卻說：「高、國二人心很黑，大家要當心，最好趁他們發難之前先動手！」

幾個月以後，田僖子感到時機成熟了，再度跟鮑家聯手，帶領大臣們領兵衝進齊王宮，猛攻國君的守衛。

高、國二人趕忙帶兵來救，但根本打不過田、鮑兩家，兩人大敗，高昭子被殺，國惠子逃到了莒國，田、鮑兩家完全控制了局勢。

田僖子隨後偷偷把公子陽生接回齊國，藏在自己家裏，然後邀請大臣們來家裏赴宴。

田僖子把公子陽生用一隻口袋裝著放在大堂中央。宴席上，田僖子打開口袋，讓公子陽生出來拜見眾人，並對大家說：「這就是以後的齊君了。」大臣們雖然都很驚訝，不過事已至此，誰敢說個不字？

作為田氏的盟友，鮑牧直到這時才知道田僖子要拋開自己單獨扶立君王，他大聲反對，想號召群臣支持自己。

大家面面相覷，都在猶豫。公子陽生嚇得臉色慘白，當眾跪求群臣：「大家覺得行就擁立我，不行就算了吧。」

這是在田僖子家裏，田僖子要是翻臉，誰都走不了。在眾人的聯合勸說下，鮑牧也只好低頭認輸，同意了田僖子的選擇。

大臣們在公子陽生面前共同盟誓，就在田僖子家裏擁立他當了國君，是為齊悼公。

田僖子隨後殺死登基才十個月的晏孺子，完成了這次扶立君王的把戲。這是田氏第一次扶立齊君，初步把自己的黑手伸到了國君的寶座之上。從這時開始，齊國的最高權力就脫離了國君的掌控，漸漸被田氏竊取過去了。

田氏的奪權計劃還在繼續，頭腦簡單的鮑牧幾年以後又給田氏送來一份大禮。

對於當時田氏拋開自己「吃獨食」的行為，鮑牧一直耿耿於懷，但又拿田氏沒辦法，只好把怨氣都發洩到齊悼公身上。所以後面幾年，他一直

在跟齊悼公鬧矛盾，甚至挑起各位公子們去對抗齊悼公，終於在公元前487年，忍無可忍的齊悼公把鮑牧騙到潞地，派人暗殺了他。

這時執掌田氏大權的是田僖子的兒子田恆（田成子），他的心機絲毫不輸給自己的爺爺和父親。他本來就在等待下一次扶立齊君的機會，看到齊悼公跟鮑氏公然火拚，正中下懷，後來鮑氏殺了齊悼公，有說法認為，正是他在背後挑唆。田恆隨後帶領群臣擁立齊悼公的兒子繼位，是為齊簡公，這是公元前485年的事。

短短五年之內，齊國兩次弒君，新任的國君更加戰戰兢兢如走鋼絲，希望能躲開被權臣架空的命運。

齊簡公登基以後，任命田成子和闞止分別擔任左、右二相，並且拚命抬舉闞止，以此來制衡田氏。闞止本來是齊悼公的家臣，當年齊簡公在魯國的時候跟他很親近，因此在現在的朝臣裏面最信任他。

田成子當然不能容忍這樣一個小人物跟自己平分權力，所以一直在找機會算計闞止，甚至在上朝的時候都經常瞪著闞止，兩人的矛盾實際上已經公開化了。

齊簡公登基僅僅四年之後，田成子就行動了。有一天，闞止去上朝，路上看到田氏的族人田逆在殺人，於是將田逆當場逮捕投入監獄。田氏很快派人混進監獄，殺掉看守救出了田逆。

闞止看到田氏這種態度，感到事態嚴重，趕忙追到田成子家裏請求原諒。雙方達成諒解，都表示要和平共處，闞止就回家去了。

但實際上雙方都在用緩兵之計，談判過後，都在加緊準備戰鬥。闞止草擬了一份消滅田氏的計劃，這個計劃卻被田氏派來的內奸田豹透露給了田成子。

田豹告密點燃了雙方衝突的導火索，田成子緊接著就派田逆到宮裏去，以躲避闞止追殺的名義埋伏在簡公身邊，田氏這邊則厲兵秣馬，準備戰鬥。當年五月，田成子兄弟八人乘著四輛馬車，直入宮門，闞止出來迎接他們，不料這群人一溜煙進去，不由分說關上大門，竟把闞止給關在了宮外。

田氏幾兄弟跟田逆會合，在宮內大開殺戒，殺死所有抵抗的人，劫持

齊簡公為人質，還厚顏無恥地對簡公說：「我們是來為你除害的，不用擔心。」這時候宮外已經大亂了，闞止率領自己手下的人馬攻打王宮，雙方展開激烈對決。田氏手上有簡公這張王牌，又有強大的家族勢力做後盾，闞止終究沒能打下王宮，被迫逃出臨淄。田氏派人緊追不捨，最終殺死闞止，消滅了所有敵對勢力。

現在是時候攤牌了。田成子追到徐州，直接殺掉齊簡公，立簡公的弟弟公子驁即位，是為齊平公。

這是齊國十年之內第三次弒君，國君的力量進一步被削弱，已經成了不折不扣的傀儡。

田氏經過三代人的苦心經營，三次發動政變，兩次弒殺國君（另一次也跟他們有很大關係），三次扶立新君，一步步打掉了所有跟他們作對的政治勢力，從此把齊君牢牢掌握在手上，也把齊國的政權徹底攫取了過來。

從這時候起，田氏登上齊國君位已經只是時間問題了。田氏的手上沾滿鮮血，三次政變，一次比一次兇狠，特別是弒殺齊簡公這次，簡直毫不遮掩。吃相如此難看，難免引起國際上正義人士的嚴重憤慨。

據說齊簡公被弒的消息傳到魯國以後，孔子極其憤怒，立即沐浴更衣，齋戒三日，然後穿上朝服，進宮面見魯哀公，請求發兵攻打齊國。

但詩書禮樂的時代早已經遠去了，這是一個講究利益的時代，公道雖然在人心，利益卻能左右人們的行為，誰會為了所謂的正義犧牲自己去救援別人呢？孔子的憤怒終究只是書生之怒，無法改變這個黑暗的世界，也無法照亮人們心裏那些陰暗的角落。

「彼竊鈎者誅，竊國者為諸侯；諸侯之門而仁義存焉。」莊子的這段話是那個禮崩樂壞的時代最精確的注解。

篡位者最終勝利

田成子弒君的做法太兇殘，在國際上引起公憤，他自己也很清楚，

為了平息國際社會的反對聲浪，便操縱改變齊國的外交政策，對各國普施恩惠。

他主動歸還了前幾年侵佔的魯、衛兩國的土地，與晉國的魏、趙、韓三家訂立盟約，與吳、越互通使節，溫和的外交政策使得國際上的質疑聲漸漸平息下來。

另一方面，田氏的運氣也相當好，現在的晉國已經處在分裂的邊緣，楚國已經被打殘，吳、越兩國正鬥得你死我活，誰也沒精力來干涉齊國的內部事務，大家只能眼睜睜地看著齊國君王被架空、被孤立，甚至沒人站出來說一句公道話。這是一個最適合篡位的時代。

在國內，田成子繼續收買人心。他沿用父親「小斗入大斗出」的慣例，繼續討好百姓，對於篡位戰爭中的「有功之臣」也大肆封賞。

對於齊平公，田成子很露骨地說：『施行恩德是大家都歡迎的，您可以去施行；懲惡誅奸是大家厭惡的，讓我去做就可以了。』由此自己把國君的職責包攬下來。

他以國君的名義，把安平以東的土地全部賜給田氏，田氏的封地面積從此超過了國君控制的土地。

朝政穩定以後，田成子開始有計劃地清除鮑氏、晏氏、闞止等家族的殘餘勢力，徹底完成了對齊國朝廷的換血。

最誇張的是他的後宮。田氏是外來家族，在齊國人丁不旺，為了儘快擴大田氏的人口規模，田成子廣納全國美女，他的後宮佳麗達到上百人之多，而且讓手下的賓客們隨便出入後宮，跟佳麗們勾勾搭搭。最後這些佳麗們一共生下七十多個兒子，田成子全部認成自己的，田氏的人口數量迎來爆發式增長，迅速佔領了朝廷上下的各種官職。

當然田成子對於哪些是自己的親兒子應該還是心裏有數的，實際培養的時候肯定有區別。

通過這一系列明目張膽地擴張，田氏的勢力野蠻生長，已經成為齊國事實上的統治者，只缺周天子的一紙證書而已。

到了公元前 403 年，九鼎一響，三家分晉，周威烈王公然承認魏、

趙、韓篡權奪位的合法性，這給了田氏很大的鼓勵。

當時執政的是田和，國君是齊康公。田和覺得正式篡位的時機已經成熟了，便在公元前 391 年公然廢除齊康公，五年以後，田和自立為齊君，號稱齊太公。

史書上記載齊康公沉溺於酒色，不理朝政。其實這可能是他的自保之道，不這樣的話他根本沒有活命的機會，何況他本來也沒有甚麼「朝政」可以理。

田和把齊康公放逐到一座海島上，名義上給他留了一座食邑，當然不久以後這座食邑也被沒收了。齊康公在島上過著野人般的生活，自己在斜坡上挖洞為灶，勉強收集野菜野果為生。

公元前 379 年，飢寒交迫的齊康公終於死在了海島上，立國六百多年的呂氏齊國至此絕祀。

田氏不費一兵一卒，以「和平演變」的方式竊取了齊國政權，國際國內竟然都一片平靜，沒有任何人站出來伸張正義。因為這時候已經是戰國，周禮的餘輝早已散盡，這是強者為王的時代，大家都在忙著爭權奪利，誰還管甚麼正不正義呢？

對於老百姓來說更無所謂。既然田氏能把國家治理得更好，何必糾結於誰當國君呢？

不過田氏篡位還需要最後一道程序 —— 周天子的蓋章認證。田和便向魏武侯等人提出請求，希望他們去周天子那邊幫忙提出立自己為諸侯的建議。

前幾年齊國剛剛被三晉聯軍狠狠教訓過，田和對於三晉特別是魏國的實力是很服氣的，所以有事情也求他們幫忙。

魏武侯很慷慨，直接去找周安王說明來意，周安王哪敢不聽？何況不聽也沒用，人家來求冊封是給他面子，又不是真需要他，於是做個順水人情，隨手發個詔令，冊封田和為齊侯。

公元前 386 年，田和得到官方認證，田氏齊國正式建立。又一個亂臣賊子大搖大擺地登上了國君之位。

第三章

艱難維持的霸權

秦國的亡國危機

魏文侯憑藉自己超凡的才幹，從重重包圍中，為魏國殺出一片廣闊天地，他的兒子魏武侯同樣雄才大略，繼續著父親的稱霸之路。

早在當太子的時候，魏武侯就顯露出卓越的才能。河西之戰中，他是魏國主要的將領之一，曾帶領魏軍打下繁、龐兩地，佔領了秦國大片領土。攻打中山國，他隨同樂羊出征，共同完成了這次艱難的遠程作戰，之後被封為中山君，由李克輔佐，坐鎮一方。

以軍功成名的魏武侯，登基以後自然也是個雄武的君王，對於周圍的群魔小丑，他毫不猶豫地給予軍事打擊。再加上魏國的軍事力量本來就稱雄天下，無人能擋，因此形成了四面出擊的態勢。

首先就是繼續文侯時代的河西之戰。

前幾年秦國被魏國欺負得很慘，河西之地整體丟失。這給秦國統治者造成了極大的刺激，他們被迫學習東部國家的先進經驗，開始變法。

例如公元前 408 年，秦國實行「初租禾」，這是某種程度的土地私有化，跟當年魯國的「初稅畝」類似。但「初稅畝」是一百八十多年前的政策，秦現在才來實行，由此可見秦國的落後。

又如，秦簡公親自頒下命令，朝廷中百官要隨身佩劍，這是為了鼓勵整個國家的尚武風氣。但秦國的這些所謂「變法」基本屬邯鄲學步，在東方國家看來就是個笑話而已，根本不足以使他們強大到可以打敗魏國的程度。

不過秦國人可是認真的，他們以為自己真的強大了，從公元前 401 年開始，他們就捲土重來，想要從魏國手中奪回河西。

魏國根本不把他們瞧在眼裏，繼續用吳起守著河西。兵來將擋水來土掩，不管秦人如何拚命，始終無法在吳起手上佔到一點便宜。

秦簡公在公元前 400 年過世。繼任的秦惠公繼承父親的遺志，繼續把收復河西作為國家戰略來執行。

之後若干年，秦國一直在拚命進攻河西的守軍，屢戰屢敗，屢敗屢戰，終於在公元前 389 年引發了一場大決戰。

那一年，秦國組織起五十萬人的超大規模軍隊，直撲河西的魏國堡壘，按照當時的人口來說，秦國基本全民出動了，實實在在賭上了國運，對於河西之地是志在必得。

魏國那邊，吳起不僅是軍事天才，也是治國的能臣，他在西河郡推崇儒學，發展經濟，加強城防，經過十幾年的經營，早已把西河郡建成了堅不可摧的軍事要塞。

而且吳起特別善於籠絡軍心。據說當初魏武侯來西河郡召開慶功大會，吳起主持宴席，他把軍士們按照軍功分為三類：立上功的坐前排，使用金銀器皿，享用豬、牛、羊三牲；中等功勞的坐中排，器皿逐漸減少；沒有功勞的坐最後面，席上都是普通器具。慶功宴開完以後，就在太廟外面賞賜有功者的父母妻子，也是嚴格按照功勞來區分。對於死難者，政府每年都會派使者去慰問和賞賜他們的父母。

賞罰如此分明，大家都願意去為國立功，西河守軍的戰鬥力也因此遠遠超過普通軍隊。

現在秦魏決戰在即，正是建功立業的好時機，一聽說秦軍到來，魏國將士們不等上級下達命令，自己先紛紛穿上甲冑準備戰鬥，片刻之間便集結起上萬人。

秦軍主攻的方向是陰晉城，已經在城外紮下營寨。

吳起向魏武侯請求，派五萬名沒有立過戰功的步兵上前線，自己親自率領他們殺向城外的秦軍。魏武侯同意，並且增派五百乘戰車、三千名騎兵助戰。

這支精銳之師殺向前線，銳不可當，在吳起的指揮下，迅速攻破秦軍防線，打退了十倍於自己的秦軍，造就了歷史上一次驚人的以少勝多的戰例。（這次大勝只記載於《吳子》中，不一定可信，而且這一年吳起可能已經離開魏國了，但秦國這幾年遭到慘敗是事實。）

秦國收復河西的努力因此遭遇重大挫折，十幾年的勵精圖治付諸東流，這是對他們的重大打擊。

屋漏偏逢連夜雨，秦國國內的政局也不穩定，君王換了一個又一個。

秦惠公執政十三年之後也英年早逝。秦國連續五任君主都死得很早，活得最久的秦簡公也才執政十四年而已，這後面是否有不為人知的內幕，很難說，但對秦國的傷害是顯而易見的——國君頻繁更換，政策無法連續執行，政府班底也是嚴重不穩定，整個國家也就持續處在不穩定狀態中；國際上又正好處在一個大變革的時代，秦國自然就被拋到了後面。儘管秦簡公、秦惠公都是奮發有為的君王，卻也挽救不了秦國的頹勢。

秦國的厄運還沒結束。秦惠公之後，繼任者是不到兩歲的秦出公，由他的母親小主夫人執政。主少國疑，權臣當道，孤兒寡母獨撐大局，這是把國家引向動亂的標準配置，各方勢力自然不會放過這個機會。

當年秦靈公死後，他的叔叔悼子（秦簡公）趁亂奪到君位。靈公的兒子公子連年方九歲，逃出了秦國到魏國去避難。

魏文侯父子都認為公子連是一張可以利用的好牌，所以不僅收留了他，還給他很優厚的待遇，盤算著以後可以送他回秦國繼承君位，以此控制秦國國政。

公子連就這樣一直留在魏國等待機會。

到了秦出公的時候，小主夫人沒有政治根基，服不住群臣，據說她任用外戚和宦官，遭到大臣們的集體反對。不過事實上也有可能是反過來的，正因為群臣不配合，小主夫人才只好提拔外戚和宦官，這就更加劇了雙方的矛盾。

魏武侯看到這一幕，認為扶立秦君的機會已經來了，便學當年秦穆公扶助晉文公的做法，派軍隊把公子連護送回秦國去搶奪君位。

這是魏國歷史上犯下的最大錯誤。

四面出擊的魏國

這時正是消滅秦國的最佳時機，魏國只要憑藉西河這個根據地，居高臨下，大軍直接衝入渭河平原，滅秦易如反掌。吞併秦國以後，魏國領土倍

增，西有岐、豐龍興之地，中部依山帶河，東部扼守中原核心地帶，天下一半地利已經握在魏國掌心，一旦把這些領土整合完成，一統天下便只是時間問題了。

但魏武侯卻在秦國最虛弱的時候放過了他們，放過了千載難逢的一統天下的機會。從那以後，魏國地理上的劣勢就漸漸開始顯露出來。

魏國被齊、楚、秦三面包圍，最怕的是長期跟三方保持低烈度衝突，那樣會一直在無謂的戰爭中消耗國力，何況北方的趙國也常常不合作，偶爾也來撈一把，就更嚴重了。

只有迅速吞掉秦國，打開包圍圈，才能破解這個困局。可是魏武侯卻認為秦國已經被打殘，以後不能構成威脅了，而且窮山惡水的地方也沒甚麼價值，不必吞併他們，真正有價值的地方是中原。所以吞下河西以後，就把戰略重點放到東部，重點向楚國和鄭、衛等中原小國要土地。

這是重大的戰略錯誤！失去了河西地區的秦國必定不會善罷甘休。所以秦國存在一天，跟魏國的對峙就會持續一天。秦、魏對決最終變成了持久戰，使得魏國永遠不能完全從西部戰線抽身，永遠處於兩線甚至多線作戰的局面。

而齊、楚兩大國的勢力範圍已經跟魏國重合，大家互相搶土地，衝突在所難免。在以後的歲月裏，魏國將會一直面臨三面受敵的窘境。

唯一能依靠的就是趙、韓兩個親兄弟。三晉聯手，可以無視一切敵人，所以團結趙、韓就成了關係到魏國國運的大事。

好在這兩兄弟暫時都還沒有跟魏國叫板的實力，只能乖乖地聚集到魏侯麾下，共同對敵——

韓國是「戰國七雄」裏面最弱的，因此從頭至尾都只能唯魏國馬首是瞻。韓國從建立的時候起，就是一個被圍困的國家，他們的發展方向只有一個：就是向東南方的鄭、宋擴張。因此初期的韓國，唯一的任務就是跟鄭、宋兩國特別是鄭國掐架。

韓國人自己也信心滿滿地把鄭國當作自己砧板上的肉，一心想要儘快吞掉他們，打開向外擴張的通道。但尷尬的是，他們居然打不過鄭國！

韓、鄭兩國你來我往，形成持久的拉鋸戰。在公元前 400 年，韓國甚至連國都陽翟都被鄭國軍隊包圍了，真是丟盡了戰國七雄的臉。

同一時期，韓國也在時時敲打宋國，但似乎一直沒有佔到過大便宜。直到公元前 385 年他們打進宋國首都，活捉了宋悼公，才算是揚眉吐氣了一把。

再說趙國，它跟魏國的關係很微妙。一方面，魏國的鄴縣牢牢卡著邯鄲的咽喉，擋住趙國向中原擴張的路徑，所以趙國一直有打掉魏國的衝動；另一方面，趙國的土地傳統上是偏遠地帶，人煙稀少，經濟落後，又時刻面臨北方蠻族的威脅，沒有能力正面對抗魏國，所以只能咽下這口氣，勉強跟魏國保持合作。不過這種合作是不對等的，趙國並沒有從三晉聯盟裏面獲得多少利益，好處都讓魏國佔去了。

三晉合作的典型案例，除了公元前 405 年聯合討伐齊國，俘虜齊康公以外，還有多次圍攻楚國的戰爭。

公元前 400 年，三晉聯軍進攻楚國，打到乘丘。七年後，楚國報復，攻打韓國。

公元前 391 年，三晉再一次合作，在大梁和榆關大敗楚軍，打得楚國人丟盔卸甲，搶到大片土地，搶來的大梁後來還成了魏國首都。

三晉聯軍繼續推進，直逼楚國腹地，楚國朝野上下一片驚恐，楚悼王無奈之下只好讓人帶著大量財寶去秦國請求援助，秦惠公派兵襲擊韓國，三晉只好回頭救援，這才讓楚國僥倖逃脫。

楚悼王同時也在聯絡齊國，希望齊、楚共同抗擊三晉。三晉隨後跟秦軍在武城展開大戰，同時齊國也出動，派兵攻打並且佔領了魏國的襄陵。

這時候魏國把主要矛頭對準秦國，在公元前 389 年發動了著名的陰晉之戰：五萬魏軍大敗五十萬秦軍，徹底取得了河西之戰的勝利，齊、楚、秦三國聯盟因此如鳥獸散。

這幾年，三晉在魏國帶領下，同時抗擊齊、楚、秦三個大國，並且還略佔上風，這是驚人的成就。魏國風頭一時無兩，成為毫無爭議的霸主。

但隨後魏武侯就犯了另一個重大錯誤 —— 趕走了偉大的戰神吳起。

吳起變法

吳起是甚麼時候、因為甚麼原因離開魏國的？這是一個謎案。根據各種記載來看，應該是吳起特立獨行的性格得罪了某些權貴，遭到詆毀，魏武侯又沒有及時打圓場，導致吳起一怒之下撂挑子走人。

有人說排擠吳起的人是王錯，也有人說是公叔痤，還繪聲繪色地描述了公叔痤讒毀吳起的故事。

據說當時公叔痤擔任魏國的相國，還娶了公主為妻，可謂志得意滿。但他擔心吳起威脅到自己的地位，就想辦法要打壓一下吳起，於是有人給他出了一個主意——

公叔痤對魏武侯說：「吳起有鴻鵠之志，我們魏國是小國，又跟秦國挨著，只怕沒法長期留住他。」這是在暗示吳起有可能逃仕秦國。

魏武侯問他怎麼辦，公叔痤就說：「可以把公主許配給他，他如果有心長期留在魏國，肯定會答應這門親事，如果沒有長期打算，多半會拒絕。」

魏武侯於是照著他說的做，準備找一個公主嫁給吳起。公叔痤回去以後馬上邀請吳起來家裏赴宴，在宴席上跟自己的公主老婆一唱一和地演戲，老婆假裝很囂張地欺負他，給吳起留下了深刻印象。過了幾天，魏武侯果然來向吳起提親，吳起想起公叔痤受老婆氣的樣子，魏國公主都那麼彪悍嗎？他自己可是殺妻的人啊，怎麼能忍受？於是當即推掉了魏武侯的婚約。

這下吳起「有二心」的說法就坐實了，魏武侯開始冷落吳起。

吳起在魏國待不下去，只好逃離。公叔痤的相位從此也就穩如泰山，無人可以撼動了。這段記載可信度不高，但吳起確實在公元前 390 年前後離開魏國來到了楚國。

吳起離開西河郡，到達岸門的時候，命人停下車，回首望著蒼茫大地，感慨不已，對下人說：「西河是可以稱王的基業，魏侯要能真正信任我的話，滅秦指日可待。可惜魏侯聽信讒言，以後西河終究會歸於秦國的。」

魏武侯沒能留住人才，這一方面他比魏文侯差了太多。楚悼王卻是有雄心有眼光的君主，馬上收留吳起，並給予重用。

　　他先任命吳起為宛郡太守。宛郡是楚國北方重鎮，讓吳起治理這裏，一是為了證明他是真心投靠，二是讓他積累一定的政績，好堵住那些反對者的嘴。

　　吳起之前治理的西河郡情況比宛郡複雜百倍，現在治理宛郡當然易如反掌。所以僅僅一年時間宛郡的情況就煥然一新，悼王順勢把他提拔為令尹，直接位居百官之首。

　　悼王如此急於任用吳起，是因為楚國這時太需要變革了。楚國立國已經有六百年，是真正的老大帝國，但是各種陳腐的制度早已不適合這個時代了。特別是從昭王復國以後開始，廣泛實行「封君制」，分封了大量的世襲貴族。這些貴族一方面數量眾多，另一方面「世襲罔替」，子子孫孫傳下來，滾雪球般越滾越大，逐漸把楚國的土地和財富都裹挾了過去。他們佔著大量財富，卻不為國出力，基本屬食利階層，國君和政府反而挨窮受困，這是楚國衰落的最重要原因。

　　悼王繼位的時候，楚國基本上已經只剩下大國的空殼，悼王的父親聲王據說死於「盜」，是被犯罪集團所殺，可見楚國國內混亂到了甚麼程度。

　　國際上，魏國首先「搶跑」，第一個推行了變法，然後憑藉強大的國力，帶上趙、韓兩個兄弟一路橫掃，所向披靡，多次把楚國揍得鼻青臉腫，黃河以南的土地基本全部淪喪，最後楚國甚至要向老對手秦國求援。但秦、楚的勢力範圍也有重疊，也是潛在的對手，哪裏能一直靠秦國來救援呢？

　　所以悼王繼位以後痛定思痛，把革除國內的積弊放到了最重要的位置上。

　　要革新國家，最直接的方法當然就是向魏國這個主要的對手學習，魏國強大的關鍵在於變法，那麼楚國自然也需要儘快走上變法的道路。

　　這時候吳起的到來，對於悼王來說簡直是老天的恩賜。吳起是國際上赫赫有名的常勝將軍，又是西河郡太守，對於魏國的軍事與內政都極其熟悉。通過這樣一個人物，把魏國的成功經驗搬到楚國來，儘快把楚國拖出泥潭，這樣的前景，想想都令人興奮。

　　年輕有為的悼王與雄心勃勃的吳起一拍即合，立即在楚國展開變法。

有魏國的經驗在前，楚國的變法更加成熟也更加深入。根據楚國的實際情況，吳起變法的主要方向就是削弱貴族們的勢力。首先就是廢除貴族世襲制。新的法令規定，貴族的爵位只能傳三代，到了第四代，如果沒有新的功勞，爵位會被廢除。這就杜絕了貴族子弟尸位素餐的情況。

對應的，也會加強對官員的考核，對於做不出政績的庸官，果斷罷免，把位置讓給真正有才幹的人。對於那些不幹實事的冗餘部門，也儘量裁減，以提高政府的效率。

裁下來的大堆腦滿腸肥的富二代們怎麼辦呢？吳起拋出一個狠招。他對悼王建議，楚國地多人少，人口又都集中在幾個富庶地區，南方大片土地空著，不如把那些吃閒飯的貴族子弟們遷到南方荒地上去，既安置了這些人，又能開拓邊疆，還可以增加糧食產量。

這幾招對貴族們的傷害可想而知。還有就是軍隊改革。吳起利用在魏國的經驗，用同樣的方式改革和訓練楚國軍隊，把當前最先進的戰法傳給楚人，楚國軍隊的戰鬥力也迎來爆發式增長。

為了保證政策的延續性，吳起禁止縱橫家們到楚國來遊說，強調多幹實事，少說空話。

外交方面，堅持遠交近攻的策略，交好齊、秦，猛攻三晉，重新跟三晉展開對鄭、宋等小國的爭奪戰。

這一套新法令實行以後出現了立竿見影的效果，楚國上下的風氣煥然一新，幾年之後就再度抖擻精神，開啟了對中原霸權的爭奪。

楚國變法的同時，秦國也迎來了自己的新君王 —— 一位歷盡劫波、老謀深算的強勢政治家，他把秦國從亡國的邊緣拉回來，逐步走上了康莊大道。

秦國崛起的開始

公元前 385 年，信心滿滿的魏武侯派人護送公子連從河西重鎮陰晉出

發，沿著秦、魏之間的傳統路線，來到秦國鄭城的關隘，準備回秦國爭奪君位。

公子連非常清楚自己現在的身份。所以表面上對魏武侯表現出無比的感激，甚至在出發前信誓旦旦地保證：只要魏武侯還在，秦國就不會主動挑起跟魏國的衝突。

這番話正好說到魏武侯心裏去了。魏武侯這時候目光完全放在中原那邊，之所以大力支持公子連回國爭位，就是希望他以後成為一個親魏的君主，保證魏國西部大後方的安定。

雙方盟誓以後，公子連就踏上了回國的征程。不料守關的官吏右主然卻相當不開竅，公然拒絕這位未來可能的國君入關。他對公子連一行人說：「臣有自己的底線，不能侍奉兩位主人，公子請自便吧。」就這樣把他們擋在了關外。

對於公子連來說，這個後果是非常嚴重的。秦國國內立即知曉了魏國護送公子連回國的消息。小主夫人如臨大敵，下令全軍戰備，阻止公子連入秦。

這樣一來，公子連他們從常規道路入秦的可能性就沒有了。他們思前想後，只能冒險繞一個很大的彎子，繞到西北方狄人控制的烏氏寨，從那裏入秦。這是一段極其誇張的長途奔襲，相當於繞著秦國轉了半圈，前後要走上十多天，周圍都是居心叵測的蠻族，而且要經過義渠國的領地，一路上潛伏著無數危險。就算最後走到了目的地，也會給秦國政府留下充分的準備時間，那時候即使他們成功進入秦國，還有取勝的機會嗎？

但軍事史上有一個奇怪的規律：有時候看起來最艱難的路線，卻是最容易成功甚至是唯一可能成功的路線。

公子連他們決定冒險一試，經過一段異常艱難的長途跋涉，終於來到了烏氏寨門口。

守關的是叫「菌改」的庶長，他沒多說甚麼，直接開門把公子連他們接進去——也可能公子連本來就跟他聯絡好了，所以才繞到這裏來入秦。公子連一行終於成功進入了秦國。

秦國朝廷震恐，小主夫人緊急派軍隊到烏氏寨攔截公子連。但秦國貴族階層根本不支持秦出公母子，而且很可能已經跟公子連串通好了。他們本來是按照朝廷的命令前往烏氏寨「擊寇」，快走到的時候卻突然改口說「我們是來迎接新主人的」，於是全體倒戈，跟公子連的軍隊會合到一起，共同殺向雍城。

變故來得太突然，秦國政府措手不及，迅速被排山倒海的叛軍擊潰。小主夫人和秦出公被叛軍殺死，屍體被扔到河裏，公子連大獲全勝，新一任秦君終於登上歷史舞台了！

公元前 384 年，秦獻公登基。烏雲散盡，光彩重新照耀大地，八百里秦川獲得新生，秦國的黃金時代就此拉開了帷幕！

秦獻公流亡國外三十年，嘗盡了世間冷暖，對於人情世故有了深刻瞭解。跟長住深宮婦人之手的書呆子國君不同，他有極深的城府和精打細算的謀略，這一點類似於當年的晉文公。

首先就是懂得扛起「政治正確」的大旗。據說他登基以後想要立即殺掉當初阻攔他回國的右主然，並且要大力封賞菌改。

下人趕忙進諫：「萬萬不可！這是在鼓勵大家都打開關隘放叛亂分子進來，後人會依葫蘆畫瓢。」

獻公於是接受建議，下令赦免右主然的罪行，然後給了菌改一些金銀財物的賞賜，但偷偷降低他的爵位，削了他的權力。

史書上於是誇讚道，獻公「所歸善，雖惡之賞；所歸不善，雖愛之罰」，就是說，按照行為的善惡，而不是對自己是否有利來決定賞罰。

這樣一通表演下來，全國都知道了：新主人是心明眼亮的君王，會真正根據大家的表現來決定賞罰，拍馬屁是沒用的，幹好本職工作才是正道，誰還敢不盡心盡力？然後，獻公下令廢除延續了幾百年的人殉制度。這是秦國邁向文明的標誌性事件。

人殉制度損耗了秦國無數人才，鬧得怨聲載道，也給東方各國造成了「蠻夷」的印象。這一制度的廢除，贏得國際國內的一致讚賞，大家都誇讚獻公是有德的仁君，他的形象進一步樹立起來，地位也就更穩固了。

　　獻公對秦國真正的貢獻，是緊隨楚國的步伐，開始了秦國版的變法。在魏國三十年的生涯，獻公目睹魏國通過變法一躍而為天下第一強國的過程。這給他留下了極其深刻的印象，因此他毫不遲疑地把魏國的先進經驗帶到了秦國。

　　秦國變法的關鍵舉措也是擺脫舊貴族對朝政的羈縻。秦國雖然沒有楚國那麼龐大腐朽的貴族階層，但這個問題也是不容小覷的。獻公對付他們的辦法很乾脆——遷都。按照經驗來說，每一次遷都都是對國家上層勢力的大洗牌。舊貴族的財富和特權都會受到削弱，給新興階層騰出上升空間。獻公即位的第二年就把首都從雍城遷到了櫟陽。這裏更靠近東方，更危險也更有挑戰性，所以也是一種主動出擊、直面挑戰的姿態。

　　秦國歷史上的每一次遷都都是向東部遷移，都在進一步逼近東方各國，表現出一個處在上升階段的、雄心勃勃的國家特有的活力。

　　另外就是把蒲、藍田、善明氏這些西部邊遠地區改建為縣，郡縣制的全面推行，增強了君王對國家的控制力。

　　然後，鼓勵商業貿易，建立規範的市場，抽取營業稅，秦國的商業開始走上正道，為國家增加了大量稅收。

　　改革戶籍制度，五戶人家為一伍，增加了國家的稅收和兵源。類似的制度其實早都在東方國家實行了，秦國現在終於補上了這個缺漏。

　　相比起魏、楚等國家來說，秦國的改革還是很初級的，僅僅屬查漏補缺的性質，是追趕東方先進國家的一小步。這樣的改革當然不足以真正使秦國強大起來，只是使秦國開始走上了正軌而已。

　　但秦獻公有一點做得很不錯：他的改革是逐步實行的，不像楚國吳起的變法那樣雷厲風行，而且比較溫和，沒有一杆子打翻一船人的暴烈舉措。再加上秦國的舊貴族勢力本來也比較弱小，所以秦獻公的變法很順利地推行了下去。

　　現在，秦、楚兩個大國都進行了變法，魏國的先發優勢已經不存在，是時候挑戰一下魏國的霸權了。

三晉聯盟破裂

吳起的到來，給楚國注入了全新的活力，楚國開始再度向外擴張。吳起率領全新的楚國軍隊，首先對南方的百越部族發起打擊。戰神出馬，所向披靡，落後的南方蠻族們哪是對手？楚國很快征服了這些蠻族，把洞庭、蒼梧一帶的領土永久納入了楚國版圖，國土面積大幅增加的同時也解除了後顧之憂。

接著掉頭向北，正面挑戰魏國。這時候北邊的局勢卻發生了出人意料的轉折——三晉聯盟破裂了！三晉裏面魏、趙兩國的關係一直比較微妙，兩國明明是競爭對手，迫於魏國的壓力，趙國卻不得不在後面做個小跟班。但三晉每次對外出擊得到的好處基本都被魏國佔了，趙國一直陪跑，所以兩國實際處於面和心不和的狀態。

終於在公元前 386 年，兩國的矛盾徹底爆發。

這一年趙國發生了兩件大事。

其一，遷都到邯鄲，明確表露出向南方進軍的意願。但從地理上來說，魏國的東郡牢牢扼住了邯鄲的咽喉，這就很尷尬了，兩國之間難免升起一些火藥味。

其二，趙敬侯的堂兄弟公子朝謀反，被趙敬侯打敗，逃到魏國尋求援助，魏武侯竟然派軍隊幫助公子朝攻打邯鄲，兩國從此公開撕破臉。名不正言不順的魏軍在邯鄲城下被趙國軍隊打敗，只好灰溜溜地退回國內。

橫掃天下的魏軍多年以來第一次吃到敗仗，而且是敗在曾經的小弟手下。雖然他們可能沒有派主力部隊參戰，但也不能否認，魏軍的戰鬥力已經發生了驚人的下滑，這時候距離吳起離開魏國才四年而已。也是在這一年，魏武侯受田和所託，向周安王提出請求，成功使田和被立為齊侯，所以這時候魏國和齊國處於蜜月期，共同阻擋趙國的擴張。

趙國要向南進軍，自然就需要從齊國虎口奪肉。之後兩年，趙國連續跟齊國發生戰爭，並且都取得了勝利，看起來趙國的南下之勢簡直無法阻擋了。

自信心爆棚的趙敬侯正式開始侵佔中原的計劃，他首先把目標定在衛國身上。他們在衛國首都北面的剛平修築了一座軍事堡壘，作為侵略衛國的前沿陣地。

趙國非常重視這次戰爭，傾舉國之力，「車不捨，人不休」，發狠要一次性拿下衛國。圍攻衛國首都的時候，趙國士兵大規模登上衛國城牆，搗毀衛國城門，衛國一度陷於極度危險的境地，眼看就要被滅國了。

衛國是天下的核心區域，各國勢力都在這裏交匯，趙國吃獨食的嘴臉立即在國際上攪起巨大的漩渦。

魏國立即行動，和齊國組成聯軍援助衛國。兩大國合作的力量是可怕的，衛國戰場的形勢瞬間逆轉，不僅打退了趙國的進攻，還一路反攻，推倒剛平堡壘，打進趙國境內，一直打到中牟，反過來佔了趙國大片土地。

由於邯鄲就在趙、衛邊境附近，這時候輪到趙國擔心自己被滅國了。吃了大虧的趙敬侯這時才意識到外交的重要性，只好緊急向楚國求助。楚國這時剛剛經歷了吳起的變法，煥然一新，正要找魏國的麻煩，接到趙敬侯求救的信息，立即派出吳起，率領新一代楚軍殺奔魏國。吳起沒有直接去攻打前線的魏軍，而是越過黃河，從他們後方突襲魏國本土。

兩國在州西展開大戰。這是吳起訓練起來的兩支軍隊的交鋒，新一代楚軍大獲全勝，一路推進，一直打到了大梁北邊。

魏國國土不連續的弱點在這時暴露無遺。楚軍前鋒相當於從魏國東部領土的西邊插進去，硬生生把魏國分割成了兩半。西邊是魏國的主體部分河東郡，包括了首都安邑；東邊是魏、趙、楚、齊等國交鋒的主戰場，衛國前線的軍隊也在這裏。

對於魏國來說，這是極其兇險的形勢，他們也陷入亡國邊緣了！

趙國也馬上撲過來趁火打劫，從北邊攻進魏國本土，燒毀棘蒲，打下黃城。

魏國東部領土在楚、趙的南北夾擊下，幾乎全部淪為焦土。這一連串戰爭延續了三年之久，是戰國初期破壞力最大的戰爭，作為主戰場的魏、趙兩國都遭受到巨大的打擊，幾年前不可一世的三晉在風雨中搖搖欲墜。

魏國的霸權事實上已經凋零。這之後的魏國只能稱為強國，或者偶爾算得上天下第一強國，但已經算不得霸主了。

魏武侯為幾年前逼走吳起後悔了嗎？也許是吧，但即使後悔也已經太遲了，魏國已經永久失去了一統天下的能力。

新興的楚國成了這一系列戰爭唯一的贏家。但隨後楚國後院起火，一場驚天的變亂拯救了戰火中掙扎的魏國。

吳起的報復

楚悼王和吳起的變法太過於猛烈，在楚國舊貴族中引發激烈的反抗。尤其是昭、景、屈三個掌握實權的大家族，對吳起簡直恨之入骨，屈宜臼就曾當面攻擊吳起的政策。

但楚悼王推行變法的態度相當堅決，駁回一切反對聲浪，強行把這些政策推行了下去。

有悼王這座大靠山，吳起儘管拉夠了仇恨（四面豎敵），卻沒有人能動得了他分毫。當時誰也沒想到，這座靠山會倒得如此之快。就在前線楚軍接連取得大捷，一路向北推進的時候，郢都的楚悼王卻暴斃身亡。

前線的吳起立即趕回國內，準備料理悼王的後事。以吳起的聰明才智，他不可能不知道這次回去會面臨的風險，但他是有情有義的人，悼王對他的知遇之恩他永遠不能忘記，不管有多少危險在等著他，他也毅然決定回到郢都。

郢都那邊的老牌貴族們早就準備好了，正磨刀霍霍地等著他，不僅為了出一口惡氣，也為了徹底打斷變法的進程。

悼王的遺體停在大堂上，弔唁的人絡繹不絕，眾人一邊伏地痛哭，一邊偷偷瞄外面的情況。一看到吳起進來，所有人同時掏出兵刃撲向吳起，靈堂上箭如雨下，鋪天蓋地地向吳起射過去。

吳起知道今天已經無法逃脫，眼裏如同要噴出火來，大吼道：「今天叫

你們知道我的謀略！」他不進反退，大步衝到大堂中央，伏到悼王的遺體上，大叫：「群臣叛亂，謀害我王！」

貴族們個個咬牙切齒，既恨極了吳起，也怕極了吳起，但眾人的情緒已經無法克制，所有人繼續瘋狂射擊，箭矢遮天蔽日，如飛蝗一樣撲向大堂中央。

不知道過了多久，有人喊一聲「够了」，大家才漸漸地停了下來，這才看清楚靈堂上的情況：現場一片狼藉，從停靈的木榻，一直到供桌上，每一個地方都密密麻麻地插滿了箭矢，吳起和悼王的屍體上更是千瘡百孔，血流滿地，幾乎沒有下腳的地方。

眾人這才回過神來，知道闖下大禍了，趕忙把悼王的遺體清理出來，重新入殮。

但已經太遲了，太子臧看到現場的情況後，怒火中燒，暗暗下了報仇的決心。

太子臧隨後登基，是為楚肅王。肅王即位後第一件事就是調查吳起遇害案，父王的遺體受辱，這是絕對不可能原諒的罪行。他大肆搜捕當時參與叛亂的貴族們，所有射中悼王遺體的人全部滅三族，總共滅了七十多家，成百上千人因此為吳起殉葬。吳起用一生最後一個計謀，成功為自己報了仇。

不過也有可能肅王本身就想幹掉這些桀驁不馴的貴族們，而「為父報仇」是絕對過硬的理由，誰也沒法反對，貴族們也就只好自認倒楣了。

反對變法的人們都被清理掉了，不過失去了悼王和吳起的楚國，也已經沒有能力進一步把變法推進下去，楚國的變革之途戛然而止。

好在變法的核心是清除舊貴族勢力，這個目的已經達到了，所以變法的主要成果還是在的，楚國的國力依然處在穩步上升的通道中。不過軍事上就不同了。失去了吳起的指揮，楚國軍隊的戰鬥力頓時跌了一個大台階。中原混戰的局面因此發生明顯的變化，魏國得到喘息的機會，準備重新找回自己的霸權。

中原迎來了新的實力均衡。

艱難維持的第一強國

國際社會的焦點仍然在三晉，他們和周邊國家的混戰還沒有停息。而魏國第一強國的地位也在這樣一種混亂局面中艱難維持著。

楚悼王末期，趙、楚聯手夾擊魏國，不僅對魏國造成沉重打擊，趙國自己也搖搖欲墜。危急中的魏、趙兩國可能達成了某種協議，兩國摒棄前嫌，握手言和，三晉再次在表面上聯合起來。不過這一次，趙國的地位就高得多了，三晉聯合體從魏國帶兩個小弟，變成了魏、趙雙雄相愛相殺的格局。

公元前 380 年，齊國發兵攻打燕國，打下燕國的桑丘。這侵犯到了趙國的利益，趙國提出請求，三晉又一次組成聯軍抗擊齊國。三兄弟聯手，再度表現出天下無敵的戰鬥力，迅速打退了齊國的侵略。

兩年以後，齊國捲土重來，想找回場子（地盤和面子），結果又被三晉打退，直接攻進齊國本土，一直打到靈丘才撤軍。

這幾次戰爭說明三晉，特別是魏國，依然擁有傲視天下的實力，不管是齊國還是楚國，暫時都還沒法與他們爭鋒。

但三晉畢竟不是一個國家，不可能真正統一步調，所以也沒法把這種實力轉化為實際的收益。幾年的戰爭打下來，基本上大家都在原地踏步，絲毫沒能改變自己被齊、楚、秦三方夾攻的惡劣局面。

其中反而是最弱小的韓國撿了大便宜。從立國開始，韓國就專心致志地啃鄭國和宋國這兩塊硬骨頭，想儘快把它們吞掉，以打開向外的通道。這個思路是對的，但問題在於韓國的實力實在太弱，甚至跟鄭國都基本打成平手，況且還有楚、魏等國在競爭，要吃掉這兩個小國實在是心有餘而力不足。

終於在公元前 380 年，韓國迎來一次千載難逢的機遇。首先是吳起被殺，楚國變法終止，楚肅王展開大清洗，全國上下雞飛狗跳，對外暫時處於防禦姿態。緊接著齊國也出了大事，田午弒殺自己的哥哥齊侯剡，自立為君，是為田齊桓公，齊國也陷入短暫的混亂狀態。趙國更是遇到大麻煩，

二十多年前被消滅的中山國再次復國，直接威脅趙國本土，趙國焦頭爛額忙著滅火。魏國也很忙，除了跟趙國時不時地「打情罵俏」以外，趁著楚國內亂的機會，在前 375 年，他們發起對楚國的襲擊，雙方在榆關展開激戰。正好鄭國內部也發生了「太宰欣」的動亂，國力嚴重下降。所以韓哀侯抓住這個機會，派出大軍攻打鄭國，一鼓作氣吞掉了這個重要的老牌諸侯國。

位居天下中央的鄭國，立國四百三十一年，前後二十六君，經歷了無數次血腥的戰亂，在晉、楚、齊三大國的夾縫中艱難生存到現在，如此苦難深重又堅強的國家，卻滅在了戰國七雄中最弱的韓國手上，實在是世事難料啊。

韓國隨後把首都遷到新鄭，國土大幅擴張。但他們仍然處於各國包圍中，地理條件仍然是各國最惡劣的。

對於韓國這次吃獨食的行動，魏、趙都來不及反應，他們正在處理北方中山國的威脅。

之前公元前 406 年，一代雄主魏文侯派軍隊遠程奔襲，消滅了中山國，中山桓公卻幸運地活了下來，之後可能被封到中山的故土上，小心翼翼地接受著魏國的統治。

公元前 381 年前後，魏、趙大火拚，兩敗俱傷，中山桓公趁機發動故國遺民造反。

中山國有一個獨特的優勢，就是他們的國土挨著趙國，卻被魏國統治。現在魏、趙正在全力對決，楚國的軍隊甚至把魏國本土攔腰砍成兩半，這種情況下，魏、趙雙方都沒有能力阻止中山遺民的反叛，中山遺民的復國戰爭很快大獲成功。

中山桓公趕走魏國佔領軍，接納遺民，收服故土，繼續以顧城為國都，重新建立了中山國。

等魏、趙從戰亂中抽身出來的時候，新的中山國已經屹立在他們身旁，他們只能重新開啟消滅中山國的工程。

對於中山復國，最緊張的是趙國，這個蠻夷之邦緊挨著他們，雙方又是世仇，肯定不可能和平共處，所以趙國第一個出手。公元前 377 年和 376

年，趙敬侯兩次發兵攻打中山國。

據說被滅國之前的中山桓公是一個昏庸的君王，不理朝政，不恤民力，才招致了亡國的禍患。現在重新登基以後，歷盡磨難的中山桓公已經變成了一個勤勤懇懇的有為之君。

另一方面，現在的魏國已不復當年勇了，國力有了很大的下降，趙國連年征戰，也是疲憊不堪。

所以雙方一交手，趙國立即發現形勢跟當年不同。這個剛剛從廢墟上恢復的國家，戰鬥力竟然相當強悍，自己雖然國力和人口都遠遠超過他們，卻從他們手上佔不到任何便宜。

同一時期，魏國也打過中山國，但還是沒能獲勝。在這個關鍵時刻，窮兵黷武的趙敬侯突然去世。他當政十年，年年都在發動對外戰爭，雖說這是趙國拓展生存空間必需的步驟，但如此頻繁的戰爭，肯定曾大量消耗國力。而且跟魏國翻臉也是很不明智的舉動，直接造成了三晉被外人圍攻的局面，所以這幾年魏、趙國力的大幅下滑，趙敬侯有很大的責任。

他的兒子趙成侯登基，繼承父親的遺志，繼續強勢向南方出擊，當然首要任務還是除掉中山國這個眼中釘。

屋漏偏逢連夜雨，這時候國內的公子勝跟趙成侯爭奪君位，趙國內亂爆發。

這下可就便宜中山國了。中山桓公心裏樂開花，一面下令全國積極備戰，一面提拔樂池擔任大將，準備對趙國開戰。

樂池是樂羊的孫子，樂舒的兒子，因此史書上記載的中山國君把樂舒做成肉羹給樂羊吃的故事不一定真實。

公元前374年春天，中山國反客為主，派樂池主動進攻趙國，彪悍的狄人軍隊所向無敵，一路打下了靈壽、番吾、房子等重要城邑，恢復了許多被趙國侵佔的領土。這以後很多年，趙國在跟中山的戰爭中都佔不到便宜，可見他們的武力之強。

中山桓公隨後把都城遷到靈壽，並且修築長城防範中原國家的打擊，中山國自此進入全盛時期。

趙、魏等國無可奈何，只好接受了中山復國的事實，中山國也因此成為跟戰國七雄並立的第八個強國。

另一方面，趙國的主要擴張方向還是在中原，衛國依然是他們眼裏的大肥肉，必欲吞之而後快。

公元前 372 年，衛慎公過世，衛聲公繼位。這時候魏國正在聯合燕國、魯國、衛國等一起進攻齊國，趙國趁這個機會發起突襲，瞬間攻入衛國國內，接連打下衛國七十三座城邑（這個數字可能有誇張，衛國未必有這麼多城池），準備一舉吞併這個國家。

這是公然挑釁。魏武侯大怒，馬上帶領諸侯聯軍掉頭打向趙國，不僅把他們趕出了衛國，還攻入趙國本土，最後在北藺大敗趙軍。這給了趙成侯當頭一棒，趙國南侵的步伐也只好放慢下來。

不過這也看出魏國的對外戰略之混亂，基本上是逮誰就打誰，四面出擊，沒有一套明確的擴張計劃，這方面他們比韓、趙都差得遠，可以說是七雄裏面最盲目的。而且他們不善於謀略，甚麼「借力打力」、「拉一派打一派」，這些花樣在魏國的外交賬本上是不存在的，他們秉承祖先的傳統，以起起武夫的姿態在國際上暴走，把鐵拳砸向一個又一個的敵人。

所以魏國雖然有天下第一的國力，卻被自己硬生生浪費掉了，沒能把這種國力轉化為實際的利益。

連年戰亂對國力的損耗確實很明顯，魏文侯多年勵精圖治的結果，正被魏武侯悄無聲息地消耗掉，這一切都注定：在戰國歷史上，魏國這個「霸主」終究只是曇花一現而已。

公元前 370 年，一輩子都在馬背上打天下的魏武侯病逝。死前兩年他在打趙國，死前一年還在打楚國，他一生的作為確實當得起一個「武」字，可以說為國家耗盡了心力，可惜並沒有給魏國帶來甚麼積極的東西。魏武侯的離世帶來一個出人意料的嚴重後果 —— 當初秦獻公受到魏武侯的幫助回國爭位，臨走之前，曾當面向魏武侯表示感激，保證在魏武侯在世的時候不跟魏國發生衝突。

所以魏國這些年才可以無視西部大後方，全力以赴地在中原爭奪霸

權。但仔細分析起來，從兩國的休戰中真正受益的其實是秦國。魏國四面出擊的這些年，秦國人卻在和平狀態中靜靜建設自己的國家，加上秦獻公的變法，秦國國力一直在穩步提升，不緊不慢地追趕著東方各國。

現在魏武侯離世，秦獻公的保證已經自動作廢，秦人正在磨刀霍霍，準備參與到中原大亂鬥中來。

公元前 370 年前後，秦國悄然登上了中原爭霸的舞台。

第四章

席捲各國的變法浪潮

河西烽煙再起

　　河西地區的淪陷對於秦國人來說是絕對不可以接受的。這幾十年來，他們一直念念不忘地想著要收回故土。他們已經等得太久了，所以秦獻公跟魏武侯的約定剛作廢，秦軍就急不可耐地奔向了日思夜想的河西故地。

　　這時候東方各國早已經改天換地了。戰神吳起早已離去，威震天下的「魏武卒」雖然依舊強大，卻缺少了最重要的精神領袖。魏、趙、韓、齊四國連年混戰，打得不可開交，楚國和中山國還時不時來插上一腳，處在四面強敵包圍中的魏國還有當年抗擊秦師的勇氣嗎？

　　魏武侯過世後，魏國立即發生嚴重危機。

　　武侯沒有嫡子，生前沒有立繼承人，兩個兒子公子罃和公子緩爭奪君位，魏國內亂爆發。

　　公子罃的勢力更強大，很快佔據了鄴郡、上黨等地，並且坐鎮安邑，掌握著半個魏國。公子緩只好親自去邯鄲向趙成侯求救，趙成侯答應幫助他攻打公子罃。

　　魏國的大夫公孫頎又去遊說韓懿侯，讓他跟趙成侯聯手共同進攻魏國。於是趙、韓兩國組成聯軍，殺向安邑，攻打公子罃的支持者。魏國軍隊敵不過兩國聯軍，被圍困在濁澤。當時的形勢極端兇險，公子罃眼看就要被活捉了，趙、韓兩國卻發生了分歧。

　　趙國希望扶立親趙的公子緩繼位，讓魏國割讓土地給趙國；韓國卻希望保留公子罃的政權，把魏國一分為二，分別讓兩個公子統治，這樣魏國就再也威脅不到趙、韓兩國了。

　　說穿了，趙國是希望建立一個親趙的、又弱小的魏國，以後再慢慢來吞併，這就沒韓國甚麼事了；韓國卻希望把魏國對半分，一家一半。最後的結果就是兩家談崩，韓軍連夜撤走，留下趙軍，趙國人眼看魏國一旦反撲過來自己扛不住，也只好趕緊撤走了。

　　兩個心懷叵測的國君終於沒能成功合作，魏國逃過這次危機，公子罃隨後發動反攻，打敗公子緩，一舉拿下了整個魏國。

公元前 370 年，公子罃成功登基，就是後來的魏惠王（他這時還不是「王」，為了表述方便，我們直接稱其為「惠王」）。

濁澤之戰把三晉之間的自私貪婪、勾心鬥角暴露無遺，所謂的三晉同盟在這以後徹底分崩離析，連裝都不必裝了。

這次動亂也明顯反映出戰國時代諸侯們的特點：不講道義、只講利益，為了爭權奪利，一切罪惡陰謀都可以擺到光天化日之下來公開討論。

既然兩個小兄弟都這麼不留情面，魏國這個老大哥也就徹底撕破臉了。惠王即位的第二年就發兵，在馬陵打敗韓國，在懷地打敗趙國，給了這對難兄難弟一個狠狠的教訓。

這也說明，魏國只要內部團結，戰鬥力還是相當驚人的，他們的力量暫時還是天下第一。

趙、韓兩個壞小子分裂魏國沒成，手癢難耐，過了幾年拿西周國練手，把它分成了兩個國家。

公元前 440 年，周考王在王畿給了他弟弟王子揭一塊地盤，分封出來一個周國（只是名字叫周的諸侯國，跟周王朝是兩個概念，相當於是在周王畿內部劃出來的一個國中國）。

到了公元前 367 年，周國的公子根發動叛亂，趙、韓兩國強勢干預，把周國分成兩個：西邊的叫西周國，由西周惠公統治；東邊的叫東周國，讓公子根統治，稱為東周惠公。

所以現在周王畿就分成了東周國和西周國兩塊，名義上都歸周王管。趙、韓為甚麼要去幹這麼無聊的事？這很難解釋，也許是為了平定周王室的內部紛爭，也可能只是受了魏國的氣要找地方發泄吧。這也說明魏、趙、韓三兄弟這些年實在跟無頭蒼蠅似的，沒有任何長遠的規劃，興頭來了就隨便發動一場戰爭，幹一些莫名其妙的事，消耗著自己嚴重過剩的精力。

就在三晉搞一些過家家似的小把戲的時候，一頭恐怖的巨獸已經來到了他們的西部邊界。

公元前 366 年，魏國和韓國聯手在洛陰附近的武堵築城，這裏緊挨著秦國，按照當時的情勢來說，魏、韓不大可能主動挑釁秦國，應該是在修築

一座防禦工事，屬常規操作，所以兩國當時也沒料到秦國會反對。

不想秦獻公直接派兵推平了他們的要塞，魏、韓聯軍大敗而逃。這是休戰二十年以後秦國第一次在河西發動軍事行動，戰鬥力爆表。三晉這才驚恐地發現：秦國這頭巨獸似乎蘇醒過來了！

其實幾年前秦國就跟趙國發生過小規模的衝突，當時三晉沒當一回事，現在才終於看清楚形勢，可惜已經太遲了。現在的秦國，兵精糧足，同仇敵愾，國力跟二十年前已經不可同日而語，作為三晉最強大的敵人，正牢牢站在黃河西岸，準備東進。

晉家三兄弟悔之晚矣！

秦師初入中原

秦國蘇醒，直接威脅到的就是魏、趙、韓三兄弟。其中魏國因為佔據著河西大片土地，首當其衝成為秦國進攻的目標。

驚恐的魏惠王緊急調整國策，從東部戰場抽離，開始把兵力部署到河西地區，以應對秦國的威脅。

秦獻公一聲冷笑，在公元前 364 年，發起對魏國的大規模打擊。數萬虎狼之師直撲西河郡，經過二十年休整的秦軍銳不可當，魏軍一觸即潰，秦軍一路猛追，如風捲殘雲，把魏國人趕過黃河，一直追到黃河以東的石門。

這是一場慘烈的殲滅戰。秦軍大勝，斬首六萬，三晉震恐。趙國緊急派軍援助，這才止住了魏軍崩潰的形勢，秦軍大肆擄掠一番，揚長而去。

秦穆公過世兩百六十年後，秦國人終於再次大規模侵入黃河以東，直逼中原，中原各國都在瑟瑟發抖，天下人真正見識到了秦師的威力。

龜縮在洛邑的周王室也被震動了，周顯王趕緊戰戰兢兢地派人去「祝賀」秦國的勝利，並且親自賞賜黼黻以「褒獎」秦國的功勞，甚至把秦獻公封為「伯」，跟當年的秦穆公一個級別。

一個諸侯攻打另一個諸侯，天子趕忙獎賞侵略者，這就是靠拳頭說話

的戰國時代。

魏國還沒緩過氣來，第三波打擊又來了。公元前 362 年，秦軍打到河西的少梁，趙國再次緊急救援，但這次魏、趙聯手也擋不住如狼似虎的秦師，秦軍再次大敗魏趙聯軍，打下龐城，活捉了魏國重臣公叔痤。幸虧當初秦獻公流亡魏國的時候公叔痤對他不錯，為了報恩，他把公叔痤放回去了。

少梁是魏國在河西最早和最重要的基地，是統禦河西壓制秦國的大本營。少梁之戰的失敗，說明魏國在河西的統治基本已經全線潰敗了，當年吳起他們千辛萬苦從秦國嘴裏搶下來的河西之地，幾年之間就被秦國給奪了回去。（這裏的史書記載可能有錯漏或者誇大的地方，因為後來秦國又經過多次戰爭才徹底奪回河西。）

正當秦國步步緊逼、魏國在河西的統治搖搖欲墜的時候，老天幫了魏國一個大忙：正緊鑼密鼓地籌劃進攻魏國事宜的秦獻公突然崩逝。秦孝公繼位，秦國的攻勢暫時緩了一緩，魏國終於能夠喘一口氣了，河西地區迎來了短暫的平靜。

秦獻公是秦穆公以後秦國最偉大的帝王，他帶領秦人兢兢業業地建設國家，成功把秦國從百年的衰落狀態中拽出來，扶上了陽關大道。

說來也巧，從那以後秦國的每一代君王都是勵精圖治的明君，他們的國家幾乎一直走在正確的道路上，國力一直穩步提升，這是非常驚人的成就。山東各國雖然偶爾也有神來之筆——出一兩個強人，把國力猛然拉上去一大截，但不能持久。在這場國家之間的長跑比賽中，他們漸漸被秦國趕超，最後被秦國遠遠甩在後面，再也追不上了。

而所有這一切成就追根溯源，都要歸結到秦國第一個勵精圖治的君王——秦獻公身上。

秦獻公過世的消息傳來，魏、趙、韓三兄弟同時鬆了一口氣，以為可以過一段安穩日子了。但他們萬萬想不到，這不是結束，而是開始，一個更加傳奇的人物即將登場，他將親手教導天下君主應該怎樣治理國家。

改變歷史的奇人

公元前 361 年，秦國的三輪軍事打擊剛剛過去，魏國朝堂上的重要人物公叔痤就病逝了。

公叔痤是個老謀深算的政治家，不僅會為國出力，也會適時地替自己考慮，其中最典型的例子就是他對商鞅的刻意雪藏。

商鞅是衛國國君的後裔，本來叫公孫鞅，後來被封在商邑才被稱為商鞅。他年輕的時候流落到魏國，在公叔痤手下謀了一個中庶子的官職。

商鞅是個奇人，他精研法家學說，一心向李悝、吳起等人學習，想要幹出一番驚天動地的事業。

他對於治國之術有一套自己的想法，對於當前各國存在的問題洞若觀火，並且知道該如何去解決它們。

他也是個做事不擇手段的人。只要能達到自己的目的，甚麼仁義道德全部靠邊站。

憑著這股狠勁，年輕的商鞅理應在魏國政壇嶄露頭角。但他沒有。只是一直默默無聞地在公叔痤手下當差。

公叔痤也知道商鞅對於國家的巨大價值，但一直穩著不吭聲，因為商鞅一旦冒出來，一定會威脅到他自己的地位，所以直到生命的最後時刻公叔痤才向魏惠王推薦了商鞅。

當時魏惠王去看望病榻上的公叔痤，特地問起以後誰可以接替他的職位？公叔痤毫不猶豫地說：「我手下的商鞅，他有奇特的才幹，大王應該把整個國家託付給他。」魏惠王覺得這個說法也太誇張了，有這麼一個奇人存在我怎麼會從來沒聽說過，看你現在病入膏肓的樣子，是不是頭腦糊塗了才說出這種話？也有可能惠王懷疑公叔痤夾帶私貨，或者商鞅的治國謀略他已經聽說過了，但看不上，總之，惠王沒有答應公叔痤的請求。

公叔痤看到這情形，馬上又補上一句話：「如果大王不能任用他，請立即殺掉他，防止他被別的國家所用。」

惠王更覺得他說話顛三倒四，所以更加不相信商鞅的才幹。惠王走了

以後，公叔痤思前想後，又覺得對不起商鞅，萬一惠王真的把商鞅殺了，豈不是自己的罪過。於是把商鞅找來，對他說：「我向大王推舉你，他沒答應。我為了國家利益就建議他殺掉你，但出於私人情義，我又得把這件事告訴你——你趕快逃走！」

商鞅只是淡淡地說：「大王不肯聽你的建議任用我，又怎麼肯聽你的話殺掉我呢？」所以繼續留在魏國。

他在觀望，萬一惠王回心轉意了呢？但公叔痤死後，魏惠王完全沒有要提拔商鞅的意思，商鞅知道自己在魏國已經沒有出人頭地的機會了。這時候正好新登基的秦孝公正在招募天下賢才，商鞅就離開魏國到秦國去了。

商鞅變法

商鞅找到秦孝公的寵臣景監，讓他向孝公舉薦自己。秦孝公是年輕有為的君主，當政以後馬上想幹一番翻天覆地的事業。他決定對國家做出大改動，但需要一個吳起那樣的強人來主持，於是頒佈了求賢令，向天下招募賢才——這種不拘一格任用人才的習慣後來成為秦國的傳統，只要有才幹，不論出身、國籍，一概任用。

正是這樣一種用人方式，才讓落魄貴族商鞅有了直接面見秦君的機會。商鞅帶著李悝的《法經》六卷面見秦孝公，先跟孝公談論「帝道」，也就是上古明君的那些故事，孝公聽得瞌睡連連，擺手說：「這都是哪年的事了？跟我們現在的社會有甚麼關係？」等商鞅退下去以後，孝公把景監找來大罵：「你推薦的一個甚麼人？說的甚麼亂七八糟的！」

景監只好找到商鞅，說兄弟你連累我了，商鞅哈哈一笑說：「沒事，等過幾天大王怒氣消了，麻煩您再推薦我一次，我下次一定說得合他的心意。」

五天以後，商鞅再次面見孝公，這次說的是「王道」，基本上就是孔子的仁義道德那一套，孝公的臉色稍微緩和一點，但仍然不滿意。

下來以後，孝公再次責備景監，景監又找到商鞅，商鞅繼續笑著說：「再給我一次機會。」

又過了幾天，孝公再找到商鞅問政，這次商鞅說的是「霸道」，就是齊桓公以來各位帝王稱王稱霸的策略，孝公終於表露出興趣，但仍然沒有最終決定。

商鞅知道差不多了，在驛館等著，果然不久孝公就派人來徵召。這次商鞅終於把自己觀察到的秦國社會存在的問題、變法的具體措施等等和盤托出，兩人促膝長談，連續談了很多天，孝公全神貫注地聽著，讚歎不止，當即決定任用商鞅主持變法。

過後商鞅對景監說：「帝道、王道，大王都不感興趣，我只能跟他談論強國之術。今後秦國確實可以強大，但德行終究比不上商、周啊。」

對於戰國時代的諸侯來說，國家強大就夠了，要仁德有甚麼用。這樣一種功利性很強的特點也明確表現在了變法的政策裏面。但很多人並不支持商鞅的這些「強國之術」，舊貴族的代表人物甘龍、杜摯等人就堅持說：「利不百，不變法；功不十，不易器。法古無過，循禮無邪。」認為國家的舊法度不能輕易修改。

秦孝公放手讓商鞅跟他們辯論，商鞅半輩子都在考慮這些問題，思想何等成熟，立即針鋒相對地說：「商湯、周武王不遵守古法，所以能稱王；夏桀、殷紂因循守舊，反而亡國。怎麼能認為舊例就一定值得遵守呢？」

這是一場決定秦國乃至所有國家命運的辯論。好在這是秦國，本來就是半個蠻夷，對於「堯舜禹湯」留下來的那些古禮本來就不太在乎，秦國的舊貴族勢力又比較弱小，又經過了秦獻公的變法，國民對於變革已經比較適應。而孝公本人又是思想開明的年輕君王。在所有因素的綜合作用下，變法派獲得了最終的勝利。

公元前 359 年，在秦孝公的支持下，商鞅發佈了《墾草令》，開始為變法製造輿論。三年以後，商鞅被任命為左庶長，正式在秦國推行新法度。

這是一次非常成熟的變法。每一項政策都是深思熟慮的產物，完全針對當時秦國存在的問題而制定，因此比之前李悝、吳起的變法更加完善和

深刻。

變法的目的就是「強國」，為了達到這個目的不惜採取一切手段。變法的內容異常廣泛，涵蓋社會的方方面面，簡單來說，比較重要的有以下幾項：

重農抑商，特別強調發展農業的重要性。對於農耕民族來說，農業是最主要的經濟產業，振興農業就是振興經濟，而經濟是國力的基礎，是頭等大事。

土地制度方面，廢除井田制、承認土地私有。廢除貴族的世襲制，削弱舊貴族，鏟掉這些社會的雜草，提升整個社會的效率。

這些變革措施跟以前的歷次變法差不多。如果僅僅是這樣的話，秦國也只是會走上魏國的老路而已，但接下來的幾項措施卻是商鞅變法特有的，正是這些措施使秦國成為了一個特殊又恐怖的國家：

推行嚴厲的法令，嚴格控制社會，對民眾的自由作出最嚴厲的限制。例如登記戶口，禁止出門旅游，禁止收容外來人口，甚至禁止父子兄弟等一家人住在一起。

把山川湖泊收為國有，防止民眾依靠這些資源牟利；禁止買賣糧食，對所有商品徵收重稅，對商業發展給予最嚴厲的打壓，民眾要謀生只能靠種地。

統一思想，壓制文化，禁止遊說講學，禁止思想的傳播和交流，使民眾陷入極度空虛和愚昧的狀態，永遠埋頭當苦力。

禁止奇裝異服，一切聲色娛樂都不許有，連喝酒吃肉都要打壓，迫使民眾把所有精力都投入到工作中。

讓民眾互相監督，實行連坐制度，一人犯罪全體受罰。獎勵軍人，制定嚴格的軍功等級，按照軍功賞賜爵位，平民翻身的唯一出路就是在戰場上拚命殺敵。

公元前 350 年，秦國又推行了第二輪商鞅變法。鑒於之前楚國變法受到舊貴族反抗的教訓，孝公命人在咸陽修築新宮殿，然後遷都到那裏，這樣就徹底擺脫了舊貴族勢力的束縛，可以更好地把新法推行下去。經過前後兩

輪變法，秦國社會發生了翻天覆地的變化：社會活力消失了，一切都統一起來，人們不再有個性，不再有思想，每個人都像一顆螺絲釘一樣，在自己的崗位上夜以繼日地辛勤勞作，不停地創造財富來供養國家機器。整個國家被君王牢牢攥在手中，變成了一台恐怖、高效而強大的戰爭機器。

這台機器運行的目的只有一個，就是強！更強！這樣的國家是以前從來沒有出現過的，這是法家眼中的理想社會。

商鞅終於實現了自己的夢想，按自己的想法打造出一個完美的法家「盛世」。

同樣開心的還有秦國的統治者，他們看著一片繁榮的秦國大地，以及土地上日夜勞碌的秦國百姓們，心滿意足，這正是他們想要的「盛世」。

然而老百姓呢，誰考慮過他們的感受？沒有！沒人會考慮！史書上一句「秦民大悅」便輕描淡寫地帶過了。

可是人們真的「悅」嗎？實際上，這樣的「盛世」對於秦國民眾來說可能更像是一場噩夢，他們被綁在自己祖祖輩輩生長的土地上，失去了最基本的自由，也失去了一切快樂和慾望，人生只剩下無休止的勞作。

而從民眾身上壓榨出來的強大生產力，最終變成秦國對外擴張的原動力，它將如同鋼鐵洪流一樣向四面八方推進，把秦國人的痛苦撒播到各國人民之中。

所以這也是天下人的噩夢。東方各國以後會感受到的。當然大國國力的提升肯定是一個緩慢的過程，變法的成果要很多年以後才能逐漸反映到軍事實力上。以秦國現有的軍事實力，主要的目標仍然是從三晉那邊虎口奪食，河西地區仍是主戰場。而對於三晉，特別是魏國來說，秦國的威脅只是一方面，眼前他們最可怕的敵人還是東方的齊國，新登基的齊威王也是一個雄武的君主，幾乎在商鞅變法的同時，齊國也開始推行自己的新政了。

虛心納諫的齊威王

從「田氏代齊」以後，齊國就一直被強大的魏國壓制，甚至被三晉聯手欺負，時不時地打到齊國長城，北邊的燕國也常常來插上一腳，以齊國的國力，只能勉強應付而已。

好在魏國的實力一直在不斷下降，齊國身上的壓力逐漸減輕。魏、趙兩國又已經公開翻臉；前幾年秦獻公又猛然發力，連續三次在河西大敗三晉，迫使三晉把一部分精力轉移到西部，這都給齊國帶來了很好的發展機會。

於是在公元前 356 年齊威王上台以後，齊國迎來了一次重要的變革。

齊威王是田齊歷史上最有作為的君王，他跟當年的魏文侯類似，特別有容人之量，而且善於提拔和發現人才，只要對國家有用的人才，不問出身，不論來歷，一概給予重用。

所以齊國朝堂上迅速聚集起一群才學蓋世的強人，如眾星拱月般簇擁著齊威王，共同把齊國推上了強國寶座。

其中最重要的人是鄒忌。

傳說他善於奏琴，因此得到威王的喜愛，讓他住在宮裏。有一次威王一個人在彈琴，鄒忌不經過稟報，直接推門進去，大聲讚揚：「大王彈得真好！」

齊威王很奇怪地說：「你剛進來，還沒認真聽，怎麼就知道我彈得好？」鄒忌侃侃而談：「琴理中蘊含著治理國家的道理。大弦象徵國君，小弦代表百官，琴弦之間的配合有如政令，奏出的樂音就是治理國家的效果。大王的琴音，大弦溫潤柔和，小弦廉折清悅；撥弦深而回弦緩，回旋往復而不紊亂，這說明政治昌明；琴音和諧穩定，大小配合得當，清朗而互不相害，正是國泰民安的景象。琴音調而天下治，因此說大王彈得好。」

這是拐著彎進獻忠言，而且切中要害，說明了治國的基本要點：嚴整、有序、君臣和諧。一番話說得齊威王心花怒放，當即任命他為相國，位居百官之首。

戰國式的君臣關係就是這樣，下臣們只有絞盡腦汁，靠三寸不爛之舌，說得君王心悅誠服，才能得到機會推行自己的政治主張。

而各國君王們，也在各種謀士、說客、縱橫家令人眼花繚亂的說辭中間，小心翼翼地挑選著自己需要的人才和政策。

關於鄒忌諷諫齊威王，最著名的還是下面這個故事。傳說鄒忌身高八尺有餘，相貌俊美。有一天早上穿好朝服照鏡子，看到自己衣冠楚楚的樣子，不禁得意地問身邊的妻子：「我跟城北的徐公誰更帥？」

徐公是齊國有名的美男子，鄒忌的妻子想也不想就回答：「徐公哪裏比得上你？」

鄒忌還不放心，又問自己的小妾，回答也是：「徐公比您差遠了。」

這時有個朋友上門求幫忙，鄒忌又問他，朋友也回答：「我看徐公不如您。」

過了幾天，鄒忌偶然見到徐公，頓時震驚，原來他比自己帥得多啊，這才知道身邊的人們都沒有說實話。

為甚麼會這樣呢？他翻來覆去地想，終於想通了其中的道理：「妻子愛我，小妾怕我，朋友有求於我，所以都會言不由衷地奉承我。」

於是鄒忌去找到齊威王，把這個故事講給他聽，然後說：「連微臣身邊的人都不肯說實話，大王富有四海，又長期深居宮中，宮裏后妃們都愛大王，朝臣們都怕大王，國內百姓們都有求於大王，他們肯說實話嗎？由此可見，大王要聽到真實的評論有多難啊。」

威王深有感觸，當即發下命令，鼓勵全國上下進獻治國之策：「群臣百姓有能當面指出寡人的過錯的，受上賞；上奏摺進諫的，受中賞；在市井中議論寡人的過失，被寡人聽到的，受下賞。」

於是齊國上下無數人前來提意見，各種奏摺鋪天蓋地，齊國的國政因此得以走上正道，整個國家也走上了富強的道路，人們說，這就是所謂的「戰勝於朝廷」。

善於諷諫的大臣遠遠不止鄒忌一個，實際上，這是當時廣泛流行的風氣，另一個以直言敢諫聞名的人是淳于髡。

淳于髡出身低賤，甚至可能是奴隸出身，「髡」指的就是一種剃光頭髮的刑罰，而且他還是個上門女婿，更說明他的身份之低微。

他的長相很醜，身高不滿七尺，看起來滑稽可笑，但人很機靈，多次出使外國都成功維護了國家形象。

這樣的人也憑藉自己的才能得到了齊威王的重用，可見當時齊國對人才的選拔確實是不拘一格的。

據說齊威王剛剛登基那幾年，沉湎於酒色，夜以繼日地宴飲，荒廢朝政，大家都不知道該怎麼勸說他。

淳于髡就去對威王說：「國內有一隻奇怪的鳥，停在王庭之中，三年時間不飛也不鳴，請問是甚麼鳥？」

威王哈哈大笑說：「此鳥不飛則已，一飛衝天；不鳴則已，一鳴驚人。」當即宣佈停止各種酒色娛樂活動，開始處理國政。（另一個版本說這是楚莊王的事跡。）

他先把即墨大夫召來，對他說：「自從你到即墨赴任後，經常有人向我說你的壞話，可是我去即墨視察的時候，看到的卻是政通人和，民眾安樂的景象，可見你是個不善於逢迎，只會埋頭幹實事的人。」於是封他為萬戶侯。

威王又找到阿城大夫說：「自從你去了阿城，每天都有人在我面前稱讚你，可我看到阿城治理得一片混亂，趙國和衛國來進攻，你也沒能及時營救，你用了多少錢賄賂我手下的人替你說好話？」說完，當即下令把阿城大夫和那些替他說好話的人一起煮了。

消息傳出來以後，舉國震驚：原來大王是如此英明的人，看來搞小動作是瞞不過他的，從此人人都踏踏實實做事，再也不敢欺上瞞下了，齊國因此迅速由亂入治。

關於齊威王和他直言敢諫的忠臣們的故事還有很多，這些故事基本上都是那些鬼頭鬼腦的縱橫家們杜撰出來的，或者有很多誇張的成分，可信度不高，但卻能說明幾個事實：

其一，齊威王的朝堂裏人才濟濟。再有，齊威王確實是個特別能虛心

納諫的君王，他任用忠直耿介的下屬，廣開言路，使得國家上下的風氣煥然一新。

還有，他也不是一個墨守成規的君王，求新、求變是他執政的特色。

這時候的齊國，剛剛完成「田氏代齊」的政權更迭，如同一隻破繭重生的蝴蝶，在陽光下緩緩扇動翅膀，正準備大展宏圖，開始一段嶄新的生命旅程。

這個國家正值它最好的青春年華，齊國舉國上下洋溢著對新時代的憧憬和嚮往，求新、求變是這個時代所有齊人共同的追求。

事實上，威王當政以後不久，就任用鄒忌開展了齊國版的「變法」，東方傳統強國終於跟在魏、楚、秦之後，也開啟了自己的變革之路。

齊國的「變法」比較溫和，基本上採用一些傳統的強國策略，例如修訂法律，加強對官員的考核，澄清吏治，廣開言路，鼓勵言論自由，加強軍備等等。

這些策略不會立即讓國家脫胎換骨，但也避免了尖銳的利益鬥爭，所以齊國沒有出現秦國和楚國那種雞飛狗跳、大動干戈的情形，而是在潛移默化中逐漸改變著社會，緩緩地來到了一個新時代。

——如果要在戰國時代選一個國家來居住的話，一定要選齊威王時期的齊國，那是一個政通人和的國度，舉國上下都透著一股溫和的、陽光明媚的氣氛。

伴隨著開明的政治政策，齊國也形成了極為寬鬆、自由的學術和思想言論環境，所有這一切，都在稷下學宮這座偉大的高等學府中集中表現出來。

諸子百家的黃金時代

當年魏文侯創建西河學派，把魏國變成了天下學術中心，齊國可能受到他們的啟發，在齊威王繼位前後幾年建立了稷下學宮。

這是官方主辦的中國第一座高等學府，齊國政府極為重視，廣招天下名士，為他們建造了恢宏的宮殿，因為學宮建在臨淄的稷門附近，便稱為「稷下學宮」。

當時天下各路專家學者聚集到稷下學宮，一面互相交流研討，一面傳播自己的學說。鼎盛時期，學宮裏的學者有上千人，其中成就最高的是鄒衍、淳于髡、田駢、接予、慎到、環淵等七十六人，齊國政府給這些人都賞賜了府第，封為上大夫，並且特許他們不用處理政務，只要討論學術問題就行了。

就是說，國家養著這些人，讓他們專門研究各種學說，創造一切可以創造的理論。

他們中很多並不是齊國人，而是來自各個國家，例如慎到是趙國人，而環淵是楚國人，對於他們，齊國政府表現出無與倫比的包容姿態，來者不拒。

他們的出身也五花八門，不少人都是平民，甚至還有淳于髡那樣的賤民，但只要有真才實學，國家就收留。

在政府的大力扶持下，各種學術思想自由碰撞，迸發出耀眼的火花，從春秋時代開始萌芽的百家學說，到這時終於得到雨露的滋潤，那間百花齊放，猛然爆發出一個空前絕後的黃金時代。

這是華夏文明的黃金時代，也是自由思想的黃金時代。各種奇思妙想在這裏爭奇鬥艷，所有聰明的頭腦都在全速運轉，考慮一切可以考慮的問題 —— 從宇宙、哲學，到普通人的日常生活，中國人的聰明才智被充分調動起來，短短幾十年間形成的各種學派，成了後世兩千多年間人們反復研究的主題。

例如偉大的孟子，在儒家中具有僅次於孔子的重要地位；還有荀子，創立了儒家的一個獨立流派；鄒衍，陰陽家的創始人，創立了陰陽五行學說；慎到，法家的代表人物之一；以及環淵，老子的弟子，有說法認為《道德經》可能就是他寫的。

不過稷下學宮的主流學說還是「黃老之學」。黃老之學是從老子的思想

延續下來、又吸收了其他各家流派特別是法家思想形成的一種學說，是道家的主要學派之一。齊國政府在創立稷下學宮的時候夾帶了一點點私貨——他們祖上不是靠篡位上台的嗎？為了給自己篡位的舉動找一點理論支持，他們聲稱自己（陳國宗室之後）是黃帝的後人，而原來的呂氏國君（姜太公之後）是炎帝的後人，炎帝是黃帝的手下敗將，所以田氏偷走呂氏的齊國似乎也就說得過去了。

而且老子是陳國人，田氏也來自於陳國，推崇老子也就間接拔高了自己。

黃帝時代流傳下來的治國理念，跟老子的道家學說結合，產生了黃老之學。比起老莊之學，黃老之學更講究實用，他們在老子思想的基礎上繼續發展，主要探討如何用道家思想治理國家，因此衍生出許多有價值的治國理念。

例如他們倡導「無為而治」，要求統治者保持政策的連續性，不要翻來覆去地折騰老百姓，要「與民休息」，要「輕徭薄賦」，減輕民眾的負擔，讓國家得到休養生息的機會。而統治者自己也要公正嚴明，維持一個清廉的政府。

一個廉潔、高效、穩定，又擁有強大經濟實力的國家，當然能在亂世中立於不敗之地。

在烽火連天的戰國時代，這樣的治國理念可以說是對症下藥，很適合齊國這樣地理條件優越的大國。

但仔細一想，這樣的治國理念，跟秦國的商鞅變法是剛好相反的，商鞅使國家強大，人民卻極端痛苦，黃老之學也讓國家強大，卻盡量給予老百姓舒適的生活，這樣一比較，高下立判。

但黃老之學真正大放異彩是在兩百年後的西漢年間，直接帶來了「文景之治」的盛世，那是另一個故事了。

先說回戰國時代。稷下學宮研究出來的這些學說，不僅給齊國帶來文化上的繁榮，也給齊國政府的施政提出了許多有用的先進理念，又引來和培養出許多頂級的治國人才，可以說充分回報了齊國政府對他們的投資。

更不用說他們對於後世的巨大貢獻，真正是功在當代利在千秋。因此，建立稷下學宮是齊國政府最英明的一項決定，後世兩千年的中國人都應該感謝開明而目光遠大的齊國政府，以及偉大的齊威王。經過這些大刀闊斧的改革舉措以後，齊國的國力登上了新台階，一躍成為天下矚目的強國，魏國的強敵因此又多了一個。

另一方面，變法的浪潮還在漫延，魏、楚、秦、齊之後，一直懵懵懂懂混日子的韓國也猛然覺醒，也開始了自己的變法之途。

申不害變法

申不害本來是鄭國的一個小官，鄭國被韓國吞併以後，他憑藉自己的才學，繼續在韓國做官。

按理說，這樣一位敵國的「罪臣」注定是沒有可能受到提拔的，但神奇的是，申不害不僅在韓國受到重用，還最終當上了韓國朝廷裏的一把手。

關於申不害是如何上位的，有這樣一個故事。

公元前 353 年，魏國大規模進攻趙國，包圍邯鄲，陷入亡國危機的趙國向齊國和韓國緊急求援。

當時韓國國君是韓昭侯，他不知道該不該答應趙國的請求，很為難，就詢問申不害的意見。

申不害這時剛得到韓侯寵幸，一時也猜不透主人的心思，於是就耍了一個花招。

他若有所思地說：「這件事關係到國家安危，不能輕易決斷，請容微臣考慮考慮。」

申不害回去以後就找到兩個以能言善辯著稱的大臣，趙卓和韓晁，向他們說了韓侯的煩心事，並鼓動他們：「以你們的地位，向大王提建議一定會得到採納，這是為國盡忠的好機會呀。」

兩人一想也對，便趕忙去向昭侯提出自己的觀點，在昭侯和他們討論

的時候，申不害卻在暗中偷聽，並特意記下昭侯說的話。沒過多久他就去回覆韓昭侯，完全按照昭侯說的來提建議，韓昭侯果然大喜，覺得他說的非常合自己的心意，從此便對他刮目相看。

後來申不害接連得到提拔，成為韓國國內一人之下萬人之上的狠角色。

從這個故事能明顯看出申不害的個人特色：喜歡耍小聰明，或者說，喜歡玩弄權術。他正是靠這一招在韓國政壇大展拳腳，無往而不利。而在他的學說裏面，「權術」正是最核心的部分。

申不害本屬法家，但又精通黃老之學，也是稷下學宮的知名學者之一，他以法家治國，但融合了道家以及其他諸子百家的思想。

公元前 351 年，韓昭侯緊跟國際潮流，任用申不害在韓國主持變法，申不害的學術思想終於有了實踐的機會。申不害的變法跟商鞅變法有一些相似的地方，兩人都強調法制，但跟商鞅不同的是，他更推崇所謂的「術」，也就是治國的技巧。他首先要求釐清君王跟大臣的關係，也就是所謂的「正名」。君王必須有絕對的權威，要能嚴格控制屬下，「操殺生之柄」，把殺伐決斷的權力牢牢控制在自己手裏，上下尊卑關係絕不允許逾越。這一點跟當初孔子強調的「君君，臣臣」有一點類似，但發揚光大了。

他認為，只有當君有君威、臣有臣綱時，政權才能保持和諧穩定。這種觀點其實是來源於春秋以來接連不斷的弒君狂潮。無數的國家因為權臣作亂而陷入混亂，為了防止這種情況，就必須加強君王的集權統治，對手下的大臣們嚴防死守。

因此需要澄清吏治，加強對大臣的考核與監督，一方面保證他們的忠誠，另一方面也需要把那些光吃飯不幹活的酒囊飯袋清理出去。

申不害主持變法以後，立即著手打壓俠氏、公釐、段氏三個大家族，收回他們的特權，推倒他們的城堡，沒收他們的財富以充實國庫。

這種打壓老牌貴族的做法也算例行公事，在所有國家的變法措施裏面都出現過。

對官員的考核，申不害提出了「正名責實」的要求。所謂「責實」，就是嚴格規定各級官員的職責，要求他們必須做出實際的政績。

而國君呢？只要控制好下面的官員們就够了，其他事情放手讓他們去幹，就是所謂的「無為而治」，這是來源於黃老之學的思想。

那麼國君怎樣才能做到這些？這就涉及到申不害的思想裏的核心部分——「術」的使用。

他認為國君必須掌握高明的統禦之術，要善於駕馭下屬，準確鑒別他們的忠奸賢愚，不至於被他們矇騙。

說白了，領導的任務就是不停地跟下面的人鬥智鬥勇，把他們全部玩弄於自己的股掌之上。

這一點就跟商鞅背道而馳了，商鞅強調國家制度的建設，通過完善的法令法規來限制每個人的行動；申不害則要求統治者自己有足够的權謀，善於把控局勢，至於是不是符合自己訂的法律，那就不用管了。更進一步說，只要能把「術」推廣開來，一切有利於維護自己統治的伎倆都可以拿來用，哪怕是一些上不得枱面的陰謀詭計。有兩件軼事可以說明這一點：韓昭侯有一次剪指甲，故意留了一片捏在手裏，然後對下人們說：「我剛剛剪下來的指甲有一片找不到了，你們去找一下。」下人們趕緊行動，翻箱倒櫃，掘地三尺，哪裏找得到？有個人靈機一動，偷偷把自己的指甲剪下一片獻上去，裝模作樣地說找到了。韓昭侯立即就試出了他是個不老實的傢伙，不久以後就找個藉口把他攆走了。

還有一次，昭侯聽人彙報說，南門外有頭小牛闖進了農田，正在啃麥苗，於是把這個消息隱瞞下來，然後發佈命令，要求城內官員去各地檢查，看看有沒有家畜偷吃禾苗的情況。

官員們查了一通，都沒發現情況，來彙報以後，昭侯大發雷霆，命令他們重查，過了好久，終於在南門外找到了吃禾苗的牛。

於是大家都讚歎領導料事如神，甚麼事情都瞞不過他。昭侯也成功檢驗出了下臣們執行任務的能力。

這就是申不害推崇的「術」。「以術治國」作為「以法治國」的補充本來是沒有錯的，但如果使用得過分了，難免搞得人心惶惶，下人們也會學著多一個心眼，沒事也用「術」來對付一下領導，這樣反而會形成欺上瞞下的

風氣。

而且這樣的政策要求統治者必須是英明的，如果下一任統治者不夠英明呢？怎麼繼續把「術」玩下去？怎麼駕馭那些已經學精了的下屬們？

韓國正好出現了這種情況。韓昭侯確實有經天緯地之才，所以能把這些策略玩得轉，但他之後的韓國國君再也沒有那樣的才幹，申不害教給他們的那些小聰明也就玩不下去了，甚至反被下屬們用「術」給玩了。

所以「以術治國」終究還是輸給了商鞅的「以法治國」。再說回申不害的變法上來。除了在權力鬥爭上的發明創造以外，申不害也確實做了不少利國利民的實事。例如他大力發展韓國的軍工行業，特別是兵器製造行業，韓國的強弓勁弩一時間蜚聲國際，軍備質量位居各國之首。他也主張多開墾荒地，增加農業產量。總之目標就是富國強軍。

經過韓昭侯與申不害這對君臣的共同努力，弱小的韓國迎來了難得的振興局面，在申不害當政期間，各大國都不敢來侵犯韓國，這是韓國歷史上唯一的黃金時代。

第五章

中原霸主爭奪戰

慘淡經營的魏惠王

公元前 350 年前後，魏國周邊各國都在摩拳擦掌地練肌肉，為下一輪群毆積蓄力量，處在風暴中心的魏國也絲毫沒閒著。

魏惠王是一個充滿雄心壯志的君王，他上台以後推行了一系列大刀闊斧的改革，魏國的風氣煥然一新。

首先是重新審視對外戰略。魏國這些年來一直沒有明確的擴張目標，到處結仇，終於陷入了四面受敵的窘境，尤其是秦國的一輪猛攻，實在讓人吃不消。魏惠王痛定思痛，開始制定明確的擴張戰略。要破解魏國的困境，首先得重新拉攏趙、韓兩個親兄弟。於是魏惠王多次跟趙侯、韓侯會盟，談判的結果，三國重新和好，停止了相互間毫無意義的爭鬥。

三晉的領土犬牙交錯，互相掣肘，不僅阻礙著彼此的發展，也是造成三兄弟衝突的原因之一。

所以魏惠王跟趙、韓兩國進行了多次領土交換，用對方需要的領土交換自己需要的領土。這樣三晉的領土都各自整合到了一起，特別是魏國，本來被分割成東、西兩部分，現在成功連成了一片，並且佔據了一些重要戰略位置，地理形勢得到很大的改善。

對於這幾年驟然崛起的秦國，魏惠王採取懷柔的策略，一方面在兩國邊境修長城，加強防禦，另一方面積極跟敵人談判。而秦國那邊正忙著推行商鞅的新法，暫時沒心思對外發動戰爭，兩國便暫時達成妥協，河西那邊也終於清靜下來了。

他也儘量籠絡中原小國。公元前 356 年，宋、衛、魯、韓的國君都到魏國來朝覲，幾位國君把酒言歡，現場氣氛一片祥和。

對於國內，惠王也是個比較負責任的君王。他大力興修水利工程，發展農業，發佈各種惠民措施，例如把國家控制的沼澤開放給民眾使用（跟秦國正好相反）……種種政策都使老百姓得到了實惠。

軍事上，惠王任用龐涓。這是吳起之後的又一個傳奇將領，魏國的軍事實力頓時大漲，看來好像有再回巔峰的趨勢了。

憑藉這一系列行之有效的政策，儘管強敵環伺，魏國的強盛依然在延續。當孟子來到魏國的時候，魏惠王對他說：「我治理國家確實够用心了，周圍哪個國君都不像我這樣盡力的。」這話儘管是他自己說的，但「用心」確實是對於他的最準確的評價，惠王雖然才能平平，但在治國方面確實盡心竭力了。在惠王早期的政策裏面，最重大的一項舉措是遷都。魏國的首都本來在安邑，那裏靠近河西，受到秦國嚴重威脅，而且又容易被人割斷和東部地區的聯繫，所以惠王登基以後不久就把國都遷到了東方的大梁。

經過李悝變法以後，魏國的經濟重心已經逐漸移到了東部。大梁位居天下中心，四通八達，周圍河流遍佈，方便與中原各國的經濟文化交流。魏國遷都到這裏以後，又對周圍的河流湖泊進行了大改造，把這裏建成了富甲天下的中原經濟中心，這次遷都，對魏國整體的經濟產生了很大的促進效果。

因為國都在大梁，從此以後，魏惠王也被稱為梁惠王。不過遷都還有另一層含義 —— 在魏惠王的眼裏，秦國的威脅可以暫時放一邊，魏國關注的重點仍然在中原。更直白地說，魏國一直盯著的是齊國。魏惠王對外一系列的和解政策都繞開了齊國，齊國就是他留下的突破口，是他擴張的主攻方向。

對於這一點，魏國毫不掩飾。公元前 356 年，齊威王剛剛登基，魏惠王就趁著齊國國喪的機會，糾集起魏、趙、韓三國軍隊共同討伐齊國。當時魯共侯等人正在魏國訪問。顯然魏惠王想重演當年魏文侯聯合三晉打壓齊國的策略，再配合魯、衛、宋等小國，形成對齊國的包圍圈。齊國是魏國三大敵人裏面最好欺負的一個，先從他們下手，撕開一條突破口，接下來再對付秦、楚就好辦了。現在大刀已經舉起，只等著對齊國砍下去了。

但不湊巧的是，魏惠王遇上的是田齊歷史上最英明的君王 —— 齊威王，精明強悍的齊威王是那麼好對付的嗎？

在齊威王面前，魏惠王一步都不能走錯，一旦露出任何破綻，都可能招來敵人針對性的打擊。

　　但偏偏這個破綻就出現了。兩大國對決的關鍵時刻，一對同門師兄弟的個人恩怨改變了中原爭霸的結果。

田忌賽馬

　　傳說戰國的時候有一位不世出的奇人，叫「鬼谷子」。他擁有通天徹地之能、神鬼莫測之機，諸子百家，無一不曉；三教九流，無所不通，尤其擅長縱橫之術。他雖然隱居深山、採藥修道，卻對天下形勢瞭若指掌。

　　他的弟子也都是震爍古今的蓋世奇才，其中有齊國人孫臏和魏國人龐涓，兩人學的都是兵法。

　　兩人求學多年，對於六韜三略都已經瞭然於胸了。龐涓早有凌雲之志，聽說魏國在招募賢才，便趕忙下山尋找機會，他跟孫臏一向情誼深厚，臨走時和孫臏約好：以後發達了把他也引薦過去，一同做官。

　　孫臏是孫武的後人，精通家傳的孫子兵法，胸中的謀略遠超龐涓，但他並不急於求取功名，所以仍然留在山上進修。

　　龐涓到魏國以後，果然很快受到魏惠王的重用，在一系列的對外戰爭中都取得了驚人的成就，成為政壇上一顆冉冉升起的新星。龐涓按照當初的約定，寫信讓孫臏到魏國，聲稱要引薦他，與他共享富貴。

　　孫臏收到信，興衝衝地來到魏國。但這其實是龐涓的陰謀，他知道孫臏的才能超過自己，如果孫臏得到惠王的任用，自己的地位難免受影響。

　　他瞞過惠王，設計陷害孫臏，對孫臏使用酷刑，挖掉了他的膝蓋骨，這樣孫臏便無法騎馬打仗了，自然也就當不了將軍。

　　但畢竟有同門情誼在，龐涓最終並沒有殺掉孫臏，只是把他囚禁在魏國。不久以後，齊國使者到訪魏國，孫臏偷偷求見他，向他說出自己的遭遇。齊國使者發現孫臏確實才學過人，因此暗中把他救出來，帶回了齊國。不過這些故事畢竟只是傳說。史書中對於孫臏和龐涓的身份記載很模糊，他們甚至可能根本就不是鬼谷子的弟子，也未必是同門師兄弟。孫臏在魏國遇

害的事，應該有很多外人不瞭解的內情，我們唯一能確定的是：孫臏在魏國不僅沒有受到重用，反而被打成罪臣，在受刑以後偷跑到了齊國。

這件事是魏惠王一生最嚴重的錯誤之一，他不僅錯過了一位經天緯地的奇才，更把這個奇才推給了最大的敵人。

孫臏到齊國以後終於等到一次機會展示自己的才能。這是歷史上最著名的一次「策對論」的應用。當時，孫臏投在朝中大將田忌手下當門客，田忌經常跟各位公子們賽馬，但他的馬比那些公子們的要差一些 —— 畢竟大家地位不一樣，所以在比賽中他經常輸。

孫臏仔細觀察，發現雙方的馬匹相差得其實不遠，每一輪比賽下來田忌都只輸一點點，於是便對田忌說：「別著急，我找到必勝的辦法了，下一次直接押個最大的賭注！」

比賽是三局兩勝制的，所以孫臏讓田忌用自己最差的馬去跟對方的上等馬競賽，然後用自己的上等馬跟對方中等的比，用中等的馬比對方下等的。

田忌照著做，只有第一場輸掉了，後面兩場都勝了，果然贏得了比賽，拿到千金的賭注。

公子們都很驚奇，自己的馬明明比田忌的強一些，怎麼就輸了呢？這事在貴族中間引起轟動，大家都議論紛紛，最後齊威王也聽說了，把田忌找來詢問真相。

田忌說出了孫臏的策略，齊威王很驚訝，原來國內藏著這樣的異人，立即召孫臏來面談。孫臏傾盡所學，大談兵法與策略，說得威王大喜過望，當即任命孫臏為軍師。

孫臏終於依靠自己的才能得到了統治者的賞識，接下來便是為自己報仇也為齊國爭霸的時間了！

孫龐鬥智

齊國這些年國力明顯提升，早就想挑戰現有的國際秩序了。齊威王對中原的一批小國又拉又打，讓他們來朝拜自己，以造成事實上的霸主地位。

但魏惠王那邊也做得很不錯。小國們首鼠兩端，在朝拜齊國的同時，也去朝拜魏國，所以魏國跟齊國之間出現了直接競爭的局面。

如果沒有趙國來橫插一腳，這種溫和的競爭大概會持續很久。但趙國從來就是三晉裏面比較愛搞事的一個，他們總想向中原擴張，又總是被魏國擋在北邊，特別是魏國的小弟衛國，早就是趙國眼裏的大肥肉，趙國花了許多心思想吞下他們，卻總是被魏國攔下來。

魏國一直罩著小弟衛國，趙國就一直小偷小摸的，時不時來撈一把就跑，雙方達成了一種不穩定的平衡。

公元前 354 年，趙國又搞了一次小動作，偷襲衛國，奪取了兩座城邑，然後按兵不動，等著看魏惠王的反應。

不料這次魏惠王決定不忍了，經過這幾年的勵精圖治，魏國國勢強盛，軍事實力也已經基本恢復，惠王認為可以趁這個機會狠狠打壓一下趙國的氣焰。但魏國四面是敵，特別是齊、楚兩國正在虎視眈眈地望著這邊，怎麼敢隨便動手呢？

這時候千里之外一件微不足道的小事卻意外成為戰爭的導火索。當時楚宣王正在召集小國諸侯們會盟，魯恭公也去了，宣王對魯國獻的酒不滿意，認為味道太淡，說的話就有點難聽，惹得魯恭公羞憤難當，當場發火說：「我們可是周公的後裔，行的是天子的禮樂，我來向你獻酒已經是屈尊了，你還這樣罵我？」說完轉身就走。

楚宣王勃然大怒，當即糾集起楚國軍隊去攻打魯國。而打魯國，齊國任何時候都會幫忙的，所以齊國也馬上派兵去幫助楚軍。

魏國這邊，魏惠王看到齊、楚都被調開了，終於下定決心，命令龐涓帶兵攻打趙國，一場大戰就這樣意外爆發了。

魏國決定搶在齊、楚趕過來前速戰速決，因此出手異常犀利，很快就

包圍了趙國首都邯鄲。

誰能想到，魯國的酒味太淡，竟會引發一場邯鄲保衛戰，史稱「魯酒圍邯鄲」。

趙國的力氣只够欺負小國，在強大的魏軍面前完全不堪一擊，一時感到無法招架，只好向齊、楚兩國呼救。

齊國收到趙成侯的求救信息後，對於是否要救援趙國有些猶豫。以鄒忌為首的一派反對出兵，以另一位大臣段干朋為首的一派則認為應該趁機打掉魏國的上升勢頭。

魏國如果成功兼併趙國，將會成為齊國的嚴重威脅，考慮再三之後，齊威王決定先丟開魯國的事，出兵救援趙國。

但齊國的目的在於遏制魏國，趙國亡不亡他們並不關心，所以並沒有直接派兵去解邯鄲之圍，而是很陰險地拖延了一下，繼續看著魏、趙兩兄弟扭打在一起，互相消耗國力。

齊國就這樣等了幾個月，等到趙國終於扛不住、邯鄲即將淪陷的時候，終於出手，派出田忌、孫臏緊急馳援。

但他們並不奔向邯鄲，而是衝向魏國南部的平陵。平陵管轄的地區很大，兵多將廣，打這裏是很不划算的。而且平陵南邊是宋國，北邊是衛國，作為夾在中間的狹長地帶，行軍時很容易被截斷糧道，從兵法上來說，這次行軍非常明顯地暴露出了齊軍統帥團隊的無知。

這正是孫臏的計謀，他就是故意想讓龐涓以為齊軍統帥不懂兵法，進而輕敵大意，趕緊從邯鄲撤回來捏這個「軟柿子」。

孫臏向田忌提議，用兩支比較業餘的軍隊去攻打平陵，這正是田忌賽馬「以下駟與彼上駟」的打法，齊軍果然大敗而逃。然後又把軍隊分成兩支，一支去騷擾龐涓的軍隊，故意顯得凌亂不堪，另一支亂哄哄直奔大梁，做出自不量力以卵擊石的樣子。

齊國軍隊看起來人數稀少而且沒頭蒼蠅似的亂竄，不趁這個機會消滅他們，更待何時？這時魏國軍隊已經攻下邯鄲，龐涓留下一部分軍隊防守，帶領魏軍主力，扔掉所有輜重，急行軍殺回魏國，準備全殲齊國軍隊。

龐涓上了大當！

趙國剛剛被打敗，實力還在，這時候撤走軍隊，趙軍馬上滿血復活，奮起反擊，魏國北方告急！

楚宣王也在這時出手了，派出大將景舍打入魏國南方。

韓國那邊，奸詐的申不害揣摩著韓昭侯的意思，向昭侯提議援助趙國，韓國也加入圍攻魏國的戰隊。

秦孝公反應更快，早已經派兵殺入西河郡，斬首七千，直接拿下了魏國的西河大本營少梁城，直逼河東郡。

國際反魏同盟再度成立，魏國人的噩夢又一次來臨了。魏惠王勵精圖治這麼多年，一直小心翼翼踩鋼絲，不料一步錯步步錯，不經意間就陷入了四面被圍攻的境地。

龐涓以為齊軍的主攻目標是大梁，孫臏卻早已經在桂陵設好了伏兵，專等龐涓來臨，大梁那邊的軍隊只不過做做樣子。同時另一支齊軍正糾集著宋、衛軍隊猛攻襄陵，更加讓龐涓看不清形勢。

魏軍主力包圍邯鄲半年，現在又匆忙趕回大梁，疲憊不堪，行經桂陵時又正中埋伏，遭到慘敗，而主將龐涓也被齊軍活捉了。

這次失敗來得太突然，它發生在魏國國勢蒸蒸日上的時候，不僅魏國人自己被打懵了，其他國家似乎也還沒做好瓜分魏國的準備，所以反魏同盟一閃即逝。

這時，韓昭侯聽取申不害的建議，主動朝見魏惠王，獻上美玉，賠禮道歉，表面上再次跟魏國修好，繼續玩弄兩不得罪的外交策略。

韓國的倒戈重新壯大了魏國的聲勢，魏國隨後就調集魏、韓聯軍打退了在襄陵的齊、宋、衛聯軍，孫臏也沒敢進一步去打大梁，他知道時機還未成熟，所以在桂陵獲勝以後就向魏國提出休戰，撤走了軍隊。

楚國軍隊也很快撤走，魏國隨後向秦軍還擊，收服了少梁，反魏同盟全線退散，魏國天下第一的國力暫時得以保持。

兩年以後，魏惠王與趙成侯在漳河邊簽訂合約，趙國割讓泫氏、濩澤等地，魏國從趙國撤軍，趙國復國，雙方回到起點，齊國也釋放了龐涓。

但魏惠王苦心經營多年的努力算是白費了。魏國的上升勢頭自此被打斷,單挑齊國的戰略也就此作罷,齊國從此成了魏國翻不過去的一座大山。

虛幻的霸主夢

桂陵之戰後,魏國被迫調整對外政策,軍事上全面處於防禦姿態,外交上積極活動,拉攏周邊各國,企圖「不戰而屈人之兵」,以和平的方式保持自己的國際地位。

事實證明這個思路是對的,魏國因此擺脫了連年戰亂的局面,迎來了難得的幾年和平,國力逐漸恢復過來。

隨著國力的恢復,魏惠王膨脹的心態也恢復了,重新做起了天下霸主的美夢。而且他已經人到中年,也很怕這一生再沒機會當霸主了,越來越著急。

怎麼才能實現霸主的美夢呢?

要稱霸,得有幾個標誌性的成就:首先,打敗至少一個超級強國,這一點魏國現在當然做不到;其次,會盟天下諸侯,讓諸侯們推舉自己當盟主;再有,能帶領諸侯們假模假樣地去朝覲周天子就更好了。

後兩條看起來似乎還有戲(有可能),可以試試。軍事上不能稱霸,做一些力所能及的表面文章或許可以?急不可耐的魏惠王覺得自己可以用這種方式曲線「稱霸」,於是積極張羅起來。

公元前 344 年,魏國召集天下諸侯在逢澤會盟。

這次會盟的目的諸侯們都清楚得很,就是魏惠王希望過一把「盟主」的癮。

這些春秋時代的老祖宗們就玩過的招數,現在看來顯得可笑又不合時宜。魏惠王想必也知道這一點,但他沒辦法,這是目前的局面下他能「稱霸」的唯一方式。

對於小國們來說,叫你一聲「盟主」又不花錢,你一高興,還能分給我

一些好處，何樂而不為？所以小國們對於這次會盟都表現得非常積極，全體配合表演。

不過對於大國來說就不是那麼回事了，他們考慮的問題要更多。趙國前幾年差點滅在魏國手上，不敢造次，所以也乖乖來參加會議。趙肅侯親自蒞臨，與各路諸侯把酒言歡。最讓人意外的是秦國。他們竟然是這次會盟最積極的成員之一，秦孝公派出公子少官來參加會議，趕著魏惠王叫「盟主」，殷勤備至，諸侯們都看傻了。

而齊威王、楚宣王、韓昭侯則公開不給面子，抵制了這次會盟。最終，有十二個國家參加了這次會盟，這是一百多年來中原各國君主們第一次聚到一起。現場旌旗蔽天，刀槍林立，各國的戰車與隨從隊伍綿延數十里，一時間，彷彿又回到了天下諸侯共襄盛舉的春秋時代。

會議討論的結果，魏惠王不出意外地「得到」大家一致的推崇，被推舉為諸侯盟主。

盟壇上的魏惠王錦衣華服，威風凜凜。他望著台下烏壓壓的人群，內心非常激動——魏國開國百年以來，一路縱橫天下，無人能擋，卻始終差一個霸主的名號，這一切，現在終於由他來實現了。他對得起這個國家，也對得起文侯、武侯這些先祖們。

秦國的商鞅也來了，他在台下看著這一切，嘴角浮出一絲詭異的微笑……

僅僅當盟主是不夠的。會盟過後，惠王馬上領著十二國車馬開向洛邑，他要按照傳統，帶領諸侯朝覲周天子。聽說這個消息，就連周顯王都被嚇了一跳。諸侯共朝天子？這是哪個時代的事了？周王室祖上多少代人沒見過這種陣仗了？他自己都說不清。但諸侯們既然要來，周顯王當然不敢拒絕，當即從箱底翻出來一堆發霉的白旄黃鉞，趕緊叫人佈置儀仗，準備迎接這幫不好惹的大爺們。十二國的車馬堵塞了洛邑的大街小巷，整個王畿都轟動了，圍觀的人們蜂擁而來，男女老幼花團錦簇，真個是摩肩如雲，揮汗成雨。這是魏國的盛筵，魏惠王是這場表演中唯一的明星，端坐在宮殿裏的周顯王反而無人關注。惠王在車上看著這一切，他一生的事業終於完成了。他

感到自己彷彿站在一座高高的山頂上，遼闊的江山在他眼前展開，巍峨壯麗，氣勢磅礴，那君臨天下的美夢，令人忍不住沉醉。

魏國的權勢至此達到頂峰，可惜這也是他們最後的輝煌了。

稱王的把戲

當天夜裏，商鞅悄悄找到魏惠王，陰惻惻地說：「恭喜大王，終於得到了萬民擁戴。不過，依外臣之見，大王離稱霸天下似乎還差點甚麼。」

惠王很疑惑地問他：「還差甚麼？」商鞅湊過來，小聲說：「大王想想，為甚麼百年來都沒人帶領諸侯們來朝覲周王？那是因為大家根本不在乎這個甚麼狗屁天子！大王帶領諸侯拜見天子，這是人王的至仁至德，但齊國、楚國那些人可不這麼想，大王的舉動在他們面前還是顯不出您尊貴的身份。」

「只有一種方法真正配得上大王霸主的身份——那就是稱王！至少不能比那個楚王低！

不僅如此，還要建九斿之旗，從七星之旛。然後北取燕、趙，東扼齊、魯，南伏楚、韓，併吞八荒，威服諸夏，這才是真正的萬世之基業呀！」

一番話說得魏惠王茅塞頓開，連連點頭稱是。於是在這一年晚些時候，朝覲過周天子以後，魏惠王終於徹底放棄了韜光養晦的政策，對天下發佈公告，改元稱王，與天子比肩，出行儀仗也完全按照天子的規格執行。

周朝立國七百年來，第一次有中原諸侯稱王，不僅在事實上，也在形式上拋棄了跟周天子的君臣關係。

齊威王、楚宣王聽說這個消息以後，勃然大怒，匹夫無罪，懷璧其罪，魏國明明沒有統領天下的實力，卻敢自大到自以為威服諸邦的程度，要不殺一殺他的威風，我們兩大強國的臉面往哪兒擺？

正在興頭上的魏惠王完全沒有意識到自己已經犯了眾怒，還沉浸在天下霸主的喜悅中，他開始掰著手指頭數哪些國家沒來參加這次會盟，作為「盟主」，他有必要帶人去打掉這些刺頭，給大家樹立一個正面的榜樣。

齊、楚兩國暫時不好惹，但韓昭侯這個老小子不來捧場就說不過去了。所以魏惠王下定決心，先打韓國，給那些公然不服從「盟主」的國家一個教訓。

逢澤會盟兩年之後，魏惠王派大將穰疵領軍進攻韓國的南梁，主動挑起了戰爭。

馬陵之戰

韓國的反應當然是馬上向齊國求助。齊國再度上演十年前「救趙」的腹黑劇本，口頭上答應韓國的請求，要他們死撐，實際上卻按兵不動，看著魏、韓兩國互相消耗國力。魏軍連續獲得五場大勝，一路攻入韓國腹地，韓國在戰火煎熬中苦苦等待著齊國的救援，一封又一封的求援信發往臨淄，卻如泥牛入海。可憐申不害殫精竭慮多年經營的成果就這樣一次性被消磨掉了。在韓國即將崩潰的時候，齊國終於出手。公元前341年初，齊威王任田盼、田嬰、田忌為大將，孫臏為軍師，高調援助韓國。

孫臏仍然採用「圍魏救趙」的戰術，不顧遠處被包圍中的韓國，直接撲向魏國的大梁。

魏惠王這才發覺事態嚴重，趕忙撤走攻打韓國的兵力，調動魏軍的主力部隊前去迎戰齊軍。

魏軍的將領是太子申和龐涓，太子申是將來的王位繼承人，年紀還小，不通兵法，把他派上戰場有可能是個陰謀。這可能涉及到魏國宮廷內的權力爭奪。

據說太子申行軍途中經過宋國的時候，曾有宋國大臣勸他不要上戰場，他也猶豫了，當即想回國，馬夫卻強行趕馬，把他硬給帶上了前線。

這事聽起來難以置信，但不管真相是甚麼，有一點是明確的：戰爭還沒開打，魏軍統帥團隊內部的猶豫和畏戰情緒已經若隱若現。

齊軍那邊，孫臏看出魏國人非常驕傲，看不起齊國的戰鬥力，所以將

計就計，仍然使用故意示弱誘敵深入的策略，在跟魏軍交戰初期表現得疲弱不堪，迅速敗退。龐涓帶著魏軍急速追趕，希望這一次能真正打掉齊軍的主力，除掉齊國這個最大的對手。

齊軍邊打邊撤，孫臏使用了著名的「增兵減灶」之計：遠程行軍的隊伍每天都要在營地埋鍋造飯，軍隊開走以後留下的土坑數量就大體反映出士兵人數。孫臏命令士兵們第一天挖十萬個灶坑，第二天挖五萬個，第三天減少到三萬個。

龐涓一路追擊，每天佔領齊國的營地以後，都會數他們留下的灶坑，看到數量迅速減少，便以為齊軍人心渙散，士卒都逃了一大半了，大喜過望，於是更加開足馬力追趕上去。

終於在第三天傍晚時分來到叫「馬陵」的地方，這是一座狹窄的隘道，兩旁峭壁聳立，只有中間一條羊腸小道勉強可以通行。

隘道中煙水迷蒙，難辨方位，魏軍只得排成長隊魚貫前行。到了山谷深處，前方赫然矗立著一棵大樹，樹皮被人剝掉了一大片，上面有一行白森森的小字，士兵們不禁打起火把湊近了去讀，只見樹上寫著：「龐涓死於此樹之下」！龐涓猛然驚覺，趕緊命令全軍緊急撤退，可是已經太遲了。隨著一聲號角響起，四周喊聲雷動，火光映紅了天空，只見左右山峰上密密麻麻全是齊國軍馬，草叢中跪著無數弓弩手，霎時間萬箭齊發，如飛蝗一般射向隘道中央。

魏國士兵瘋狂奪路而逃，自相踩踏而死者不計其數。龐涓無法阻止，只好帶著一群親信拚死突圍，但孫臏早已摸清周邊地形，每一處出口都派了專人把守，龐涓的隊伍左衝右突始終找不到出路，最終全部被殲滅在馬陵隘道中。

絕望的龐涓大叫「遂成豎子之名」！自刎身死，孫龐之爭終於以孫臏和齊國的完勝而結束。

魏國的黃金時代也從此永久過去了。

田盼、田忌隨後率人掩殺過來，後方的魏國部隊瞬間被衝散，最高指揮太子申也成了齊國的俘虜，不久以後被殺。

大梁城中的人們聽說前方軍隊被殲滅，全城震恐，魏惠王緊急調集全國兵馬馳援大梁，但根本無法阻擋潮水般湧來的齊軍，很快，十萬魏軍全軍覆沒，魏國的軍事力量遭到無可挽回的重大打擊。

齊國的車馬在魏國土地上肆意橫行，無人能擋，位居天下中心的豫東平原處處烽火，民眾倉皇逃竄，魏惠王幾十年辛苦經營的繁華地帶淪為一片焦土。

而這還只是噩夢的開始，齊國的第二撥軍馬也很快殺過來了。當年晚些時候，齊、宋聯軍侵入魏國東部，包圍平陽城。趙國立即趁火打劫，從北部攻入魏國東郡，大肆殺戮。韓國也藉此展開反擊，把魏國軍隊全部趕出了自己的國土，隨後追擊到兩國邊境，魏國東、南、北三面疆界全線告急！最致命的攻擊來自河西——之前跟魏國假裝修好的秦國，暴露出了本來的面目：商鞅帶著如狼似虎的秦師以雷霆萬鈞之勢殺入魏國西河郡，直接撲向黃河沿岸的一連串魏國城邑，那些城邑根本沒有足夠的軍力防守，一旦失守，河東危急，魏國西部也即將淪陷。

魏惠王驚慌失措，只得放棄東部的抵抗，調集軍馬全力馳援西河郡。這是魏國第三次被敵人四面夾擊，只是這次魏國已經沒有反擊的能力了，滅國之災近在眼前！

商鞅作法自斃

早在前線魏軍陷入韓國泥潭不能自拔的時候，魏惠王就意識到自己上了商鞅的當。

魏國這邊跟韓國打得天昏地暗，秦孝公和商鞅那邊正捧腹大笑。大概秦國覺得對魏惠王的刺激還不夠，他們決定來個更狠的——公元前342年，秦國太子駟帶著戎狄九十二國酋長來到洛邑，高調朝見周顯王。

這次朝覲完全依照上一年魏惠王朝覲天子的規格，甚至規模更加宏大，穿著各式民族服裝的夷狄們紛紛進入周王宮，匍匐在丹墀瑤階之下，山

呼萬歲、百獸率舞，聲威遠播千里之外，真個是八方向化、萬國來朝，好一派盛世氣象。

這樣的表演當然不是給周王看的，而是為了向世人宣示秦國的國力。

九十二國的戎狄都是已經被秦國征服的部落，他們的到來，代表著華夏威服夷狄的赫赫軍威，這格調可比逢澤之會那群各懷鬼胎的烏合之眾高多了，天下誰人不服？

這是秦國的偉大成就，秦孝公用實際行動打臉，教會魏惠王怎樣做一個讓各路諸侯敬重的「霸主」。

可惜魏惠王已經沒有機會改正錯誤了，不久之後就在馬陵遭到慘敗，國家陷入空前的危機中。

秦國人當然沒有忘記自己的河西故土。魏國在馬陵慘敗的消息傳來，秦孝公立即行動，派商鞅統領大軍殺向河西，揭開了最後一次河西之戰的序幕。魏惠王緊急派公子印迎戰。這是又一次重大的用人失誤。惠王是個做事很認真的君主，他嚴格按照春秋時代流傳下來的貴族禮儀，常常自己親自領軍上戰場，或者讓自己的兒子們去衝殺在戰爭第一線，但這樣的做法早已不適應當前的時代了。

惠王的公子們普遍不熟悉兵法，缺少統兵打仗的才能，把他們硬塞上戰場，不僅給前線指揮官添亂，更增加了這些公子們被殺被俘的風險。

太子申的悲劇剛剛落幕，公子印又被推上了戰場，他的處境比太子申更尷尬，身邊甚至沒有一個龐涓那樣的名將輔佐。

商鞅當年在魏國的時候跟公子印關係不錯，也瞭解他的性格，他欺負這個公子哥不懂人情世故，誆騙他說：「商鞅能有今天，全靠公子栽培，怎麼忍心跟公子為敵？還請公子向魏王說情，允許商鞅跟貴國和談，我們大家握手言和，怎麼樣？」

公子印似乎相信了他的話，也可能是知道魏國現在沒有能力抵擋秦國的侵略，於是自作主張，代表魏國跟商鞅和談，雙方談妥後各自罷兵。

和談完成，公子印要撤走的時候，商鞅派人帶話給他，邀請他小聚一番，敘敘舊。心地單純的公子印竟然一口答應下來，第二天不顧下人的反對

前去赴宴，結果伏兵一擁而出，當場把公子卬給劫持了。商鞅立即翻臉，率領秦軍衝向魏軍陣營。失去了統帥又毫無準備的魏軍瞬間崩潰，大敗而逃，把城池白白丟給了秦軍。秦國就這樣取得了河西之戰的開門紅。

之後的幾年，秦國連出重拳，一拳又一拳地捶向河西地區，招招見血。特別是在岸門之戰中，秦軍大勝，俘虜了魏國大將魏錯，給魏國在河西地區的防禦力量造成了毀滅性打擊。

魏軍節節敗退，大片的土地淪陷，疆域被逼退到了黃河岸邊。到這時為止，河西的歸屬已經沒有懸念了。商鞅也因為河西之戰的大勝被秦君封為列侯，封地在商。這些年商鞅給秦國帶來的貢獻太大了，幾乎憑藉一人之力讓秦國脫胎換骨。他本人也是位不世出的奇才，文能安邦，武能定國，既能運籌於帷幄之中，又能決勝於千里之外，而且百發百中，從不失手，這樣卓絕的才能，足以傲視整個戰國時代。

但他又是個有才無德的奸邪小人，只要他認為應該做的事，不管合不合道義，有沒有人性都會毫不猶豫地去做。

他給秦人帶來的，除了強大，還有痛苦。被改造過後的秦國，是一台恐怖的戰爭機器，是東部各國的噩夢，也是秦國百姓的噩夢。秦國百姓從生下來起就被納入軍事化管理，失去了「人」的屬性，淪為戰爭機器裏的一顆螺絲釘，終生辛苦勞作，不得自由，這樣的生活當然是誰都不想接受的。

這種痛苦也蔓延到秦國社會各個階層，甚至頂層的貴族們都不能例外，他們同樣沒有自由，同樣怨聲載道，心裏恨極了商鞅。

其中最有分量的人物是秦國太子，也就是前幾年帶領蠻夷去朝覲周王的太子駟。

當年新法剛開始推行的時候，太子駟也觸犯了法令，商鞅對孝公說：「新法推行遇到阻礙，關鍵的原因就在於貴族們不配合，要推行新法，就要先從貴族們開刀，殺一儆百。現在太子犯法正好是一個警告貴族們的機會，但太子不能受刑，可以讓他的師父頂替。」於是把太子的老師公子虔和公孫賈抓起來，往臉上刺了字。從此貴族們全都戰戰兢兢地遵守法令，新法也因此很順暢地推行下去了。這件事情商鞅的做法嚴格來說沒錯，是在為國家利

益考慮。但太子駟感到自己受到了深深的侮辱，一直對商鞅懷恨在心。

公元前 338 年，正當秦軍在河西地區所向披靡時，一生勵精圖治的秦孝公忽然病逝，太子駟繼位，是為秦惠文王。

人人都有私心，君王也不例外。雖然知道商鞅對國家的巨大貢獻，但惠文王還是忘不了當年的仇恨，心裏總琢磨著怎樣報仇。

新君繼位也給了那些心懷不滿的貴族們機會。他們被孝公和商鞅壓了這麼多年，現在終於有機會出口惡氣了。雖然他們不敢公開反對新法，但拿商鞅開刀總是可以的。

所以商鞅瞬間成為朝廷上下所有人的靶子，人人都把矛頭對準他，彈劾他的奏摺堆山填海，層層疊疊地堆到惠文王面前。

新登基的秦惠文王正要安撫人心以便坐穩這個位子，何況他也沒必要替商鞅這個仇家擋刀，他冷笑一聲，很樂意地將這些攻擊商鞅的言論照單全收。

大家看到國君這個態度，更加受到鼓舞，對商鞅的攻擊也就越來越離譜，只要對商鞅有害的證據，不論真假，一概上報。

公子虔直接說商鞅「意圖謀反」，這是滅族的罪名，惠文王也不加鑒別，馬上下令捉拿商鞅。

商鞅見形勢不對，先一步逃出了咸陽，準備到老東家魏國那邊去避難。這天傍晚，他逃到秦國邊境附近的小鎮上，找到一家客棧要投宿，客棧老闆要他出示證件，說：「按照商君（商鞅）制定的法令，不能留宿沒有證件的客人。」商鞅仰天長歎，原來真有現世報啊，只好再次逃走。

他來到魏國邊境，請求魏國收留，魏國守關人員記著他誑騙公子卬的仇，不肯放他入境。

他又請求魏國放他去其他國家，魏國人還是不同意，說：「你是秦國的通緝犯，我們惹不起秦國，只能把你送回去。」於是強行把他遣送回秦國。

商鞅再次逃走，來到自己的封邑，他已經被逼上絕路了，只能孤注一擲，帶領商邑那點可憐的兵力去攻打北邊的鄭縣，希望用魚死網破的方式迫使惠文王放他一條生路。

　　惠文王立即派兵鎮壓，小小的商邑哪能跟國家軍隊叫板，叛亂迅速被討平，商鞅也在戰亂中被殺死了。

　　惠文王把商鞅的屍體拖回咸陽，五馬分屍，游街示眾，並且滅了商鞅全族，咸陽城內一時間鑼鼓喧天，人人稱賀。

　　這位替秦國改天換地的一代名臣，最終落得個死無葬身之地的可悲下場。

　　而秦惠文王踩在商鞅的屍骨上，成功籠絡到人心，鞏固了自己的統治地位，秦國接下來的霸業將由他來完成。

　　不過他心裏很清楚，商鞅一點錯都沒有，商鞅的新法更是國家強大的保障。

　　所以商鞅雖然身敗名裂，但他的新法令卻沒有被廢除，秦惠文王頂著舊勢力的壓力，繼續堅持推行新法，後來的秦國統治者也都沿著這條道路繼續走下去。從此以後，秦國的強大就再也不可阻擋了，山東各國的命運不再由他們自己把握，而是捏在秦國的手裏，天下人的命運也將由秦國來決定。

　　三晉和齊、楚來來回回打了這麼多年，都想爭個第一，未曾料到最終卻是西陲之地的秦國摘得了勝利的果實。

第六章

智慧的火花

魏惠王求賢

魏惠王聽說商鞅被殺的消息，心情複雜，他知道自己失去了一名多麼優秀的頂級人才，不僅如此，還有孫臏，以及當年的吳起，這幾個人哪怕留下一個，魏國的國運都會完全不同。

但現在後悔有甚麼用呢？魏國已經不是當年那個魏國了，已經不可能再恢復當年的強國地位。現在的任務是緊急調整國策，擺脫被各國圍攻的處境。

還好，在魏國最危急的關頭傳來了秦孝公過世的消息。隨後秦惠文王誅殺商鞅，秦國暫時在忙著處理內部紛爭，這給了魏國喘息的機會，他們終於暫時擺脫了亡國危機，可以抽空想一想國家將來的走向。

魏國的首要問題還是錯過了太多人才，所以魏惠王重新平靜下來，虛心求訪賢才。

這時候宋國人惠施很及時地來到了惠王身邊。惠施又被稱為惠子，是名家學派的開山鼻祖，也是國際上赫赫有名的政治家，在諸子百家裏面也是名頭比較響亮的一位。他跟當時各個流派的學者一樣，喜歡展現自己的詭辯技巧，耍嘴皮子的功夫一流，特別是跟他最好的朋友莊子在一起的時候，兩人常常你來我往地抬槓。

有一次兩人在河邊散步，莊子看著河裏的魚說：「這些魚游得這麼從容，肯定很開心啊。」

惠施馬上抬槓：「子非魚，安知魚之樂？」莊子還擊：「子非我，安知我不知魚之樂？」兩人誰也沒想到，這樣一次隨便說著玩的抬槓，竟會在後世成為詭辯術的一個著名案例。類似的惠施耍嘴皮子的故事還有很多很多，這些小故事是戰國時代最亮麗的風景之一，但這些只是他用來混飯吃的微末小技而已，他真正的才華還是在治國方面。

魏惠王早就很仰慕惠施的才幹了，所以魏國的相國白圭剛一過世，惠王就迫不及待地向惠施發出邀請，請他來魏國接任相國之位。

惠施和所有胸懷天下的學者們一樣，一直在等待賞識自己的君王，一

聽說魏惠王要任用自己，頓時開心得跳起來，當即趕車飛奔到魏國，由於趕得太急，過河的時候甚至掉進水裏，多虧附近的船家相救才撿得一條性命。當然，他也不忘跟船家抬槓一番，又留下一篇經典言論。

惠施這樣急於「當官」，當然不是因為看重功名利祿，而是因為當時諸子百家們正在激烈爭奪話語權，都迫切希望自己的學說得到君王的接納，好把自己的施政理念推廣開去。

魏惠王作為國際舞台中央的明星級君王，當然成為了各家各派爭奪的主要對象，惠施只是其中一人，同一時期，另外一位著名學者也在想盡辦法跟魏惠王接觸。

這人就是戰國時代最重要的大儒——亞聖孟子。

孟母教子

儒家學派從孔子開始，開枝散葉，經過一百多年的成長，到戰國中期已經成為國際上最重要的學派之一，弟子遍佈天下，湧現出許多奇才，孟子是其中最傑出的代表者。

他本來是魯國孟氏的後裔，也就是當年那個禍亂魯國的慶父的後人。盡管三桓（孟氏、叔孫氏、季氏）已經在魯國掌權，但孟子的家庭屬沒落貴族，窮困潦倒。特別是他父親死得早，他母親一個人帶著年幼的他在鄒國生活，家境就更加困難了。

但孟子的母親卻是一位賢德的婦人。她非常看重兒子的教育，不管生活多麼困難，都一心一意要把兒子培養成經天緯地的大才。

據說他們母子最早居住的地方靠近墓地，周圍天天有辦喪事的隊伍吹吹打打地經過，沒多久，孟母就發現自己的兒子跟那些人學起來了，帶著左鄰右舍一群小孩，在牆角扮成「孝子賢孫」，對著「靈牌」又是跪拜又是哭喊的。

孟母說：「這樣不行啊，得把孩子教成甚麼樣啊？」所以趕緊帶著孟子

搬走了。

他們搬到市場旁邊,附近是一群殺豬匠。沒過多久,孟子又學他們的樣子,跟小孩們扮演屠夫和買肉的,你一言我一語地討價還價。

孟母說:「這樣也不行,這裏不是可以長久居住的地方。」又帶著孟子搬走了。

這次來到一座孔廟附近,每個月初一十五,都有許多官員來這裏祭拜,他們嚴格按照周禮的規定,揖讓進退,處處符合禮儀。孟子也跟著他們學待人接物的禮節,很快變得彬彬有禮了。

孟母才說:「這裏才是適合居住的地方呀。」於是母子二人在這裏常住了下來。

「孟母三遷」也成為教育後代的最著名的典故之一。孟母教子的另一個準則是「以身作則」。

也是孟子小的時候,有一次鄰家殺豬,他看到後問母親:「他們殺豬幹甚麼?」

母親隨口答道:「給你吃的。」孟子聽了很高興,整天盼著隔壁送豬肉過來。孟母看到這情形就後悔了,說:「我當初懷這孩子的時候,席子不放端正不坐,肉切得不整齊不吃,就是為了培養他正直的人品。現在我帶頭教他騙人,這不是太不應該了嗎?」於是孟母拿出辛苦省下的錢,去隔壁把他們的豬肉買了一些回來給孟子吃,以兌現自己的承諾,親自向孟子示範了甚麼叫「言出必踐」。另一則著名的傳說是說明孟母如何「勸學」的。孟子年少的時候在外面求學,有一次回家,母親問他:「最近學問有甚麼長進?」

他不經意地回答:「跟以前差不多吧。」孟母正在織布機上紡織,聽說這話,拿起一把剪刀「哧嚓」一下就把正在織的一匹布剪斷了,然後訓斥他說:「做學問就像織布,一旦斷掉,再要補回來就要多花很多功夫了。你一時懈怠,會導致前功盡棄啊。」

孟子大受震動,從那以後便認真鑽研學問,一刻也不敢懈怠了,最後終於成長為一代大儒。

　　……孟母教子的故事還有很多很多，真假不必去追究，關鍵是後世的儒家通過這些故事在傳達他們的理念 —— 教育的理念，做人的道理。

大同世界的夢想

　　到孟子這個時代，儒家思想已經發展得非常完備了，從教書育人，到治國齊家，都有一整套理論，儒家的弟子們也是成千上萬，遍佈各國。

　　這是一個百家爭鳴的時代，每一個學派都在想盡辦法擴大自己的根據地。要做到這一點，就需要把自己的學說推行給各個大國的君王，只要自己的學說被他們接納了，學派擴大起來就容易了。

　　而各國君王們也面臨巨大的生存壓力，他們最關心的是：「你這個學說對我有甚麼用處？」

　　為了說服他們，以孟子為代表的這一代儒生，對孔子的學說進行了改造和優化，淡化了禮儀教化的那一方面，更加強調解決現實問題，特別是治國的問題。

　　應該怎麼治理國家？孟子給各國君主開出的藥方是「仁政」。

　　在春秋戰國的黑暗時代，人民受盡荼毒。周王室已經沒有實權了，各路諸侯和他們手下的當權者們各行其是，仁義道德都被拋到腦後，每個人都用盡一切手段為自己爭奪利益。這些上位者一方面壓榨百姓，讓老百姓在飢餓線上掙扎，一方面又驅趕著這些飢腸轆轆的百姓在戰場上互相廝殺，而戰爭的起因可能是一些非常可笑的理由。戰爭的結果，人民死傷不計其數，土地大片地荒蕪，換來的僅僅是統治者的虛榮 —— 他是「霸王」了，他征服敵人了。但即使是這樣的虛榮也只是曇花一現而已，轉眼就被另一個統治者踩在了腳下。

　　春秋三百年，無數個霸主走馬燈似地換，現在他們在哪裏？除了給人民留下無盡的痛苦，還有些甚麼呢？

　　而這些高高在上的統治者也有自己的痛苦，他們也被各種力量裏挾

著，身不由己地捲入無休止的陰謀、內訌、弒殺、戰亂，他們一刻也不能休息，只要稍微放鬆警惕，就可能淪為競爭對手的盤中餐，身死國滅。

「春秋之中，弒君三十六、亡國五十二，諸侯奔走，不得保其社稷者，不可勝數。」

這三百年也是全體統治者的血淚史。這個社會從上到下，每一個人都無比痛苦。那麼，我們會問，這樣的社會不是很荒唐嗎？我們怎麼才能改變這一切呢？

孟子認為，要改變這種極不合理的局面，就需要推行「仁政」。把仁義的觀點撒播到每一個人的內心深處，特別是統治者的內心。

仁者愛人，「仁政」就是要求統治者愛惜民力，善待民眾，對內不壓榨民眾，對外不發動侵略戰爭。

具體來說，就是要建立節儉高效的政府，輕徭薄賦，使民以時，與民休息，同時減輕刑罰，澄清吏治，維護社會的和諧穩定。

在這個基礎上，大力發展經濟，特別要注重農業生產。統治者要積極勸課農桑，興修水利，安排好人力調配，規劃好山林湖泊的使用，為農業生產提供最有利的保障。

統治者要積攢錢糧五穀，用來防範荒年，賑濟災民，安置無業閒散人員，維持社會治安。還要關照孤獨鰥寡等弱勢群體，完善社會福利，使得民眾老有所養，幼有所教，每一個人都能得到妥善的安置。而民眾擁有和平安寧的環境，享受到富足閒適的生活以後，也會擁戴那些仁義的統治者，幫助統治者保家衛國，國家便因此得以長治久安。

這樣，上下一心，人人安居樂業，共同締造出一個繁榮而穩定的社會，達到天下大同的終極理想。

那麼，怎樣推行「仁政」呢？這就是儒家弟子們義不容辭的責任了。後世的大師曾經這樣總結過儒家的理想：「為天地立心，為生民立命，為往聖繼絕學，為萬世開太平。」人民很痛苦，世道很黑暗，所以我們要盡力去改造這個社會，赴湯蹈火，在所不惜。

從當初孔子創立儒學起，這個學派就把改造社會、造福萬民作為自己

最主要的目標。

要達到這個目標，一方面是要竭力向統治者遊說，說服他們去推行「仁政」；另一方面是所謂的「學而優則仕」，儒家弟子要儘量進入統治階層——不是為了榮華富貴，而是借機親自去推行自己的治國方略，去鏟惡鋤奸，維護公道和正義，把黑暗的世道改造成儒家夢想中的大同世界。

只有這樣，人的一生才有了意義。所以儒家是一個特別熱衷於做官的學派。「修身齊家治國平天下」，幾千年來無數儒家信徒們為了這個目標殫精竭慮，宵衣旰食。基本上除了治學、授徒、著書的學者以外，所有的儒生，終其一生都在官場上施展拳腳或走在考取功名的路子上。

這是至聖先師留下的偉大傳統，現在孟子也在沿著這條道路砥礪前行。

無法實現的王道

當初孔子為了推行自己的主張，帶著弟子們周遊列國，親自遊說各國君王，雖然最後失敗了，後世的儒家學者們卻繼承了他的衣鉢，繼續向君王們推行自己的學說。孟子複製了孔子的人生道路。

早年他鑽研學術，辦學授徒，發展出自己的一整套理論體系，也招攬到一大批追隨者，在國際上漸漸積累起了名氣。

中年以後，他帶著手下的弟子們，駕著浩浩蕩蕩的車隊，在各國之間穿行，遊說列國。

當時中原兩大國，魏國跟齊國正拚得很兇，孟子的遊說對象便主要瞄準魏惠王和齊威王，以及後來的齊宣王。另外他也向宋康王和滕文公推銷過自己的學說。

這些君王們正在為國內外危機四伏的局面焦頭爛額，他們也在急切地尋訪賢才，希望找到振興國家的方略。

所以他們對於孟子的到來是非常歡迎的，總是給予孟子特別高的禮遇——一方面希望他給自己提出有用的建議，另一方面也希望在國際上留

下「愛才」的名聲，吸引更多人才的到來。

這是一個君王與大師相映成輝的時代，天下最聰明的一群人正面交鋒，思想的碰撞，爆發出耀眼的火花。

《孟子》這本經典裏面，記載了孟子遊說各國君王的許多言論，為後人所津津樂道。

孟子到魏國，魏惠王見到他大喜過望，激動地抓住他的手問：「先生不遠萬里來到鄙國，是要教導寡人怎樣爭得利益嗎？」

孟子搖頭說：「大王何必考慮利益？大王只想『怎麼才有利於國家』，下邊的大臣們就想『怎麼才有利於我的封邑』，老百姓就想『怎麼才有利於我自己』，人人都在為利益考慮，但人心是不滿足的，最後都在互相爭奪利益，國家不就亂了嗎？依在下之見，大王最應該考慮的是『仁義』，大王考慮仁義，下邊的人們也都在考慮仁義，整個國家都講究仁義了，人與人之間才能和諧相處，這才有利於大王的國家呀。」

這正是孟子一心一意推行的「仁政」理論。魏惠王又向孟子請教「仁義」的問題。孟子問：「用棍棒殺人和用刀殺人有甚麼區別嗎？」

魏惠王回答：「沒區別。」孟子又問：「用刀殺人和用政令殺人有區別嗎？」魏惠王回答：「也沒區別。」

孟子接著說：「如果一個國君的後廚裏有肥肉，厩裏的馬都餵得很肥壯，路上卻滿是飢餓的百姓，這不相當於率獸食人嗎？野獸相互殘殺，人類都覺得很殘忍，一國之主卻率獸食人，又怎麼能被稱為人民的父母呢？」

這是勸告惠王要善待百姓。又一次，魏惠王說：「我治理國家夠用心了，我看周圍幾個國家，沒有誰比我做得更好。但他們國家的人口卻不減少，我國的人口也不增加，這是甚麼原因呢？」

孟子回答：「就好比戰場上有兩個士兵，一聽到鑼鼓響了，前邊開戰了，嚇得掉頭就跑，其中一個跑了五十步停下來，另外一個跑了一百步才停下來，跑五十步的那人就嘲笑跑了一百步的，說他膽小。大王您怎麼看呢？」

魏惠王說：「這怎麼行？明明兩個人都膽小，五十步的哪有資格嘲笑

一百步的。」

孟子說：「國家之間也是這樣呀。大王只有在魏國推行『王道』，確實做得比別人都好了，才能指望別國的民眾都到魏國來。」

馬陵之戰過後，魏惠王對孟子感慨說：「先生也知道，當初魏國多麼強大啊。結果傳到我手裏，在東邊被齊國打敗，連我的兒子都被殺了；西邊被秦國奪走七百里土地；南邊又輸給楚國。寡人深以為恥，想要報仇雪恨，卻不知道該怎麼做。請先生賜教。」

孟子回答：「古人說『地方百里可以稱王』，魏國如此優越的條件，大王如果施行『仁政』，減輕刑罰，減免稅賦，使人民專心務農，閒暇的時候照顧父母家人，培養孝悌忠信的品質，那麼人民一定全心全意替您打擊敵人的軍隊。反觀秦國、楚國那邊，他們不愛惜民力，使人民疲於奔命，父母凍餓，妻子離散，他們的人民怎麼肯盡力為國家賣命呢？所以說，『仁者無敵』，大王只要施行『仁政』，必將無敵於天下……」這些言論最後並沒有得到魏惠王的認可，魏國沒有實行「仁政」，孟子沒能在魏國實現自己的理想。他又來到齊國，當時當政的是齊宣王。

齊宣王問他：「當初齊桓公、晉文公是怎麼稱霸的？先生能講講嗎？」孟子回答：「孔門弟子都不談論齊桓、晉文之事，在下也沒聽說過，如果大王一定要問的話，請允許在下談談稱王之道。」宣王問：「那麼怎樣才可以稱王呢？」孟子答：「『保民』則可以稱王。」宣王問：「像我這樣的情況，可以保民嗎？」

孟子答：「可以。在下聽說，有一次有人牽著一頭牛從大殿前走過，大王您看到了，聽說他們要殺這頭牛來祭祀，就讓他們放過這頭牛，換了一隻羊來祭祀，結果老百姓都說大王吝嗇，連一頭牛都要節省，大王還記得嗎？」

宣王說：「沒錯，是有這事。不過老百姓誤會了，我是看那牛嚇得瑟瑟發抖的樣子，不忍心，不是捨不得一頭牛。」

孟子說：「這正說明大王有仁愛之心。君子對於禽獸，見其生，不忍見其死；聞其聲，不忍食其肉。大王親眼看到牛害怕的樣子，所以牛能引發大

王的惻隱之心，別人當然不明白這個道理。」

　　宣王高興地說：「先生真能體察人心呀。我自己都沒想到這麼多，您這樣一說我才明白了，但是就憑這一點就說我有能力實行王道嗎？」

　　孟子說：「請讓在下打個比方，有人說『我能力舉千鈞，卻舉不起一根羽毛；我能明察秋毫，卻看不見一車柴草』，大王您會相信他嗎？」

　　宣王說：「我當然不信。」

　　孟子說：「對，這叫做非不能也，實不為也，那人不是舉不起一根羽毛，也不是看不見一車柴草，而是他不去那樣做。現在大王能對一頭牛施以恩惠，卻不能『保民』，是因為大王自己不肯那樣做。大王沒能施行王道，也是因為大王不去做，而不是做不到。」

　　宣王問：「不去做和做不到怎麼區分？」

　　孟子說：「把泰山夾在胳臂底下越過渤海，大家都說『我不能』，這是真做不到；如果是為老年人折一根樹枝，說『我不能』，那就是不去做。大王沒能施行王道，就好比是為老年人折樹枝，是自己不去做。俗話說：『老吾老，以及人之老；幼吾幼，以及人之幼。天下可運於掌。』大王如果能推己及人，推恩於四海，把施予禽獸的恩惠施到老百姓身上，自然就能達成王道，大王請好好考慮一下！現在呢？大王大興甲兵，驅使老百姓去跟別的諸侯國作戰，大王覺得這樣很痛快嗎？」

　　宣王笑笑說：「我哪裏會覺得這樣痛快，只是為了實現我的願望而已。」

　　孟子問：「敢問大王的願望是甚麼呢？」

　　宣王笑了笑，不說話。

　　孟子又說：「是大王的食物不夠甘美嗎？還是衣著不夠輕暖？又或者是聲色之娛不能滿足您，或者下人不夠討您歡心？」

　　宣王說：「這些都不是。」

　　孟子說：「那就是為了爭奪疆土呀！為了制服秦、楚，稱霸於天下。但恕在下直言，大王目前的做法，只能稱為『緣木求魚』，甚至比『緣木求魚』更加危險。」

　　宣王問：「為甚麼呢？」

孟子回答:「大王試問,如果鄒國(孟子的祖國,一個附屬於魯國的小國家)與楚國作戰,誰能獲勝?」

宣王說:「當然是楚國勝。」

孟子說:「大王也知道,小不可以敵大,寡不可以敵眾,弱不可以敵強。四海之內的土地,大王具有其中九分之一,現在想要以一服八,豈不就相當於鄒國跟楚國作戰,難道不危險嗎?大王如果聽在下的,施行仁政,使得天下士人都想來您的朝廷,天下的農民都想來您的田間,天下的商賈都想來您的市集,天下的旅人都想來您的國家,各國對君王不滿的人都來投靠大王。如果做到了這些,天下誰能與您為敵?」

宣王恍然大悟地說:「寡人懂了,還請先生指教,具體怎麼施行『仁政』?」

孟子說:「有恆產者有恆心,要實行仁政,就要讓老百姓有足夠的財產供養父母妻兒,抵禦饑年荒歲。在五畝宅院的周圍,都種上桑樹,五十歲的老人就可以穿綢緞了;雞狗豬羊等家畜,按照時令餵養,七十歲的老人就有肉吃了;百畝之田,按照農時來耕種,八口之家都可以吃飽飯了。然後再積極辦學,推行禮儀教化,教導民眾孝悌忠信,則人人都可以安居樂業了。實現了這些以後,便是王道呀。」

……孟子在齊國受到極高的禮遇,齊宣王很多事情都向他請教,甚至想在臨淄城裏專門為他建一座學院,由國家撥款來奉養孟子和他的弟子們,但卻終究不肯施行孟子竭力推崇的「仁政」。

齊宣王有他自己的苦衷。那個時代,國家之間的生存競爭達到白熱化,每個國君都活在朝不保夕的恐懼中,他們迫切需要解決的問題是:怎樣活下去,怎樣不被這個亂世所吞噬。

孟子的「仁政」學說,雖然可以使國家長治久安,但卻解決不了君王們眼前面臨的生存危機,他們需要的是商鞅變法那樣立竿見影地振興國家的政策,而不是不知道哪年哪月才能實現的「王道」。

國君們雖然也知道孟子學說的價值,但他們不可能真的去執行,只能對孟子表示尊敬而已。

何況孟子有些言論已經走得太遠了。例如有一次齊宣王問道：「商湯流放夏桀，武王伐紂，這樣的行為算是弒君嗎？」

孟子回答：「賊仁者謂之賊，賊義者謂之殘，殘賊之人謂之一夫。聞誅一夫紂矣，未聞弒君也。」就是說：不講仁義的君王只能稱為獨夫民賊，人民有理由拋棄他，誰誅殺這樣的暴君，誰就是在為民除害，不算弒君。

這樣的言論讓各國君王們瑟瑟發抖，春秋戰國的君王們最忌諱的就是以下犯上的弒君行為，這將從根本上威脅他們的生命安全，不管甚麼理由，是絕對不能容忍的。

但孟子毫不忌諱，直接說出自己真實的想法，君王們的心情可想而知。還有「民為貴，社稷次之，君為輕」，這樣驚世駭俗的言論遠遠超越了那個時代，君王們聽了會怎麼想——「原來你忽悠我施行甚麼『仁政』，都是為了那幫泥腿子，不是為了我啊？」

有這樣的想法在，君王們怎麼可能接受孟子的提議呢？他們只能捋著鬍鬚，面帶微笑地說：「先生真是正直之人吶……」

所以包括孟子在內的整個儒家學派，雖然竭盡全力地遊說各國君王，卻終究只能勞而無功。

這個時代並不是屬儒家的。孟子是絕頂聰明之人，他當然明白這個道理，但他不肯向現實妥協。

「富貴不能淫，貧賤不能移，威武不能屈，此之謂大丈夫。」秉持「浩然之氣」的孟子，怎麼可能因為現實的殘酷就巧言令色去討好權貴呢？

儘管在各國君王那邊屢屢碰壁，孟子也沒有改變初衷。晚年的孟子回到祖國，廣收門徒，繼續傳播「孝悌忠信」的思想，同時跟弟子們合力著書，把自己跟各國君王們討論的話題都記錄下來，凝結成偉大的《孟子》，成為那個黑暗時代留給後世最珍貴的遺產之一。

既然這個時代不能接受我們，就讓我們把這些智慧的火花封存到卷帙裏，讓後人去評判吧。

無獨有偶，同一時期，另一個派別的信徒們也在竭力闡發自己的觀點，希望用另一套方式來改造這個社會。

底層民眾的理想

儒家的創立者孔子是貴族出身，本身也是統治階層的一員，所以儒家思想是從統治者的角度看世界，從社會頂層來思考怎麼治理國家。

諸子百家裏面的墨家卻剛好相反，是從底層百姓的角度來看世界。

墨子，名翟，宋國君王的後代，也是殷商王族的後裔之一，但他們家族到他這一代已經淪為平民了。

墨子的生平後人並不清楚，但從種種跡象分析，他應該是一個手工業者，可能是個木匠，在那個時代是地位比較低下的一類人。

早年他曾拜在儒家門下，但儒家那一套煩瑣的禮儀很快就讓他厭煩了，他一個幹粗活的匠人，你讓他天天去研讀周禮，這個禮節那個禮節的，他怎麼讀得下去呢？

所以墨子很快就離開儒家學派，開始用自己的方式思考人生。他處在社會底層，日常接觸的都是咋咋呼呼的粗人，對於甚麼「克己復禮」之類的一點興趣都沒有，也不會去考慮怎麼管理民眾，而是從民眾的角度提出他們對統治者的訴求。

最基本的一個要求，就是要平等，你們這些官老爺不能欺壓我們這些老百姓，墨子把這個理念稱為「兼愛」。這一點跟儒家的「仁」有類似的地方，但更強調平等的意味。

老百姓最痛苦的事情是甚麼？是無休止的戰爭。所以墨子又提出「非攻」，抵制一切侵略戰爭，為了做到這一點，就需研究防禦的技術。

所以墨家對於戰爭中的防守策略有很深入的研究，甚至可以說，這個學派的人都是軍事技術專家。同時，他們遊說各國的一個主要目的就是制止戰爭。

其中最著名的是公元前 439 年左右，墨子與魯班的那場對決。當時楚惠王讓魯班造出攻城的雲梯，準備攻打宋國，墨子聽說以後，從魯國日夜兼程，飛奔到楚國郢都，找到魯班，說服他跟自己一起見楚惠王。

墨子對楚王說：「有一個人，自己有華麗的軒車，卻想去偷鄰居的破

車；自己有錦綉衣裳，卻想偷鄰家的破衣服；自己有白米肥肉，卻想偷鄰人的糟糠。大王覺得這是個甚麼樣的人？」

楚王說：「那人怕有偷竊的癖好吧？」墨子又說：「楚國方圓五千里，宋國只有五百里，好比軒車與破車；楚國有豐富的自然資源，宋國只有些野雞野兔，好比膏粱與糟糠；楚國有許多名貴的木材，宋國卻連棵大樹都沒有，好比錦綉與短褐。既然如此，大王何必損害自己仁義的形象去攻打宋國呢？」

楚王說：「你說得也有道理，但魯班已經為寡人造好雲梯了，打下宋國輕而易舉。」

墨子說：「未必！」於是把魯班請過來，讓他坐下，自己把衣帶解下來，圍成城池的形狀，以竹片模擬工程器械，讓魯班當場演示攻城的方法，自己來模擬防守的辦法。

魯班用盡各種方法，一遍又一遍地進攻，都被墨子守住了。最後魯班無計可施，只好停下來，說：「我有對付你的辦法，我不說。」墨子說：「我知道你用甚麼辦法，我也不說。」

楚惠王聽得莫名其妙，問他們：「到底有甚麼辦法？」

墨子說：「他所謂的辦法，就是讓大王現在把我殺掉，就沒人去幫助防守宋國了。不過在下出發之前，已經讓弟子禽滑厘帶著三百門徒，還有我們的守城器械，到宋國去幫他們防守城池了。」

楚王和魯班聽到這話，都無可奈何，看來要打下宋國確實不容易，只好放棄了這次侵略戰爭。

「非攻」是墨家最核心的思想之一，只要制止了戰爭，就可以減輕民眾大多數的痛苦。只可惜在列國激烈拚殺的戰國時代，他們從來沒能實現這個目標。

《墨子》中記載的這個故事，也只不過是墨家的一家之言而已，吹噓的成分更多，要靠這樣的方式制止戰爭，實際上根本不可行。

另外，墨家是由社會底層民眾構成的，所以講究「節葬」、「節用」，鼓勵大家過簡樸的生活，禁止禮樂，反對儒家那些奢靡繁複的禮節。

他們還講究「非命」，不相信命運決定論，鼓勵通過個人的奮鬥改變命運。

他們也反對以出身論英雄，反對世家大族對社會資源的壟斷，鼓吹「尚賢」、「尚同」，以才幹選拔人才，讓普通百姓都有出頭的機會。

他們認為一切政府官員都應該按照才能來選拔，甚至連天子和「三公」都應該是選出來的 ——「選天下之賢可者，立以為天子……又選天下之賢可者，置立之以為三公」，這是公然要推翻封建世襲制！在當時可以說是大逆不道的言論。

也許因為墨家的這些言論都是在跟當權者作對，他們的生存環境也就格外險惡，墨家處處注意保護自己，久而久之，竟然鍛煉出了一種極其嚴密的社會組織。

在諸子百家裏面，墨家的組織結構是最嚴密的。他們的領袖稱為「鉅子」，每一代鉅子都由上一代鉅子指定，代代相傳，每個成員都必須絕對服從於鉅子。

他們門派內部有嚴格的紀律，甚至有自己的法律，「墨者之法，殺人者死，傷人者刑」，鉅子腹䵍的兒子殺了人，都被他依墨者之法行刑。

為了門派的利益，必須犧牲個人利益，甚至要「赴火蹈刃，死不旋踵」。被派往各國做官的門徒，必須推行墨家的主張，還要定期向組織捐獻俸祿。

他們也有嚴格的分工，例如「墨俠」，就是專門負責懲惡鋤奸的墨家俠者。

他們生活極端清苦，摒棄一切物質享受，為集體的利益日夜奔波，終生操勞。

公元前四世紀的中原大地上，一隊隊的墨者，穿著粗布衣裳，蹬著破舊的草鞋，披著斗篷，佩著刀劍，迎風冒雪，在各國之間奔走，為了實現自己的社會理想投入一場又一場的戰鬥中。他們強悍的戰鬥力和強大的凝聚力，使得自己成為各國都不能忽視的一股軍事力量。

但在上層人士看來，這群墨者就是一群極端的黑社會分子，不僅瘋狂

而且危險。特別是在講究「天命」的儒家看來，墨家完全離經叛道，簡直跟邪教差不多。

站在墨家的角度來看，儒家則是禍國殃民的反動學說，儒家的很多觀點都是他們嚴厲批評的。

《墨子》中有專門批判儒家的《非儒》一章，在這一章裏，墨家對儒家全面開火，罵得他們體無完膚，甚至對孔子發起了人身攻擊。

例如他們編了一個段子。當初「孔某人」不是被困在陳國和蔡國之間幾天吃不上飯嗎？手下的弟子們都想盡辦法去找吃的，其中就數子路最有本事，竟找來一頭小豬，煮了給老師吃。這豬是怎麼搞來的？不用想也知道，「孔某」也不問，就歡天喜地地吃掉了。子路又用別人的衣服換來一壺酒，「孔某」還是不問怎麼來的，就給它喝掉了。

後來師徒一行人時來運轉，終於回到魯國。魯哀公接見「孔某」，這時「孔某」又擺出了貴族派頭，「席不端不坐，割不正不食」。

子路很疑惑地問老師：「當初被困的時候，您甚麼東西都吃，現在怎麼講究起來了？」「孔某」回答：「小聲點，我悄悄說給你聽。以前是為了活命，現在是為了講仁義啊。」

最後墨家評價說，「孔某」這種人「污邪奸詐」。可以想見，儒家門徒聽到這樣的故事是甚麼表情。

所以儒、墨兩家經常展開激烈的罵戰，墨子甚至激烈地認為「儒之道足以喪天下」！

到了漢朝以後，儒家逐漸得到了統治者的推崇，墨家的生存空間被壓縮，最終消失在歷史長河之中。

墨家的衰亡是華夏文明的重大損失。他們的理念正好是華夏文明缺失的那一塊，特別是他們對科學的鑽研精神，更是其他學派無法替代的。

亂世隱者

正當各家學派為了爭得統治者的支持激烈交鋒的時候，最老牌的道家卻隱居在世外，默默看著他們掐架。

跟孟子大約相同的時代，道家也出了一位聖賢級的學者。

莊子，名周，殷商後裔，宋國國君之後。他一生卓爾不群，飄然於世外，史書上記載他與世俗唯一的糾葛是做過一段時間叫「漆園吏」的官，但沒多久就歸隱田園了。大概在當時莊子的名氣已經很大了，各國君王都想招納他，但莊子都不屑一顧。

最有名的是有一次楚威王派人帶著大批的財寶去聘用他，讓他輔佐自己。莊子絲毫不動心，說：「千金的確是厚禮，卿相也是尊位。不過你見過祭祀上用的牛嗎？人們好吃好喝養它那麼多年，到了時間，披上錦緞，趕進廟裏，準備殺了祭天。到那一刻，即使它自己想當一頭自由的牛，能做得到嗎？你快回去，別髒了我這裏，我終身不仕，只想遊戲於污瀆之中，不想受國事羈縻。」

莊子就是這樣一種人，對於功名利祿，他帶有極度的反感，認為那會束縛自己，使自己不得自由。

實際上，對於世俗社會的一切瑣事他都厭煩，他早已看得很清楚：「人生天地之間，若白駒之過隙，忽然而已」，何必將如此短暫的一生，投入那追名逐利的無聊游戲中。

在他看來，世人的奔忙都毫無意義，他們的一切辛勞都是因為看不開，看不透，被世間五色迷住了眼睛，被裹挾在滾滾紅塵中，渾渾噩噩，為財、為色、為名、為利，起早貪黑，殫精竭慮，愁白了青絲，耗盡了年華，追求的那些目標，終究卻不過是鏡花水月而已。

與其如此，不如超然於物外，做一個散淡閒人，劈材、餵馬、飲酒、種花，看潮起潮落，雲捲雲舒，看著日子靜靜地過去，享受數十載的安閒時光，縱然清貧，卻得自在。

逍遙自在，就是他最大的追求。當初莊子在濮水邊垂釣，楚王派人去

請他出山，他問來人：「楚國有一隻神龜，活了三千歲卻被殺了，楚王把它的遺骨用華麗的錦緞覆蓋，用竹籠裝著，珍藏在太廟裏。這隻神龜是願意這樣被供起來呢？還是願意在泥水中自由自在地搖擺？」

使者回答：「願意在泥水中搖擺。」

莊子說：「那也是我想要的生活啊。」

正因為如此，雖然莊子一直受到各國君主的敬重，卻終生不再出仕，只是居住在陋巷中，笑看世間冷暖無常。

不過並不是每個人都能理解這些，世上的人多數是像惠施那樣醉心於功名利祿的「祿蠹」，怎麼會有人連當官都不願意呢？他們想不通，他們甚至懷疑莊子是故意裝成淡然的樣子。

魏惠王聘用惠施為相以後，有一次，莊子去大梁看望惠施，惠施不知從哪裏聽來的消息，說莊子是來跟他爭奪相位的，所以緊張得不得了。

莊子知道以後，找到惠施說：「南方有一種叫鵷雛的鳥，從南海開始往北海飛，一路上，如果不是遇到梧桐樹，它就不會停下來；不是竹子的果實，它就不吃；不是甘甜清潔的泉水，它就不喝。有一隻貓頭鷹撿到一隻腐爛的老鼠，正好鵷雛從頭頂飛過，貓頭鷹趕忙對天大叫，防止它來搶奪自己懷裏的老鼠。現在你也想拿著魏國的相位，對我大喝嗎？」

惠施聽了慚愧不已，這才知道自己以小人之心度君子之腹了。

不過這個故事是莊子在自己的書裏寫的，不一定公道，也有可能是莊子拿好友開個玩笑而已，但總的來說，惠施對於功名的追求在他看來太滑稽了。

惠施跟莊子是一對很奇怪的組合。兩人是無話不談的至交好友，莊子甚至在自己的書裏多次拿惠施「開涮」，但他們對世界的態度卻是完全相反的，一個毫無保留地「出世」，一個熱切地追求「出將入相」，這樣的兩個人怎麼能成為朋友呢？也許這就是所謂的「君子和而不同」吧！

不僅對於功名利祿毫無興趣，莊子對於世間一切都看得很淡然，甚至包括生死。

當陪伴莊子多年的妻子死去後，惠施去他家弔喪，看到他叉開兩腿坐

在地上，拍著一隻破瓦盆，放聲高歌，沒有一點傷心的樣子。

惠施奇怪地問他：「你的妻子死了你都不傷心嗎？」

莊子說：「人從天地自然之中來，出生之後，才有了形體，現在又失去形體，回復自然界之中，這是自然的變化，與春夏秋冬四季的變遷多麼相似啊！況且她就要離開這裏安睡於廣大的天地之間了，想到這裏，還有甚麼好哭的呢？」

惠施聽了，也無可奈何，搖搖頭走了。到後來莊子病重的時候，弟子們圍在牀前大哭，準備厚葬他。他說：「我將要以天地為棺椁，日月為美玉，星辰為珠璣，世間萬物為隨葬品，我的葬具已經非常豐盛了，哪裏還需要再加？」

他把世上一切都看破了，在人世匆匆走一遭，飄然遠去，留給後人一部超凡絕俗的《莊子》，千年萬載，永遠散發著迷人的光芒，智慧的光芒……

但這個世界還在運轉，惠施那樣的人依然在孜孜不倦地追求著自己的夢想，世人還需要他們來拯救。

第七章

合縱連橫

魏國的轉變

事實證明，惠施的到來，對於魏惠王和惠施自己都是一件非常幸運的事。他給魏惠王提的第一條建議就是：認清形勢，擺正自己的位置，去向齊威王認個錯。

馬陵慘敗後，魏國在東方已經完全被齊國壓住，不再具有跟齊國對抗的本錢，所以必須調整政策，承認自己不再是一流大國，向齊、楚這種真正的大國服軟，甚至歸附他們，心甘情願地當小弟。

魏惠王心裏恨極了齊威王，一度想傾盡全國兵力去拚命，以報殺子之仇，但他終究還是保持了理智，向現實低頭。

在強大的武力威懾面前，一切仇恨都只能自己暗暗咽下，這個世界就是這樣殘酷。

他接受了惠施的建議，卑躬屈膝，穿著下臣的服裝，親自去向齊威王賠罪。百年來威震天下的魏國終於拜倒在齊國腳下，從此正式告別強國行列，淪落為二流國家。

齊國從來就不是個野心很大的國家，所以對於魏惠王表現出來的誠意欣然接受，兩國在很短的時間內就從不共戴天的仇敵變成了邦交友好國，魏國也終於成功擺脫了被各國圍攻的局面。

之後幾年，通過惠施和田嬰的撮合，魏、齊兩國多次會盟。魏惠王每次都表現出極度的謙卑，齊威王對於魏國這種順從的態度也很滿意，兩國走得越來越近。

終於在公元前 334 年，兩國再次在徐州會盟，向國際社會發佈了一條驚人的消息：兩國互相承認對方為「王」！史稱「徐州相王」。

也就是說，齊國承認魏惠王稱王的事實，同時齊威王自己也稱王，魏國也承認這個事實。（「威王」和「惠王」都是稱王以後才有的稱呼，本書為了表述方便，一開始就這樣稱呼他們。）

中原兩個核心國家終於正式握手言和，並且攜手拋棄周天子，結成盟友。這件事也可以這樣解釋：齊威王自己想稱王，但擔心跟幾年前的魏惠王

一樣，在稱王後成為各國共同的靶子，所以把魏惠王拉上，兩國共同犯錯，也就沒人敢說三道四了。

為甚麼齊威王如此謹慎？背後的真相可能是：前幾年的馬陵之戰中，齊國也受傷很重，國力同樣出現了明顯下降。或者說，中原各國都已經在持續多年的戰亂中被削弱了，不再具備稱霸的實力，只能抱團取暖。

當然最受傷的還是洛邑那邊的周顯王。

西周初年的時候，周成王親自給齊國頒發特權，指定他們為國際警察，可以代天子行權，討伐有罪的諸侯。現在齊國帶頭犯罪，公然推翻君臣等級關係，這象徵著周王室已經徹底被諸侯們拋棄了，以後人人都可以稱王，周王不再有天下至尊的地位，成了小小的洛邑裏面的一個土財主。

對於這種局面，周顯王無可奈何。說起來他跟齊威王還是老冤家。當初他爹周烈王駕崩，諸侯們都去洛邑弔唁，只有齊威王到得最遲，剛剛登基、血氣方剛的周顯王派人去齊國責備威王，威王直接甩出「你媽×××」的國罵，使者灰溜溜地逃回成周，把一場喪事鬧成了國際笑話。

現在齊威王又搞稱王這一齣戲，正是舊恨添新仇。但周顯王能怎麼樣呢？只能含羞忍辱咽下這枚苦果，甚至還送禮物到徐州去，「恭賀」齊威王。

如此顛倒倫常，當年孔子擔憂的「君不君、臣不臣」的局面終於成為了現實。

但有一個人可不答應這事。

中原集體沉淪

在所有國家裏面，楚國是第一個稱王的，在他們眼裏，自己是跟周王並列的、天下地位最高的兩人之一。現在人人都敢隨便稱王，楚王豈不是變成了一個普通的諸侯？

楚威王為這件事氣得跳腳，吃不下、睡不好。前幾年魏惠王稱王的時候，正趕上楚宣王病逝，楚威王登基，所以楚國沒來得及去教訓他們，這次

齊國稱王就正好撞槍口上了。

第二年楚威王就點齊兵馬直撲齊國，趙國、燕國也趁火打劫，共同出兵攻打齊國。

齊威王自己也不爭氣，馬陵之戰過後不久就聽信鄒忌的挑撥，迫害田忌，田忌只好逃到楚國去。田忌一走，孫臏可能跟著也受到冷落，從此湮沒無聞，同時馬陵之戰的主帥田盼也被雪藏，改用了不得人心的申縛。

齊國的軍事實力因此大打折扣。據說田忌逃到楚國以後，跟楚威王談起齊國的將領們，曾這樣評論：如果齊國用申縛為將的話，楚國只要發兵五萬人，可以立即取他們上將首級；如果齊國用田居為將，楚國出動三十萬人，可以跟他們打成平手；如果齊國用田盼為將的話，即使楚威王親自領兵，發動四海之內的兵馬全體出動，也僅能身免而已。

現在齊國偏偏用申縛為將，楚威王身邊又有一個對齊國內部情況知根知底的田忌在，齊國怎麼能贏？

三國兵馬來攻，齊國根本無法抵擋，很快敗下陣來，尤其是徐州之戰，被楚國殺得很慘，只好向三國投降。

楚威王不好直接針對齊威王，就聲稱徐州相王是田嬰在中間牽線搭橋的，命令齊國立即驅逐田嬰。

田嬰是齊威王的小兒子，聽說楚威王正在四處追殺自己，非常恐懼，趕忙派說客去楚國，勸楚威王說：「齊國這次徐州大敗，是因為田嬰任用申縛而不用田盼，要是驅逐了田嬰，田盼肯定馬上重新被起用，要打齊國就沒那麼容易了。」

這當然是楚國很不希望看到的局面。楚威王聽了這番話，才打消了驅逐田嬰的念頭。

但這樣一折騰，齊國的臉面早已經全部丟光了。齊威王稱王不過幾個月，就遭到如此嚴重的羞辱，父子二人都灰頭土臉，這個「王」稱得還有甚麼意思？更別提爭霸主之位了，想都別想。但這一切其實早在惠施的算計之中。當初齊、楚兩大國共同壓制魏國，魏國敗下來以後，卻只是卑躬屈膝地巴結齊國，完全無視楚國的存在，這是一種高明的挑撥伎倆。特別是「徐州

相王」,一項高帽子給齊威王戴得量乎乎的,忘乎所以,更加引起了楚威王的不滿,這才引來楚國的大打出手。至於楚國為甚麼只打齊國而放過魏國呢?史書上記載,國際知名的縱橫家公孫衍曾經向魏惠王獻計「陽與齊而陰結楚」,就是說,對齊國的卑躬屈膝只是表面上的,魏國真正投靠的國家其實是楚國!

所以也不排除楚國一直就是魏國的後台老闆,「徐州相王」那一場表演,是楚魏合夥在套路(下套)齊國。

但這只是一種猜測,沒有明確的證據。不管怎麼說,齊國也被人從一流強國的寶座上挑落下來,跟魏國成了難兄難弟。

魏惠王用惠施和公孫衍的計謀,曲線救國,不僅擺脫了被大國圍攻的危險局面,更把齊國拖下水,間接報了馬陵之戰的仇。

從宏觀的格局來看,三晉和齊國打來打去這麼多年,互相算計,終於耗盡了彼此的國力,中原國家集體沉淪,攜手離開國際舞台的中央,把那個位置讓給了後來居上的秦國和楚國。

雕陰之戰

魏國儘管成功解除了東部的威脅,但對於西方迅猛崛起的秦國依舊無可奈何。經過誅殺商鞅的短暫內亂以後,秦國重新抖擻精神,再度在河西地區對魏國發起進攻。魏國現在雖然可以把大部分兵力派去防禦西部,但這時雙方的力量對比跟以前已經完全不同,魏國根本沒有能力阻擋秦軍的前進。

公元前 333 年,縱橫家公孫衍來到秦國,被秦惠文王任命為大良造。縱橫家們是那個年代一種奇特的存在,他們具有魔鬼般的智慧,看穿世事,洞悉人心,善於利用三寸不爛之舌煽風點火,挑起或者平息國家之間的紛爭;他們對各國局勢有極其深刻的瞭解,能四兩撥千斤,巧妙地引導國際局勢按照自己的想法走。

他們如同鬼魅一般在列國之間遊走,時而相秦,時而助魏,過兩天可

能又成了齊王的座上賓，或者楚王的階下囚，你甚至猜不透他們真正幫助的是哪個國家。

只有一點：只要他們走過的國家，必定狂風驟起，雷雨大作，形勢發生劇烈的改變。

總之——他們玩弄天下於鼓掌之中。這些人基本沒有國家觀念，哪國可以接納自己的觀點，可以賜給自己榮華富貴，他們就去哪國，對於他們來說，幫助敵國進攻自己的祖國也只是家常便飯。

公孫衍就是縱橫家裏的一個佼佼者。他是跟商鞅一樣能文能武的絕頂人才，他的輔佐使秦國如虎添翼。而且他本來是魏國陰晉人，長期在魏國生活，對魏國內部的情況瞭如指掌，可以提出一些有針對性的打擊策略。

他擔任大良造以後，立即帶兵展開了對魏國的新一輪進攻——雕陰之戰。當時魏國在河西的土地主要有：北部的上郡，有重要城市雕陰；中部的西河郡，這是爭奪河西的主戰場，總部在少梁，拱衛著河東的魏國主體部分；以及黃河拐彎以後，南部的上洛地區，這裏有重要的崤函通道，扼守著秦國的生命線；另外在黃河拐彎的凸起部位，黃河與華山中間，還有最重要的陰晉城，牢牢卡在秦國通向中原的道路上。陰晉背後是焦、陝兩座小城，以及上洛地區。

公元前 331 年，秦軍繞過魏國重兵把守的西河郡，兩路出擊，公孫衍向北攻打雕陰；秦惠文王的弟弟樗里疾向南攻打陰晉。兩座城池直線距離超過四百餘里，同時攻擊兩地，會讓魏國無法互相照應，給軍隊調集帶來巨大困難，而且魏軍也吃不準秦軍進攻的重點在哪裏。

商鞅變法以後秦軍的戰鬥力有驚人的提升，早已超過名動天下的魏武卒。

秦國整個國家都在圍著軍隊運轉，把戰場上的勝負擺到了最高位置。對於秦國的平民來說，「立軍功」基本是改變命運的唯一方式，而戰場上不出力的話，會面臨非常嚴重的懲罰。因此戰場上的秦軍，人人爭先，個個拚命，這樣一支軍隊的戰鬥力是恐怖的。

秦軍的統帥方面，公孫衍和樗里疾都是稱雄於當世的奇才，他們聯手

出擊，基本天下無敵。

再加上有秦國強大的國力做後盾，後方補給與增援的部隊源源不絕，數萬雄兵以雷霆萬鈞之勢推向東方，這一股鋼鐵洪流推到哪裏，哪裏便地裂山崩，無解！

對於魏國來說，這場戰爭只是無謂的抵抗。魏國守衛河西的將領是老將龍賈。他有捨身為國之心，也有正確的判斷和決策，他認為雕陰是這場戰爭的關鍵，把主力調去全力防守雕陰。他猜得很對，但在絕對的力量面前，一切技巧都會失效。

這是一場不對等的戰爭，或者說，只是一場屠殺。史書上只冷冷地記著，秦國「虜龍賈，斬首八萬，取雕陰」。

名動天下的魏武卒在這一戰被徹底打殘，魏國在河西地區的軍事力量遭遇毀滅性打擊，從此再無法恢復，也無法再防禦上郡與西河郡，整個黃河以西已經是秦國的囊中物。

南部戰線的情況稍微好一點。樗里疾沒有一直猛攻陰晉，而是繞到陰晉後方，沿著黃河推進，拿下了焦邑、曲沃等城池，把陰晉變成了一座孤城。上洛之地因此接近淪陷，並且直接威脅河東地區，魏國西部疆土全線告急！

秦國要地不要人，每佔領一座城池，就趕走或者殺光當地民眾，然後讓秦人來居住，把這片土地納入秦國境內，就這樣一口口地咬掉魏國身上的肉。

魏國人不僅身體被打垮了，精神也已崩潰，忘記了自己曾經氣吞山河的豪邁。他們放棄一切抵抗，顫巍巍地匍匐在秦師腳下。這只是開始，從此以後，如狼似虎的秦師就成了三晉兒女的噩夢，他們這一代人，和他們的子孫幾代人，注定都要倒在秦師的屠刀之下，以整個民族的鮮血祭奠大秦帝國的軍魂，這是無可擺脫的命運。

魏國放棄抵抗，他們主動割讓公孫衍的家鄉陰晉給秦國，希望換來秦國的原諒。

陰晉是扼守河西與上洛之地的戰略要地，當年吳起正是在這裏以五萬

魏武卒大敗五十萬秦軍，創造了戰爭史上一個驚人的神話。誰想到無數熱血戰士以生命換來的土地，現在卻要作為貢品用來換取敵人的憐憫。

但秦王會答應嗎？

這時一個奇人來到秦國，使得秦、魏兩國之間的關係，乃至於天下局勢，出現了奇妙的轉折。

張儀相秦

張儀也是魏國人，據說他也是鬼谷子的學生，鑽研縱橫之術。當時縱橫家們都遊走在各國之間，哪國能任用自己，就替哪國服務，張儀也曾去過楚國、趙國等很多國家，試著推行自己的主張，但都沒有得到賞識，只有東周國的昭文君特別欣賞他。

東周國跟周王室關係密切，可以說是周王室的左膀右臂。雖然這時候的周王室已經毫無存在感了，連帶著西周國和東周國也都夾在大國中間受氣，但昭文君卻是個胸懷天下的雄主，一心想重振周室。

張儀經過東周國的時候，昭文君試著挽留他，但這樣的小地方當然留不住張儀。昭文君於是懇切地對他說：以後如果沒有遇到賞識你的人，可以再回我這邊來，我們一起幹一番事業。並資助他一大筆金錢，幫助張儀踏上了西去秦國的路。

昭文君的知遇之恩，張儀一生都銘記在心。後來他在秦國發達以後，力勸秦王禮遇昭文君，甚至讓秦王拜昭文君為師。

張儀剛到秦國的時候，可能也是抱著碰碰運氣的想法，想看看自己的觀點能不能得到秦王的首肯。只要秦王略微點一點頭，以後榮華富貴基本就不用愁了。

他敏銳地看到了當時秦國存在的問題 —— 雕陰之戰，秦國把魏國徹底打殘，一時威震天下，人人畏懼，看起來已經無敵了，收復河西甚至吞掉整個魏國也只是時間問題。

但在這風光下面卻暗藏危機：魏國上上下下都已經被嚇壞了，驚慌失措，就像一個溺水的人，在極度的恐懼中瘋狂亂舞，任何一根救命稻草都不會放過。

那麼魏國有沒有救命稻草呢？有！

南方的楚國依然強大，東方的齊國也勉強可以依靠，如果繼續把魏國往絕路上逼，他們可能會拋棄一切國家利益，不計後果地投入楚國或者齊國的懷抱，那麼秦國面對的就不再是勢單力孤的魏國，而是東方各國的聯合體。

這是秦國最怕的局面──合縱。

合者，集天下之力。縱者，由南及北，由北至南。山東六國聯合抵抗強秦，是為合縱。

秦國雖然強大，但還沒有達到可以獨戰山東六國的程度，甚至魏、楚聯合都夠秦國喝一壺的。

這種局面其實已經隱隱地出現了。前幾年「徐州相王」就是魏、齊聯合的某種預演。而魏國可能私底下還在投靠楚國，只是因為當時秦國逼得還不夠緊，魏、齊、楚都還各自做著稱霸的美夢，所以沒能成功聯合起來。

現在不同了，魏國已經處在亡國邊緣，不排除採取一切手段自保，這時候就千萬要防範他們跟齊、楚聯合了。

魏、齊、楚一旦聯合，就會對其他國家形成壓倒優勢，燕、趙、韓加入他們就是遲早的事，天下絕大部分的土地和人口都在他們手上，那麼剛剛崛起的秦國憑甚麼擋住他們呢？

秦國真正面臨的危險就在於此。要防範這種局面，就要適度放鬆對魏國的壓制，反正他們以後也絕對沒有能力單獨挑戰秦國，不如先養著，以後再殺。更進一步，最好把魏國拉攏過來做自己的打手，讓他們替自己去攻打山東五國。魏國勝，則山東五國被削弱；魏國敗，秦國正好趁機去給他收屍。秦國自己一點力氣都不用出，坐看他們自相殘殺，何樂而不為呢？

這就是秦國應對合縱的方案──連橫。

連者，弱結好於強。橫者，東來西往，強弱互通。由縱橫家出面，說

服東方國家投靠西方的秦國,是為連橫。

連橫一旦結成,秦國不僅能避免被圍攻的可能,更可以遙控東方局勢,讓東方的代言人替自己打天下,自己以逸待勞地積蓄力量,只有必須出手的時候才出手,而一旦出手,則將令敵人無法阻擋。

這才是真正的王者之態,大佬該有的樣子!張儀揣著這一套「連橫」的方案去面見秦惠文王,舌燦蓮花,一席話說得秦王心花怒放,當即決定任他為相。在蟄伏了多年以後,張儀終於憑自己的才幹得到了君王的認可,而且一步登天,直接登上了權力的最高峰。

這就是縱橫天下,氣吞萬里的戰國時代!只要你有縱橫之才,能夠說得動君王,可以瞬間從一介布衣變為朝廷重臣,甚至呼風喚雨、權傾天下。「朝為田舍郎,暮登天子堂」在這個時代是真實存在的,而不是傳說。

連橫初顯鋒芒

張儀給秦惠文王的第一個建議就是:減緩侵略魏國的腳步,勸說他們投靠自己。

為了實現這個目的,張儀親自去遊說魏惠王。

他向魏惠王說明利害關係:魏國在可以預見的將來都沒有能力再防守河西了,何不乾脆把河西獻給秦國,不僅扔掉燙手的山芋,也換來西部的和平。

作為獎賞,秦國會從軍事上資助魏國,幫助他們去攻打楚國,失去的河西土地,可以用楚國那邊搶來的土地彌補。實際上,魏國前些年的確從楚國手裏搶來不少土地,連首都大梁都是從楚國手上搶的,那可是天下最豐腴的土地!

這樣算來,魏國並不會損失太多土地,還能憑空多個大靠山,何樂不為?

而如果魏國敢不答應的話,秦國就跟楚國聯合攻打魏國,魏國的亡國

之禍近在眼前！

魏惠王還能怎麼選擇呢？張儀給的這些理由他一條都無法反駁，況且河西幾乎已經捏在秦國的手心，要奪過去只需要手上輕微加把勁而已。

魏惠王無可奈何。

公元前 330 年，魏國把自己手中僅剩的河西土地獻給秦國。

公元前 329 年，魏國把上洛之地獻給秦國。

公元前 328 年，魏國把上郡土地獻給秦國。

至此，秦國丟失了三百年的河西之地全部回歸，甚至本來屬晉國的土地也納入囊中，秦人祖祖輩輩夢寐以求的崤函通道也完全落入秦國的掌控之下。秦國的疆域擴張到了黃河岸邊，地緣劣勢由此扭轉，從此再也沒人能卡住秦國的脖子，反倒是秦師隨時可以衝出函谷關擄掠中原。中原門戶洞開，東部各國開始暴露在秦國的兵鋒之下。

秦國的軍事力量已經達到了空前強大的狀態，超過了春秋以來的任何一屆霸主，即使是晉國重生也無法阻擋秦師東進了！

同一年，秦國大軍渡過黃河，打入魏國河東郡，奪取汾陰、皮氏兩座小城，然後從皮氏城以及附近擄走上萬民眾，加上奪來的百輛戰車，一起還給魏國，說：「這就是我們給你們的獎勵，去打楚國吧。」

秦國用這種方式兌現張儀「幫助魏國攻打楚國」的承諾。魏國能怎麼樣呢？只好拿著秦國「贈送」的這些兵源和戰車去襲擊楚國，在陘山大敗楚軍。這是「連橫」政策的第一次實踐，秦國不費一兵一卒，僅僅靠張儀的策略便奪到大片土地，可以說嚐盡了甜頭。

惠文王因此對張儀也更加信任，決定堅定不移地把連橫政策繼續推行下去。

任用張儀，標誌著秦國的對外政策發生重大轉變，從依靠蠻力攻城略地，轉換到憑藉巧勁玩轉列國。從此以後，秦國不僅在武力上無敵，在外交策略上也開始領先各國。

更進一步說，從連橫開始，秦國的目光才放得長遠了，不再局限於「收回河西故地」、「打通崤函通道」這種小打小鬧的把戲，而是真正有了一套

吞併天下的國家發展戰略，並且堅定地照著這個計劃走了下去。

張儀這種奇才，一旦上位，任誰也防不住他，他在秦國朝廷裏縱橫捭闔，把同樣才高八斗的公孫衍擠得無處容身，只好逃回老家魏國去，在東方實踐自己的「合縱」計劃，跟張儀死磕。

各懷鬼胎的山東六國

戰國時代的縱橫家們多是隨行就市，他們幾乎都準備了好幾套說辭，哪一套能够說動君王，就按哪一套去執行。

公孫衍是縱橫家中最頂級的人才之一，嗅覺之敏銳當然也是一流的。現在張儀已經把持了秦國國政，強行向山東六國推行連橫，這本來是公孫衍的失敗，不過換一個角度看，也是一次新的機會 —— 現在去山東六國推行合縱肯定有市場。

他果斷出擊，找到山東六國的君主們，憑三寸不爛之舌，努力說動他們聯合起來對抗秦國，從此，「合縱」就像燎原的烈火，在山東各國滾滾燃燒起來。

處在抗秦第一線的魏國成為了合縱與連橫角力的主戰場。山東六國裏面，就數魏國最不堅定，一直三心二意的。但他們也有自己的難處，畢竟他們才是秦國東侵最直接的受害者，秦師的威猛和恐怖他們有切身的體會。

「合縱抗秦」意味著魏國正式成為兩大集團衝突的前沿陣地，其他國家或許可以躲在後面象徵性地出點人力物力，魏國卻是沒地方可躲的。他們的國土將成為戰爭中心，他們的士兵將為了六國共同的利益浴血奮戰，這是魏國人不願答應的。

所以魏國自然成了合縱聯盟裏面最弱的一環。秦國很清楚地看到了這一點，所以從一開始就把魏國作為突破重點，採取又拉又打的策略。

公元前 329 年，在張儀的遊說下，秦國成功挑起了魏、楚的陘山之戰。

公元前 327 年，秦國把剛剛佔領不久的焦、曲沃兩座城池還給魏國。

三年後，秦國又發兵佔領黃河邊的陝城，把城裏居民全部趕到魏國一邊去。

秦國如同戲弄小孩一樣，想搶就搶，想還就還，魏國無可奈何，反而還要感激秦國的不殺之恩。

陝城已經遠遠深入到東方，加上前幾年已經佔領的汾陰、皮氏等地，秦國實際上全面控制了黃河天塹，並且把河東郡置於自己的手掌之中，整個魏國西部，基本上處於養肥了再殺的狀態。

到了這一步，魏國還敢參與合縱嗎？所以魏國轉眼又成為連橫的主要節點之一。

在秦國的玩弄之下，魏國方寸大亂，對東方各國時而打，時而和，甚至跟趙、韓兩兄弟都頻頻開戰，三晉之間雞飛狗跳，幾乎又回到了魏惠王早期四面出擊的混亂狀態。

還好有惠施和公孫衍在。他們一直強烈堅持跟齊國修好，不斷推動魏惠王跟齊威王會盟，還把太子嗣派到齊國去當人質，所以兩國之間繼續保持著徐州相王過後的親密關係，甚至聯手去攻打趙國，奪了趙國一些土地。

對於楚國，魏國也儘量不得罪，把公子高派去當人質。因此魏國才沒有重回當年被圍攻的惡劣處境，這是魏國外交政策唯一成功的地方。

在張儀等人的籌劃下，連橫政策終於在公元前 325 年取得重大成果。那一年夏天，秦國對外發佈公告，正式宣佈秦君要稱王。稱王儀式得有人來捧場，否則就很尷尬了，所以秦國拉來魏惠王和韓宣王，照著徐州相王的做法，玩了一把三國「相王」的把戲。

會上秦、魏、韓三國君主互相稱王，當然，主題是秦國稱王。戰國七雄裏的三個聚在一起稱王，其他國家只能乾瞪眼，誰也沒法反對，所以這次秦國稱王基本沒遇到任何障礙，比起當年魏惠王、齊威王稱王以後馬上被人打的局面，高下立判。

稱王只是目的之一，秦國這次會盟更是為了高調向天下宣示：魏國和韓國已經被秦國收服，所謂「合縱」的事情，東方六國想一想就是啦，不要當真。

為了說明這一點，據說秦國在會上做了一件更離譜的事情——在張儀

的謀劃下，相王儀式結束後，秦王、魏王、韓王登上同一輛車，魏惠王當車夫，韓宣王當車右，共同為秦惠文王駕車跑了一圈。

這一下子，秦惠文王蜚聲國際，掙足了臉面，同時，魏、韓兩國的臉被丟盡了，明確淪為了秦國的小弟。

這是秦國在外交上的重大勝利。

秦國這樣一攪和，東方各國方寸大亂，剛剛組建的合縱聯盟如鳥獸散，各國重新回到勾心鬥角的狀態，例如齊國和趙國這對老冤家就公然開打。

三國相王過後，「稱王」的風潮席捲各國，魏、韓兩國大概覺得還不過癮，索性玩個更大的，於是又發起了「五國相王」。

公元前323年，由魏國公孫衍發起，魏、韓、趙、燕、中山，五國國君會盟，約定互相稱王。

魏、韓剛剛跟秦國連橫，轉身又跟燕、趙合縱，可見他們夾在大國中間確實壓力很大，外交上根本無所謂連橫還是合縱，基本屬有大腿就抱，毫無節操。

魏、韓這種態度造成的直接結果就是：無論連橫還是合縱，都很難長久維持，總會不停地建立又不停地破裂，國際局勢也就一直飄忽不定。

「五國相王」給齊威王造成很大刺激，他發現自己前幾年的「徐州相王」已經成了笑話，現在大家都在玩「相王」的把戲，他辛辛苦苦爭來的「王位」有甚麼意思？

更讓他肝火旺的是，五國明確把他孤立在一邊，剩下的秦、楚都是霸主級的大國，丟下一個齊國自己跟自己玩，這個滋味當然很不好受。

所以齊威王發誓要破壞五國聯盟。但五國聯合，勢力太大，齊國不好直接攻擊他們，只好找其中最弱的中山國下手。

齊國聲稱：大家都是萬乘之國，只有中山國是千乘之國，有甚麼資格跟我們這些國家並立？強烈要求取消中山國的王號。

齊國斷絕跟中山國的來往，並且計劃割地賄賂燕、趙兩國，三國共同去討伐中山國。

可是燕、趙兩國也不傻，很明顯齊國針對中山國只是藉口，目的其實是要破壞五國聯盟，所以燕、趙一口回絕了齊國的請求。

齊威王看到五國聯盟鐵板一塊，無可奈何，只好先忍下這口氣。到這一步為止，合縱再一次壓倒連橫，扳回一局。

再說魏國那邊，他們的麻煩還沒結束。這幾年他們一方面竭盡全力跟齊國交好，另一方面丟掉一切尊嚴投靠秦國，再有就是拉起五國聯盟的旗號，把三面的危機都化解了。作為一直被各國圍攻的國家，他們的求生慾真的是非常強烈。

但命運總是殘忍的，即使已經如此努力，魏國還是不能保證安全，就在五國相王的這一年，楚懷王發兵大規模進攻魏國。

楚懷王的霸主夢

公元前 329 年，楚威王病逝，楚懷王登基。大概國際社會廣為流傳的「縱合則楚王，橫成則秦帝」給楚國人留下了太深刻的印象，楚懷王從執政起，就把自己國家看作唯一能跟秦國平起平坐的超級大國。他的執政思路很明確，就是跟秦國爭奪天下霸權。

楚國確實有驕傲的資本。這些年來他們一直遠離中原戰亂中心，除了偶爾跟魏、韓掐架以外，基本都能保持和平，所以國力一直穩步增長。特別是在齊國跟三晉兩敗俱傷以後，楚國的強大就更加凸顯出來了。

再加上他們本來就擁有天下最廣闊的土地，人口眾多，資源豐富，戰略縱深相當可觀，因此當年即使被魏國搶走了一些土地，也能很快恢復元氣。

楚威王本身也是頗有作為的雄主。當年齊威王稱王，他馬上發動徐州之戰，打得齊國灰頭土臉，顏面盡失，楚國也因此壓倒齊國，奠定了天下第二強國的地位。

除此以外，威王在對巴國的戰爭中也取得豐碩的成果，搶到大量土

地，甚至攻佔了巴國首都江州。楚威王後期，巴國的滅亡已經指日可待，到這時為止，楚國在跟秦國爭奪巴蜀地區的競爭中楚國也暫時取得先手。

楚懷王登基的時候，接手的就是這樣一個強大的國家。懷王當政初期，勵精圖治，任用屈原等賢臣，又恢復了吳起當年的一些法令，國力得到進一步增強。秦國當然一直在關注這邊的情況。直接打壓楚國的時機還不成熟，而且也沒有合適的理由。於是秦王便採用張儀連橫的計謀，挑撥魏國去找楚國的麻煩。

早在楚懷王剛剛登基的時候，秦國就說服魏惠王趁他們政權交接的時機發起陘山之戰，大敗楚軍，給了楚懷王一個下馬威。

楚懷王一直記著這個仇。五國相王過後，齊威王那邊暴跳如雷，齊、魏關係出現裂痕（五國相王是魏國發起的）。楚懷王立即趁機派柱國將軍昭陽攻入魏國，在襄陵大敗魏軍，佔領了魏國八座城池，甚至對魏惠王施壓，要他把在楚國當人質的公子高立為太子，這樣以後就會出現一個親楚的魏國政府。

楚國這一系列組合拳可以說相當狠辣，短期利益和長期利益全部考慮到了，在魏國外交凱歌高奏的時候給他們當頭一棒，也好讓東方各國知道誰才是真正的老大。

但是公子高的競爭對手太子嗣還在齊國。打敗魏國以後，楚懷王不肯罷休，想順勢去打齊國，徹底解決魏國的太子人選問題，同時確立楚國對於齊國的優勢地位。

這時候縱橫家陳軫正好被秦王派去出使齊國，齊威王向他求助，陳軫胸有成竹地說：「別擔心，我去說服昭陽，讓他們退兵。」

陳軫跟張儀一樣擁有魔鬼般的智慧，他到楚國軍營裏求見昭陽，對這個楚國大將說：「請問將軍，按照楚國的規定，立下重大軍功的人會得到甚麼獎勵？」

昭陽說：「官封上柱國，爵為上執珪。」、「上柱國」是最高軍事統帥，「上執珪」是最高的爵位，昭陽現在就是上柱國。

陳軫又問：「比這更高的呢？」

昭陽想了想說：「那只有令尹了。」、「令尹」是楚國最高官職，相當於相國。

陳軫說：「現在楚國已經有令尹了，楚王不可能立兩個令尹，還能怎麼封賞您？在下為將軍打個比方——

「楚國有個人在祠堂裏祭祀祖先，賞賜了一壺酒給門客們喝。門客們拿著酒壺商量道：『這酒不夠我們這麼多人喝，不如我們每個人在地上畫一條蛇，先畫完的人喝。』於是大家開始在地上畫蛇。其中一個人最先畫完，他看到別人都還差得遠，就想『時間還早，不如給這蛇畫上腳』，於是接著畫。不想後面畫完的人過來搶酒壺，兩人爭起來，後面那人說『蛇本來沒有腳，誰讓你給它畫上腳？』，結果最早畫完的這人反而沒喝到酒。

「將軍現在位極人臣，攻打魏國又立下大功，已經夠了，再打敗齊國楚王也沒法賞賜你，反而引起楚王的猜忌，招來禍患，正是畫蛇添足。將軍何不適可而止，賣個人情給齊國，齊王必然對您心存感激，以後定有好處。這才是『持滿之術』呀。」

陳軫對世事人情看得太透了，這番話直擊人性的弱點，一下便說動了昭陽。

昭陽果然找個藉口對楚懷王說不能打齊國，接著便撤走了軍隊。陳軫僅僅依靠三寸不爛之舌，便為齊國退掉了數萬敵軍。

陳軫為甚麼要幫齊國呢？他本來是齊國人，也許是在為自己的祖國考慮，也許僅僅是想賣個人情，給自己多留條退路——畢竟現在在秦國朝廷裏他跟張儀鬥得很兇，張儀一直在秦王跟前詆毀陳軫，而陳軫每次都能靠自己的如簧巧舌成功化解危機，但這樣下去，兩人總有一個會敗下來，所以陳軫給自己留條退路是可以理解的。

對於楚國來說，則失去了一次絕好的打壓齊國的機會。從此再也無法壓制齊國，山東六國出現了齊、楚並列的局面。

對於魏國繼承人的干涉也半途而廢，公子高最終沒能被立為太子，在齊國為人質的太子嗣保住了太子之位，後來繼位為魏襄王。在同一時期，齊威王過世，齊宣王登基，延續以前的政策，齊、魏兩國繼續保持著友好的

關係。

　　儘管如此，楚國的強大還是不可撼動的。這點從秦國對楚國的態度上也看得出來。

　　前面說過，秦國為了破解合縱，首先對魏國又拉又打，讓魏國始終不能全心全意投入合縱陣營。

　　第二步，就是想辦法離間齊、楚和三晉。因為目前直接受到秦國壓迫的只有三晉，齊、楚兩國暫時還有安全感。

　　而另一方面，齊宣王和楚懷王在對待秦國的態度上，表現出極度的自私狹隘，白白浪費了自己強大的國力。

修魚之戰

　　公元前 320 年前後，秦國與東方合縱聯盟的矛盾達到高潮，終於引爆了一場「世界大戰」。

　　這幾年山東六國一直在合縱與連橫之間搖擺不定，張儀、公孫衍、陳軫等縱橫家也在各國之間頻繁活動，希望達成自己的目標。

　　處在風暴中心的魏國成為合縱與連橫較量的主戰場。自從收服魏國以後，秦國就多次派張儀去魏惠王那邊遊說，試圖干涉魏國的對外政策，最後乾脆派張儀去魏國為相，張儀同時成為了秦國和魏國的相國。

　　兩個半敵對的國家，竟然用同一個人來輔政，這樣奇特的現象恐怕只有在戰國時代才會出現。

　　更離奇的是，張儀最大的對手公孫衍也同時在魏國為相，於是出現了這樣神奇的一幕：國際上連橫與合縱的頭目在同一個朝廷裏當同事——魏國既是連橫的一個主要節點，又是合縱的發起者和組織者。

　　這兩人都是心狠手辣的陰謀家，他們考慮的根本不是魏國的利益，而是能否實現自己的個人目標，為了達到自己的目標，他們拳打腳踢，吃相相當難看。

頭腦清醒、一直主張對外和解的惠施卻受到排擠，甚至可能是受到了政治迫害，而被趕出了魏國，到楚國尋求避難。楚懷王不肯收他，最後他只好流落到自己的老家宋國。於是魏國的對外政策更加激進，在合縱與連橫之間快速搖擺。出現這些現象是因為魏惠王老糊塗了嗎？有可能，但也可以這樣解釋：齊、楚兩個大國在這一過程中表現出極端的自私和短視。他們沒有受到秦國的直接威脅，反正天塌下來有三晉扛著，所以他們總想著讓三晉去擋刀子；但另一方面，他們又怕三晉徹底倒向秦國，到時候秦國就要來找自己的麻煩，因此又希望三晉能多扛一會兒。

具體到齊、楚兩大國，又略有不同。楚國表現出來的主要是愚蠢——這來自於楚懷王本人的愚蠢，主要特點是好騙，誰都能挑撥他，一點就著。而齊國更多的是自私和陰險，成天想著在東方國家內部窩裏鬥——典型的例子：當齊威王看到魏國衰落、趙國漸漸要成為二營的領袖時，就放過魏國，一直揪著趙國不放，時不時去敲打一下趙國。

有這樣兩個不靠譜的大國在，山東六國的合縱始終就是一個笑話。對於三晉，特別是魏國來說，既然你們三個大國都給臉不要臉，那我索性也不管甚麼合縱連橫了，誰來威脅我我就投靠誰，走一步看一步。這也就可以理解魏惠王為甚麼同時任用張儀和公孫衍了。魏惠王畢竟是幾十年的老江湖，有他在，還能鎮得住這兩個人，魏國這艘大船雖然搖搖晃晃，還不至於一頭撞到冰山上。

公元前 319 年，一輩子為國殫精竭慮卻沒能挽救國家的魏惠王病逝，太子嗣繼位，是為魏襄王。

這一下就翻天了。張儀和公孫衍公開撕破臉，最終公孫衍勝出，把張儀趕回秦國主子那邊，順便又把惠施招回來，對國際宣佈：「那個噁心的傢伙被趕跑了，現在我們全心全意地實行合縱！」

被張儀拖延了這麼多年，合縱的黃花菜都涼了，為了重新喚起大家的熱情，公孫衍他們決定幹一票大的——合縱聯盟組成國際聯軍，攻打秦國！

魏襄王這小夥子並不瞭解他爹這麼多年走鋼絲的良苦用心，魏國朝廷上下也沒人能阻止合縱派的狂妄，只能任由公孫衍這撥人奔走列國，牽線搭

橋，最終推舉楚國為縱約長，組織起魏、趙、韓、楚、燕五國聯軍，共同殺向秦國。

這時候齊國當政的是齊宣王，延續一貫陰險的做派，躲著看熱鬧。

而楚國有大國的實力卻絲毫沒有大國的心態，依然打著自己的小算盤，也可能因為楚懷王的妹妹羋八子嫁給了秦惠文王（羋八子的具體身份有爭議），秦、楚兩國算親家，所以他們出工不出力。

燕國本來就是昏昏欲睡的老大帝國，離得又遠，對這次戰爭也不太上心。所以五國聯軍實際上主要是魏、趙、韓三國聯軍。這是幾十年來晉家三兄弟跟秦國的第一次正面對決，當年三兄弟聯手天下無敵，可惜時移世易，現在的三晉早已不是當年的三晉，現在的秦國也不是當年的秦國了。

五國聯軍來到函谷關前叫陣。聯軍這邊的將領是魏國的公孫衍、趙國的公子渴、韓國的太子奐。

秦國派名將樗里疾迎戰。雙方在函谷關對峙幾個月，互相試探兵力，都不肯展開決戰，就這麼相持不下。

不過公孫衍實際上是有備而來的，他暗地裏派人去聯絡秦國北方的義渠國，請他們偷襲秦國關中地區。義渠國是秦國的老對手，一直跟他們糾紛不斷，聽說要打秦國，當然一口答應。

又據說當年公孫衍在魏國見到來訪的義渠國君，告訴他：「我們兩國相距太遠，以後聯絡肯定不方便，但請你記住一件事 —— 如果秦國對你們保持軍事壓力，說明他們國內安定無事；如果秦國送上禮物討好你們，說明他們遇到大麻煩了，該怎麼做，你應該懂的。」

這次五國聯軍討伐秦國，秦國為了穩定後方，果然派人送珠寶美女給義渠國，義渠王看到這情景，馬上知道公孫衍說的話應驗了，於是派出大軍直奔關中，響應五國聯軍，偷襲秦國。

公孫衍的算盤打得非常精。他用五國聯軍在函谷關拖住秦軍主力，然後讓義渠軍隊去偷襲秦國後方，兩個戰場相隔一千里，秦國必定顧此失彼，很有可能會被迫撤走函谷關的兵力去回防西部邊界。那時五國聯軍一擁而入，直撲關中平原，跟義渠國兩頭夾擊，秦國的麻煩就大了。

這種安排從戰術上來說是正確的，然而公孫衍猜中了開頭卻沒猜中結尾，五國聯軍實在是爛泥糊不上牆，內部一點都不齊心，特別是楚國這個老大哥，從頭到尾都在打退堂鼓，嚴重干擾了軍心。

義渠國確實出兵了，在李帛大敗秦軍，一度讓秦國左右為難。但各懷鬼胎的五國聯軍面對樗里疾的守軍，竟是完全沒機會，根本闖不進函谷關，無法進入關中跟義渠軍會合。

義渠的國力跟秦國不在一個檔次，依靠偷襲勉強得手，後勁卻接不上，等秦國緩過勁來以後便開始反擊，義渠軍隊又被趕回老家去了。

公元前 317 年，西部戰場已經平定，樗里疾帶領秦軍衝出函谷關，直撲關外的五國聯軍。

五國聯軍倉皇逃竄，秦軍一路追擊五百餘里，直追到位於韓國腹地的修魚，這裏已經逼近魏國的大梁，是三晉的核心部位，不能再退。

這時候卻突然傳來齊國出兵攻打趙、魏的消息，三晉聯軍都懵了 ——齊國這根攪屎棍不僅不幫助合縱聯盟，反而趁人之危落井下石，想藉此機會進一步削弱三晉。

齊國跟宋國組成聯軍，打到觀澤，大敗趙、魏聯軍，這對西方戰線上的三晉聯軍的士氣造成了沉重打擊。

於是在齊、楚兩個大國齊心協力地拆台之下，五國聯軍裏面僅剩的三晉聯軍徹底崩潰，在修魚遭到慘烈的大屠殺，被斬首八萬餘人！

第一次合縱失敗

這時候雕陰之戰已經過去了十四年，剛剛成長起來的新一代三晉兒女跟他們的父輩一樣，又一次倒在了秦軍的屠刀之下，這是他們無可避免的宿命。

損失最慘重的是韓國，他們這麼多年沒有經歷大戰，國力保存得相當好，又有強弓勁弩，自以為可以跟大國掰手腕了，不料卻在修魚之戰中遭到毀滅性打擊，將領也被活捉，多年積累的實力自信煙消雲散。

另一邊，剛剛開始崛起的趙國也挨了當頭一棒，痛定思痛的趙武靈王開始思考強國策略。修魚之戰使三晉看清楚了齊、楚的真面目，合縱國家之間的信任感蕩然無存，所謂的合縱聯盟自然也就各奔東西了。

之後幾年，秦國乘勝追擊，不斷打擊三晉：在岸門大敗韓軍，極度恐慌的韓人只好把太子倉送到秦國，乞求原諒；秦軍又佔領魏國的曲沃，魏襄王終於認識到東方各國的不靠譜，徹底倒向秦國，心甘情願地變成了秦國的馬前卒。

公孫衍本人也受到沉重打擊。最受魏襄王寵幸的田需一直看公孫衍不順眼，想方設法詆毀他，這次更是把合縱攻秦失敗的責任全部歸咎到他身上。

公孫衍找襄王辯解，襄王只說：「田需是我的股肱之臣，我不會為你疏遠他的，不過我也會管住他，讓他別妨礙你的計劃。」

看到襄王這種和稀泥的態度，公孫衍知道自己在魏國沒前途了。只好離開，但他一走，豈不是便宜了田需那幫人？於是他想出個損招 ——

他去齊國找田嬰商量合縱的事。田嬰是齊國的溫和派，一直都樂於跟魏國和好，於是兩人決定重新彌合魏、齊的關係，公孫衍還很熱情地請求田嬰派個親信去魏國為相，說這樣更加方便兩國的合作。

田嬰就把自己的兒子田文派去魏國輔佐魏襄王。田文背靠的是齊國，魏國朝廷裏哪有人敢惹他？田需一夥人哭笑不得，走了個公孫衍，來個更霸道的田文，自己還是沒法上位，他們這才知道了公孫衍的手段之厲害。

不過田文的到來對於魏國來說絕對是個福音，他的才能可能不及公孫衍，但威望和號召力則遠遠超過後者，他還有個更響亮的名號 —— 孟嘗君。作為「戰國四公子」之一，孟嘗君之賢良，天下無人不知，無人不曉，下一階段的合縱行動就得靠他來主持了。

公孫衍敗光了魏國的家底，又跑到韓國做官，想在韓國繼續發動合縱行動。秦惠文王聽說以後暴跳如雷，立即點起兵馬準備攻打韓國，不活捉公孫衍誓不罷休。

不曾想這時候南方傳來一個大消息 —— 蜀地大亂，蜀國和苴國同時來請求支援，攻打韓國的計劃就被打亂了。

開國何茫然 —— 早期的蜀國

很早以前，今天的四川盆地和漢中地區有兩個古老的國家：蜀國和巴國。他們跟中原華夏民族交流得很少，華夏民族對他們的情況也不太瞭解，一直到春秋時期雙方才漸漸有了一定的交流。

蜀國的歷史可以追溯到黃帝時期的蜀山氏。據傳蜀山氏的女兒嫁給黃帝的兒子昌意，他們的後人被封到蜀地，因為善於養蠶，而被稱為「蠶叢氏」。

蠶叢氏之後是柏灌氏，柏灌氏之後，有一支部落以捕魚為生，被稱為「魚鳧氏」。

蠶叢、柏灌、魚鳧可能是蜀地的三個王朝，也可能是先後統治蜀地的三個部落或者三個民族，他們之間是否有繼承關係現在還不能確定。

這基本上就是中原民族對於蜀國早期歷史的全部瞭解，所以李白說：「蠶叢及魚鳧，開國何茫然！爾來四萬八千歲，不與秦塞通人煙。」

正因為地理上「不與秦塞通人煙」，導致中原跟蜀地的隔絕，中原民族對蜀國的情況只剩下一片「茫然」。

後來魚鳧氏出了一位叫作杜宇的君王 ——「杜宇」也可能指的是一個部落或民族，傳說是他教會巴蜀民眾務農，因此在巴蜀地區被奉作農神。

杜宇統治時期，蜀國開始繁盛起來，疆域大幅擴張，跟中原的交流也漸漸增多。他自稱為「望帝」，這是蜀國第一次稱帝，因此杜宇也被看作蜀國的開國帝王。

傳說杜宇當政時期，蜀國常常遭遇水患。有一個叫杜靈（綽號「鱉靈」）的大臣被任命來治理災害。他發現洪水不能消退是因為蜀地四面被群山包圍，水流不出去，因此他廢寢忘食地工作，最終掘開巫峽，使洪水從這裏傾瀉而出，從而解決了水患問題。

杜宇因為鱉靈的巨大貢獻，就效法堯舜禹禪位的故事，把王位禪讓給他，自己去西山隱居，鱉靈從此被稱為「叢帝」。但這次禪讓也可能並不是杜宇的本意。據說他過世以後，含冤帶恨，精魄化作杜鵑鳥，晝夜啼鳴，聲

音凄厲，民眾聞之斷腸，所以後世也把杜鵑稱為杜宇。

叢帝又號「開明」，他廢除了禪讓制，開啟世襲制，他建立的王朝便稱為「開明王朝」，最初定都郫邑，後來遷到成都，這是蜀地第一個有詳細記載的王朝。

叢帝治水的經歷跟大禹太像了，會不會是蜀地的先民根據大禹治水的傳說編造了自己祖先的故事呢？這很難說。

開明王朝時期正趕上中原的春秋戰國時代，天下動蕩，社會巨變，中原社會的飛速進步也影響到蜀地，開明王朝因此快速發展，國力比以前有了很大提高，蜀國這時才真正算得上是一個「王國」了。

蜀地封閉的地形保護著這裏。當中原各國打得天昏地暗的時候，這裏基本都能保持平靜，雖然偶爾也有戰爭，但基本是跟周圍的巴國、苴國等國家打群架，規模不大，比起中原戰場的血腥屠殺來說，算相當溫柔的。

直到戰國中期，秦國經歷商鞅變法以後，國勢迅速膨脹，在合縱連橫的較量中又鍛煉出了大局觀，滋長出吞併天下的雄心，這才開始盯上蜀地這塊大肥肉。

秦國的滅蜀陰謀

蜀地有豐富的資源，是個天然的大糧倉，軍事實力又比中原各國差得遠，秦惠文王很自然就想到這裏可以成為秦國的一處後方基地，為秦國提供兵源和糧草。

正好這兩年合縱與連橫之爭非常激烈，秦國在忙著跟山東六國拚外交戰，暫時不好向東部擴張，正可以騰出手來拿下這個後方基地。

惡劣的交通條件仍然是征服巴蜀最大的障礙。為了解決這個問題，秦人動了不少歪腦筋。

據說秦惠文王讓人鑿了五隻石牛，在石牛身後丟下一些金塊，然後對蜀國人宣傳說：「這幾隻牛會拉金糞。」

這時蜀地的主人是開明王朝的第十二位帝王，蘆子霸王，這位長居窮鄉僻壤的君主，也沒甚麼見識，以為是真的，便請求秦國把這些石牛送給他。

秦國人一口答應下來，讓蜀國派出五個大力士去秦國搬運石牛。但是秦國和蜀國之間隔著秦嶺和龍門山脉，無路可通，為了運送石牛，五名力士使出逆天之力開鑿山脉，不久便開出一條連接巴蜀與關中的通道，稱為金牛道。

蜀國人把石牛搬回來放在那裏，過了很久都沒有拉出金子，這才知道上當了。

蜀王大動肝火，但蜀道已經開通，秦軍從此可以暢通無阻地進入蜀地，蜀地的天然屏障已經沒有了。

但蜀國有那五名力士在，秦國一時半會兒還不敢侵犯他們。

秦王知道蜀王貪戀美色，便又送給他五個美女，想用美人計迷惑蜀王。蜀王還是派那五個大力士去秦國接人。

五名力士帶著五名美女回蜀經過梓潼的時候，見到一條大蟒蛇正往一個山洞裏鑽。五人上前，拽住蛇尾巴，拚命向外拖，費了九牛二虎之力終於把蛇拖了出來。這時隨著一聲巨響，天崩地裂，山體崩塌，滾落的巨石把五名力士和美女一起壓死了。

「西當太白有鳥道，可以橫絕峨眉巔。地崩山摧壯士死，然後天梯石棧相鈎連。」

秦王聽說力士已死，認為消滅蜀國的時機終於成熟了。這就是「五丁開山」的傳說，「五丁」實際上代表著蜀國的工匠們。「五丁開山」的故事真實的含義是：秦國通過外交手段，騙蜀國派出工匠開鑿蜀道，蜀道開通以後，秦國馬上翻臉，通過蜀道把軍隊開入蜀地，正式展開滅蜀之戰。

公元前 368 年的時候，當時的蜀王杜尚把自己的弟弟杜葭萌封在蜀地北方漢中附近，建立了苴國，也叫葭萌國。

但這兩個兄弟國家的關係並不好，經常互相攻打。到後來苴國甚至跟巴國結盟，一起對抗蜀國，同時它們本身的國土也擴張了很多，四川盆地出

現了巴、蜀、苴三國鼎立的局面。

到了公元前 316 年，蜀國和巴、苴聯盟之間爆發大戰，蜀國在戰爭中佔了上風，打退了巴、苴兩國的軍隊，苴侯緊急逃到巴國，苴國面臨亡國的危險。

苴侯和巴王都向秦國請求援助，惠文王當然不想認真幫他們，只想趁機去蜀地撈一筆，於是找朝臣們商量。

當時公孫衍在韓國，眼看韓國就要變成合縱的中心，秦國正準備去打他們，順便威逼周王室交出九鼎，從此挾天子以令諸侯。但這時突然傳來蜀中大亂的消息，頓時打亂了秦國原來的計劃。

秦國朝堂上人們為先打蜀國還是先打韓國展開了激烈討論，張儀認為應該先打韓國，大將司馬錯認為應該先打蜀國。

張儀說：爭名者於朝，爭利者於市。韓國三川郡扼守周土畿的咽喉，正是天下的「市朝」，也就是天下的利益所在，打他們比打蜀國那種偏遠地區利益大得多了。

司馬錯的理由是：攻打韓國和周王室，必然引起東方六國聯手反抗，還落下一個「劫天子」的惡名。反觀巴蜀地區，擁有遼闊的土地和巨大的財富，「欲富國者，務廣其地；欲強兵者，務富其民」，打下蜀地以後，秦國的國土可以大幅擴張，還能搶一大筆財富，而現在蜀地正在發生動亂，秦國可以號稱他們的君王是「無道昏君」，以平亂的名義入主蜀地，東方各國無話可說，開疆拓土在此一舉，這是千載難逢的機會。

秦王最終接受了司馬錯的建議，宣佈響應苴國的「請求」，派司馬錯帶領秦軍從金牛道入蜀幫忙討伐「昏君」。

秦軍豐富的戰鬥經驗不是窮鄉僻壤的蜀國可以相比的，戰爭沒有任何懸念，不到幾個月的時間，秦軍就滅掉了蜀國，殺死了蘆子霸王和他的太子、國相等人。

這樣一個有幾百年歷史的異族國家，直接吞併會很難消化，所以秦國採取「蜀人制蜀」的策略，先把蜀地降為自己的藩屬，然後通過不停地移民，逐步同化、消化蜀地。

秦王找到蜀國的一個王子「公子通」，把他封為蜀侯，讓他去「管理」蜀地的居民，同時派陳莊到蜀侯手下為相，名為輔佐，實為監視，又派張若為蜀郡太守，作為蜀地實際的管理者。

一直到後來秦昭襄王時代，才撤掉了蜀侯的封號，把蜀地設置為秦國的一個郡。

蜀地從此永久並入華夏，開明王朝立國三百五十多年，歷經十二帝，至此絕嗣。

再說司馬錯，滅蜀之後，他繼續揮師東進，一舉滅掉苴國和巴國，把這兩國的土地也收入囊中。

消滅巴國，也是阻擋楚國擴張的重要一步，這次行動標誌著秦、楚兩國對巴國的百年爭奪戰終於畫上了句號。

巴國爭奪戰

巴國位於楚國和蜀國之間，早在夏、商時期就由當地居民建成，並且長期臣服於商朝。

但與蜀國不同，他們和中原王朝的聯繫要緊密很多。武王伐紂的時候，巴國是助陣的諸侯之一。周朝建立以後，分封列國也包括了巴國——姬姓，子爵，由周朝分封的國君統治這一地區，跟中原諸侯一樣尊奉周天子，定期納貢。

所以他們是一個介於番邦蠻族和華夏文化圈之間的國家，有點類似於楚國。

跟中原各國一樣，巴國從春秋時代就參與到列國紛爭中來，一直跟旁邊的楚國、庸國、鄧國打來打去。作為長江上游最大的兩個國家，巴國跟楚國的交鋒非常頻繁，時而為敵，時而合作，其中最著名的一次是滅庸之戰：公元前 611 年，楚莊王聯合巴國消滅庸國，瓜分了庸國的土地。

春秋前期，楚國的擴張重點一直在東部，跟巴國以長江三峽為界，暫

時相安無事。但到了春秋末期，楚惠王跟巴國爆發大戰，把他們徹底趕到長江上游。為了躲避楚國的威脅，巴國甚至多次遷都，最後把首都遷到了江州（今重慶）。

從此以後，巴國在東方只能防守，跟西邊的蜀國成為世仇，大大小小的戰爭數不清。

到了戰國初年，楚國開始掉頭回來向西方擴張，再一次從巴國手上搶奪土地。巴國只能再往西躲，但西邊的蜀國又比巴國強大，巴國開始陷入東西兩線作戰的尷尬境地，國勢也漸漸衰落。

這期間巴國出了一位著名的烈士——巴蔓子。當時巴國發生內亂，形勢極端危急，因為巴國跟楚國有聯姻，巴國將領巴蔓子就親自去楚國請求支援。楚國當然不會免費幫忙，要求巴國割讓三座城池給楚國，才肯發兵，巴蔓子沒有請示國君，一口答應了楚國的要求，於是楚國出兵幫助巴國平定了內亂。

事後楚國來討要三座城池，但割讓城池是巴蔓子自己的許諾，巴國政府當然不會同意。

一邊是國家利益，一邊是做人的誠信，怎麼辦？巴蔓子說：「巴人非常感謝楚國的幫助，但城池是不可能給的，我既然對楚王承諾過，就用我的人頭代替三座城池吧。」於是自刎身亡，讓人把自己的頭顱交給楚國。

楚王被巴蔓子的忠義打動，感歎道：「能得到巴蔓子這樣的忠臣，還要甚麼城池？」於是不再索要城池，用上卿的禮節厚葬了巴蔓子的頭顱，巴國那邊也用上卿的禮節安葬了巴蔓子的身軀。

巴蔓子從此成為巴國著名的民族英雄，被永久懷念。

為甚麼巴蔓子寧死不肯割讓三城呢？據說這三城裏面包括魚邑、巫邑，那裏有重要的寶源山鹽泉。

巴國的土地基本都是山地，農業不發達，但他們擁有豐富的鹵水資源，是內陸地區最重要的產鹽地。鹽業貿易是利潤非常豐厚的行業，是巴國主要的經濟來源，當然也引起周邊各國的眼紅。

巴國境內有三個最主要的鹽泉：寶源山鹽泉、伏牛山鹽泉、清江鹽

泉。楚國，還有蜀國，跟巴國的衝突也主要是圍繞鹽泉的爭奪。

楚國的策略是一步步蠶食巴國的領土。

早在春秋後期，楚國就已經佔領了夷陵附近的清江流域，控制了清江鹽泉。

公元前 377 年，巴、蜀聯軍攻打楚國清江地區，希望奪回鹽泉，但被楚國反擊打敗。

公元前 361 年，楚國攻打巴國南部黔中之地，佔領了伏牛山鹽泉。

到了楚威王時期，楚國大軍沿著長江溯流而上，攻佔巫山地區，把巴人徹底逼到長江三峽以西，順勢佔領了寶源山鹽泉。

每一座鹽泉的失守，都會打擊巴國的經濟，三大鹽泉全部被佔領以後，巴國的國力也就不可挽回地墜下懸崖了。

接下來就很快了，楚國一路向西推進，甚至攻佔了巴國首都江州，巴國的生存空間被一再壓縮，國力也不斷地下滑。

這時候楚國已經佔據了四川盆地和漢中的東邊。

終於在公元前 316 年，蜀國、苴國、巴國爆發大戰，秦國借平亂的名義，出手消滅了蜀國、苴國，順道也消滅了巴國，擄走他們的國君，佔領了他們僅剩的領土，佔據了四川盆地和漢中西邊。

三國互相爭鬥這麼多年，卻被外來的敵人一網打盡，數百年積累的財富全部淪為敵人的戰利品，都為他人做嫁衣了，早知如此何必當初呢？

此戰之後，秦國不僅領土翻倍，更佔據了成都平原這個重要的產糧地，物資上獲得極大的補充，戰爭的後勁也就更足了。在佔領長江上游以後，可以沿江而下攻打楚國，從而在地理上擁有了對於楚國的優勢。

秦惠文王還記著韓國收留公孫衍的仇，拿下巴蜀以後，終於騰出手來，準備去找他們的麻煩。

不過這時候國際社會又曝出一條大新聞——燕國發生動亂，齊國與燕國爆發大戰了！

一次離譜的禪位

先說說燕國跟齊國的百年恩怨。齊國的地理位置很好，是秦國以外最優渥的，但他們也面臨一個很大的困境，就是沒有擴張空間。他們背靠大海，擴張空間天生有限。春秋時代還好，有一堆小國可以吞併，到了戰國時期，小國已經被消滅得差不多了，再要擴張土地，就會受到嚴重阻礙：西邊的魏國長期稱霸，不可侵犯；趙、韓兩國又跟魏國剪不斷理還亂，惹了其中任何一個，都有可能出現被三晉圍毆的情況；中原的鄭、宋、衛幾個小國已經被三晉和楚國預定了，試圖去吃掉他們也有被各國圍毆的風險；南方有楚國這隻大鱷擋著，更沒法擴張。

這樣算下來，齊國唯一可能的擴張方向就是北邊了。

北方的燕國一直是個昏昏欲睡的國家，要吞掉他們本來不難，但三晉，特別是趙國絕對不答應，所以齊國絞盡腦汁跟他們鬥智鬥勇。

從戰國初年開始，齊國就一直在找機會從燕國手上搶地盤，但每次都會被三晉強行攔下來，齊國每次都被揍得灰頭土臉。但是擴張是必須的，這個時代誰的地盤小誰就要受欺負，甚至被人吃掉，所以下一次趁三晉忙不過來的時候，齊國又出動……於是這樣反反復復，雙方的拉鋸戰一直在持續。

齊國幾十年的對外關係，就是不停試圖擴張又不停被三晉擋回來的歷史。當然這也就能解釋為甚麼齊國會無視秦國這個潛在的巨大威脅，樂於充當山東六國裏面的攪屎棍，不停找三晉的麻煩，破壞合縱聯盟。

直到戰國中期，魏國衰落以後，齊國才終於擺脫了三晉的糾纏，可以比較順暢地打擊燕國了。但這時候的燕國本身也有了一些實力，再加上趙國強力阻攔，齊國要侵犯燕國還是有很大難度。

前 333 年，燕文公病逝，燕易王登基，齊國趁著燕國國喪的機會又去侵略他們，這次齊國獲得大勝，奪下燕國十座城池。燕易王沒辦法，只好派使臣去遊說齊宣王：「下臣聽說，即使快要餓死的人也不肯去吃有毒的食物，因為那樣只會死得更快。現在燕國雖然弱小，卻是秦國的親戚（燕易王是秦惠文王的女婿），就好比有毒的食物，齊國吞下燕國的城池，必然會跟

秦國結仇。燕國在前做引導，秦軍隨後長驅直入，必然給齊國帶來大禍。

「大王不如歸還燕國的城池，燕國必然感激大王的恩德，秦國聽說大王因為他們的緣故而歸還城池，也會很滿意，以十座城池換來兩國的交好，正所謂轉禍為福，因敗為功，請大王三思！」

當時已經逐漸出現了齊、秦爭霸的苗頭，對於秦國的威脅，齊宣王是很忌憚的，當然不願意為了十座城池引發跟秦國的火拚，所以聽到這番說辭以後就歸還了燕國的城池。

後來到了燕易王的兒子燕王噲（有一種說法認為燕王噲就是燕易王）的時候，他把一個兒子派到齊國去做人質，讓謀士蘇代跟著，陪伴質子。

有一次蘇代從齊國回來，燕王噲問他：「齊宣王這人怎麼樣？有能力稱霸嗎？」

蘇代回答：「齊王不可能稱霸，因為他不信任自己的臣下。」

燕國的頭號權臣是子之，燕王聽了蘇代的話，似乎明白了甚麼，從此更加信任子之了。但蘇代很有可能是跟子之勾結好的，他們是兒女親家，蘇代去齊國也是子之安排的結果。除了蘇代之外，其他人也不停在燕王身邊吹風，大肆吹捧子之，還鼓吹上古明君退位讓國的高尚情操。當然他們背後可能都是子之在鼓動。

這之後，子之在朝廷裏的權勢越來越大，漸漸有蓋過燕王的趨勢。

終於在公元前 318 年，燕王噲做出了一個震驚國際的決定 —— 禪位子之！

根據傳說，上古的三皇五帝都是通過禪讓來實現政權交接的，禪讓也一直被認為是一種無比偉大的傳統。

燕王噲不知是老糊塗了還是甚麼原因，憑著對上古太平盛世的無限遐想，渴望自己也當一個被後世頂禮膜拜的「賢君」，竟然做出這種離譜的事情。

但他有很多地方都沒有考慮到 —— 首先，讓位給一個沒有血緣關係的大臣，別的國家會怎麼想？他們的大臣們都在虎視眈眈等著，正愁沒藉口搞掉國君，這樣的事情正好給了他們一個篡權的榜樣。這個口子一開，以後會

有多少權臣打著「禪讓」的旗號謀權篡位？這是其他各國絕對不能容忍的。

再有，堯舜禹的禪讓有一個共同的前提，即繼任者必須有足夠的實力和威望，禪讓不應該是一種饋贈，而應該是水到渠成的事。繼任者如果實力不够，禪讓是一定會失敗的。

子之現在就是這種情況。他們家族在燕國根基並不深厚，他本人也並沒有達到隻手遮天的程度，燕王噲的兒子太子平，也得到了許多大臣的支持，這時強行禪讓一定會招來激烈反抗。

燕王噲當然也想到了這一點，但他為了解決這個問題，做出一個更加離譜的決定：一次性免除滿朝文武的官職，讓子之重新組建自己的政府班底。

這等於把燕國的整個權貴階層集體「禪讓」了！消息一出來，天下大嘩，權貴們紛紛起來反抗，聚集在太子平的大旗之下，雙方矛盾愈演愈烈。終於在子之執政三年之後，太子一派人跟子之的支持者們爆發激烈衝突，燕國內亂就此爆發，史稱「子之之亂」。

太子平一面指揮大將市被去攻打子之，一面向齊國緊急求援。這時候齊宣王那邊也有點糾結。秦惠文王前兩年拿下巴蜀以後，就在磨刀霍霍地準備去收拾韓國。但韓國跟齊國已經結盟，雙方大概簽定了類似盟友互助的協議。所以齊宣王聽說秦、魏兩國要聯手攻打韓國，馬上準備去救援。

這時候齊國卻接到了燕國太子的救援信息。手下人就對齊宣王說：「大王不如先別管韓國了，讓他們去打，韓國一旦危急，趙國、楚國必定去救，一時半會來不及趕回來，我們趁機去打燕國，燕國失去了趙國的幫扶，就是我們砧板上的肉。」

齊宣王想起前些年燕國跟齊國結下的仇，齊國不敢打燕國，不就是因為他們是秦王的女婿嗎？現在燕王都下台了，秦國又在忙著打韓國，現在打燕國不是最佳時機嗎？

於是齊宣王同時答應了韓國和燕國太子的求援，兩撥人都興高采烈地回去覆命。

韓國仗著有齊國援助，腰杆很硬，決定跟秦國對決到底。

燕國太子平也仗著齊國撐腰，大舉進攻子之。

但他們都沒料到，齊國誰都不救！齊國只在旁邊看著，靜待事態發展。

秦、魏、韓在濁澤展開大戰，韓軍在秦、魏聯軍的猛攻之下，迅速崩潰，趙、楚兩國一看不對頭，趕忙去援助韓國。

趙國大軍一出動，齊軍立馬行動，但方向跟趙軍相反，直撲燕國！中山國也出動了，趁火打劫佔領燕國大片領土。燕國國內這時已經亂成了一鍋粥，敵對雙方帶著自己的支持者們打得天昏地暗，最終老謀深算的子之一夥打敗了市被和太子平的軍隊，市被被殺，太子平逃進深山躲避，子之眼看就要篡位成功了。

這時候齊國兵馬的到來使戰局徹底扭轉。

燕人忙著內鬥，誰也沒心思抵抗外敵，各地城門大開，望風而降，齊軍如入無人之境，一個月之內就推進到薊城。

極度疲勞的燕國軍隊根本擋不住齊軍的進攻，兵敗如山倒，齊軍在燕國土地上橫衝直撞，焚燒宗廟，大肆劫掠，最後成功活捉子之，把他押解到齊國處以醢刑（剁成肉醬），燕王噲也在驚恐中自縊身亡。

權力這枚果子真的不好吞，沒有實力的情況下硬要吞下去，只會惹來殺身之禍。

這場動亂前後綿延幾個月，死亡數萬人，燕國社會遭到沉重打擊，基本上是一場滅國大禍。

但齊國想就這樣吞下燕國也沒門。趙武靈王發現上當以後，緊急撤回軍隊，這時候他手裏還有一枚重磅棋子。

燕國的太子平已經在動亂中身亡了，另外還有公子職在韓國當人質。趙武靈王當機立斷，火速派人去韓國接回公子職，讓大將樂池把他送回燕國接任王位。公子職是燕王噲和秦國公主生的兒子，他來繼位名正言順，燕人都很歡迎，背後更有秦國、趙國支持，誰敢反對？

趙國的樂毅又積極謀劃，跟楚、魏結成同盟，號稱要聯手攻打齊國，討伐他們侵略燕國的罪行。

但他們也只是說說而已。趙武靈王相當精明，他要干涉燕國內政，但

不肯為此消耗趙國的國力，就對公子職說，趙國的軍力不足以打敗齊國，建議他向外公秦惠文王求救。公子職於是派人去秦國求援，惠文王果然出兵幫忙。

至此，趙、楚、魏、秦全部介入燕國事務，強勢逼迫齊國退出。齊國軍隊在燕國土地上橫行霸道的行為引發燕人的激烈反抗，本就鎮壓不住了，又面臨國際社會的強大壓力，終於無法在燕國立足，只能撤走。

公元前 312 年，公子職繼位，是為燕昭王。燕國的動亂終於平息了。戰亂中燕國民眾受盡傷害，但他們也是幸運的，齊、趙兩大國掰手腕的結果，使得燕國在重重危機中奇跡般地倖存下來，並且迎來了一位年輕有為的雄主——戰火中登基的燕昭王即將帶領燕國人重振國威，找齊國報仇雪恨。

齊宣王費盡心思，最終也沒能吞掉燕國，反而跟燕國結下更大的仇恨，報應即將到來。

趙武靈王在這次危機中的精準判斷，使趙國成為最終的贏家，在跟齊國爭奪燕國的較量中取得優勢。從此以後，燕、趙成為穩定的盟友，徹底封死了齊國北進的道路，趙國的周邊環境大大改善，國力也穩步提升，開始在七雄中顯山露水。

出賣盟友的大國

齊國攻打燕國的時候，韓國正在濁澤跟秦軍鏖戰。秦國的目的在於給山東六國一個警告：誰敢倡導合縱，秦國就跟誰過不去，既然韓國敢收留公孫衍，就必須承擔相應的後果。

所以秦國雖然打的是韓國，實際上卻是在打合縱聯盟。按理說山東六國看到這種情形都應該大力援助韓國才對，但齊、楚兩個老大繼續表現出萬年不變的自私和狹隘。他們確實都答應援助韓國，但都在耍小聰明。齊宣王不用說了，援助韓國只是幌子，私底下盤算的是讓濁澤戰場吸引國際社會的目光，自己好暗渡陳倉去偷襲燕國。

楚國的情況更加複雜。

巴蜀地區被秦國納入囊中以後，秦、楚兩國在地理上的關係已經發生了根本性的變化，雙方開始直接碰撞，而秦國佔據長江上游，隱隱約約有了威脅楚國的態勢。

而楚國那邊，顢頇的楚懷王這些年一直在打三晉的主意，總想趁三晉被秦國飽揍的機會衝過去撈一些便宜，便宜倒也確實撈到了一些，但卻把三晉逼得更加倒向秦國一方。

在三晉心裏，楚國跟秦國一樣都是虎狼之國，秦國還稍微強大一點，兩隻猛虎同時過來爭咬自己，反抗肯定是不行的，只能歸順其中更強的那隻，幫他去咬另外一隻，這是唯一的保命策略。

所以當秦國大軍撲過來的時候，公仲朋就對韓宣惠王建議：「秦王心裏恨我們，但更恨楚國，不如趕緊投降，割讓一些土地，勸他們發兵去打楚國。」

韓宣惠王依計行事，派公仲朋去跟秦國講和。

楚懷王聽說以後，大驚失色，他這麼多年一直在看韓、魏這些小兄弟的笑話，到現在才發覺，楚國之所以安全，似乎全靠三晉在前面擋著。難道三晉倒了以後，下一個就要輪到我們了？

他趕緊找陳軫商量。陳軫這時已經離開秦國，在楚國當令尹，他對楚王說：「大王你才發覺秦王最忌憚的是我們？現在韓國投降了，甚至說要出兵幫助秦國，接下來當然要來伐楚了。於今之計，不如趕緊點起全國兵馬，號稱要去援助韓國。

「韓國看到有我們撐腰，才會鼓起勇氣跟秦軍戰鬥，就算不敢跟秦軍作對，他們也會三心二意，不誠心投靠秦國，至少離間他們跟秦國的關係是沒問題的。」

楚懷王採納了他的建議，一場轟轟烈烈的「援韓」表演在楚國發動起來。兵車密密麻麻地塞滿了道路，看起來是準備打一場大仗的樣子。同時派人去遊說韓宣惠王，拍著胸脯保證：「我們一定會幫助你們抗秦的，請你們堅持到底！」

韓宣惠王果然上當，重新又激起了抵抗秦國的勇氣，緊急叫停了公仲朋出使秦國的計劃。公仲朋把楚國的把戲看得清清楚楚，苦苦勸說，無奈韓宣惠王怎麼都聽不進去，徹底掐斷了跟秦國談判的通道。

後來的事情當然就在預料之中了，秦王大怒，派重兵撲向韓國，韓國幻想中的齊、楚援軍一個都沒來，韓軍在岸門遭到慘烈的圍剿，又一次大屠殺上演了！

秦軍斬殺上萬人，韓國再一次遭遇沉重打擊，公孫衍也只好再一次逃走。最後韓宣惠王只好把太子倉押送到秦國去乞求原諒，自此再也不敢作亂，老老實實跪倒在強秦面前。

這次戰爭，可能只有魏國站到了韓國一方。隨後魏國就遭到秦國報復，秦國派樗里疾又一次洗劫魏國的河東地區，把前些年還給他們的焦邑和曲沃又奪了回去。

魏國立馬也給跪（投降）了，也趕緊求和。秦國這時對他們早已是想打就打，想拉就拉，甚至指名道姓要他們立自己選的人為太子，他們對此無可奈何，只能一口答應。

第二年，秦軍順勢掃向趙國，奪取藺邑，俘虜趙國大將趙莊，趙武靈王也只能打掉牙和血吞。

到這時為止，合縱聯盟已經被拆得七零八落，特別是三晉，個個被打得沒脾氣，戰戰兢兢地伏在秦國腳下聽候差遣，張儀謀劃的連橫局面初步形成。

秦國逼迫魏、韓當打手，組成三國同盟，對面是死到臨頭不自知的齊、楚，第一次連橫對決正式來臨。

張儀欺楚

秦國有一套嚴密的計劃。他們先把魏、韓兩個小國打趴下，逼迫他們服從自己，然後藉助他們的力量和地理優勢去打東邊各國，這種借力打力的

做法正是連橫的精髓所在。

不過東方的齊、楚實力都很強，兩者還結成聯盟，要一下打掉他們代價太高了，所以得想辦法先拆散他們，再各個擊破。

幸好楚國有個特別蠢還喜歡自作聰明的國君，這是他們的軟肋，所以秦惠文王就從這個方向下手。

這時就輪到張儀出馬了，他被派到楚國去遊說楚懷王。當時秦、楚矛盾的焦點在於商於之地的歸屬。商於之地本來是楚國領土，春秋末年被秦國佔領，曾經被秦孝公封給商鞅，商鞅的「商」字就來源於此。

在漢中以東，秦、楚、韓交界的位置，沿著丹水有一條狹窄的道路，這是從秦國關中平原通往楚國南陽盆地的交通要道。向西，通過嶢關，可以迅速來到咸陽城下；向東，沿著山谷，盡頭是楚國的「方城」，方城以內就是楚國腹地。所以對於雙方來說，這裏都是一個兵家必爭之地。基本上誰控制了丹江通道，誰就掌握了戰爭的主動權。

現在丹江通道被分成兩半，西邊一半就是商於之地，在秦國手裏，東邊一半在楚國手裏，兩國在中間的武關對峙，都修築了嚴密的防禦工事。

但由於這裏地形西高東低，雙方的地位並不對等，秦國的商於之地處於居高臨下壓迫楚國腹地的態勢，因此楚國一直想把它奪回來。

張儀來到楚國的時候，齊楚聯軍剛剛從秦國手上奪下曲沃（本來是魏國土地，上一年才被秦國奪走），然後順勢西進，逼近商於之地，在那邊跟秦軍對峙。

張儀當然知道楚國最想要的是甚麼，也知道秦王最迫切的願望是拆散齊楚聯盟。

所以他一上來先大大地吹捧了一番楚懷王，表示秦王最欣賞的人就是楚王您，我張儀最仰慕的也是您，同時秦王最恨齊國，早就想收拾齊國了：「我們大王一直想跟您結交，只是您一直被齊國蒙蔽，幫著他們來為難我們，使得我們沒法跟您交好。

「現在只要大王跟齊國絕交，下臣馬上說服秦王，讓他把六百里商於之地送給楚國，兩國共結同心，一心抗齊。對於楚國來說，既獲得商於之地，

又得到秦國的感激，還能削弱齊國，同時帶來三大好處，何樂而不為？大王您意下如何？」

這番話勾起了楚懷王的貪慾，自己發動千軍萬馬都拿不下來的商於之地可以輕鬆到手，這個誘惑太大了，所謂的齊楚聯盟算甚麼呢？他立即答應了張儀的請求。

楚懷王非常感激張儀，隆重地設宴招待他，據說楚懷王甚至把楚國的相印都給了他，張儀在理論上也成為了楚國相國。

楚國滿朝文武紛紛誇讚懷王的「英明決策」，只有陳軫站出來反對：「這件事未必靠譜。秦國之所以畏懼我們，是因為我們跟齊國有盟約，一旦我們廢除了跟齊國的盟約，秦國何必再怕我們？到時候張儀一定會毀約，那麼我們只能跟秦國結仇，同時跟齊國也斷絕來往了，這樣的形勢是很兇險的呀！

「依微臣之見，我們不如先表面上跟齊國絕交，暗地裏還是保持聯絡，然後派人跟著張儀去秦國，等拿到土地以後再真的與齊國絕交也不遲。」

但被貪婪蒙蔽了雙眼的楚懷王根本聽不進陳軫的勸告，毅然派使者去齊國宣佈斷絕外交關係。

懷王也派了使者跟著張儀回秦國辦理接收土地的手續，哪知張儀一到咸陽，「哎喲」一聲就從車上摔下來，崴了腳，然後向秦王請假，回家休息去了，割讓土地的事情就這麼擱下了。

這一休息就是三個月，楚國使者到處詢問都沒人理他，也沒法回楚國覆命。

楚懷王那邊等得毛焦火辣，但一直得不到使者的回覆，轉念一想：是不是因為張儀懷疑我沒有真正跟齊國絕交呢？於是他一拍腦袋，派了一個不怕死的使者宋遺去齊國，這次就做得更絕了，要他當面辱罵齊王。

齊宣王那邊看到楚國使節來了，正要好好接待他，哪想到宋遺上來就對著宣王一頓臭罵，數落他們這麼多年得罪楚國的罪行，宣王暴跳如雷，當場摔掉他的符節，宣佈跟楚國斷交。

這才是張儀要等的消息。消息傳到秦國以後，張儀馬上活蹦亂跳地出來了，等了很久的楚國使者找到他詢問割地的事，張儀很乾脆地回答：「割

地？沒錯啊。在下有六里封地，這就送給你們大王。」楚國使者說：「你這不是耍流氓嗎？六百里地怎麼變成六里了？」張儀白眼一翻：「你們大王聽錯了，我哪裏說過割讓六百里地？說的是六里！而且秦國的土地我哪有資格割讓？只能把我自己的封地送給你們罷了。」

楚國使者氣得七竅生煙，只好回國照實稟報，楚懷王氣得差點沒吐血，這才知道上了張儀的大當，簡直恨不得食其肉寢其皮，此仇不報，何以為人？懷王當即點起兵馬，直撲秦國。

秦楚大決戰

從春秋時代開始，秦、楚兩國就是友好國家，為了對付共同的敵人晉國以及後來的魏國，他們常常聯合起來。

但到了楚懷王的時候，魏國已經衰落成了二流國家，共同的敵人不存在了，秦、楚兩國的勢力範圍又已經大面積重合，所以兩國實際上已經成為了彼此最大的對手。

可惜只有秦國察覺到了這個事實，腦滿腸肥的楚懷王還蒙在鼓裏，這才有了被張儀欺騙的事。

發覺上當以後，楚懷王也終於意識到：原來在秦國眼裏最大的敵人是楚國，三晉早已倒向了秦國那邊，現在楚國才是抗秦的最前線。

但他的覺悟來得太遲了。秦國已經認準了楚國，打的就是你！

公元前 312 年，秦、楚丹陽之戰爆發。

這場戰爭實際上是秦國帶著魏、韓兩個小弟，跟齊、楚聯盟的決戰。

楚國先派大將屈丐圍攻於中，這是商於之地的邊緣；同時派柱國景翠包圍韓國的雍氏，牽制秦國。國際社會迅速站隊，齊國積極響應楚國，聯合宋國進攻魏國的煮棗；楚國的老對手越國則贈送大量軍事器材給魏國。

秦國早有準備，派出樗里疾、魏章、甘茂從三條戰線迎戰。樗里疾出函谷關，前往雍氏，反圍困景翠的軍隊；魏章從商於之地殺出，經過丹江通

道，攻打楚國的析邑；甘茂從南鄭殺出，進攻楚國西部。

這三條線路覆蓋了秦、楚相爭的三個方向：

樗里疾走的是秦國進攻中原的傳統方向，出函谷關以後跟韓、魏會合，共同迎戰楚軍。這裏也是三晉一直以來跟楚國交鋒的主戰場，不過現在由秦軍帶領三晉跟楚國人打。樗里疾很快取得勝利，不僅解了雍氏之圍，還帶領韓、魏軍隊南下，跟魏章會合。

魏章本來是魏國人，後來被張儀推薦給秦王，也是秦國招羅各國人才的成果之一。他率軍出武關後，進入丹江通道的楚國段，正在攻打武關的楚軍遭遇大敗，秦軍沿著丹江通道追殺，楚軍且戰且退。丹江通道的盡頭是楚國的析邑，那裏有楚國的長城「方城」，防守極其嚴密，楚軍顯然想在這裏絞殺秦國追兵。

魏章卻沒有繼續挺進析邑，而是向南沿著丹水，繞開方城，直撲楚國西部重鎮丹陽。丹陽背後就是開闊的南陽盆地，這裏一旦失守，楚國整個腹地將全部暴露在秦軍兵鋒之下。

到這時，戰爭局勢就變了。屈丐大駭，急忙回撤防禦丹陽，但已經失了先機，變成了楚軍去攻打丹陽。同時屈丐剛一撤走，北邊樗里疾的軍隊就殺過來了，直接突破方城的防禦工事，追到丹陽，跟魏章會合，兩支軍隊共同夾擊屈丐。

樗里疾是這個時代的戰神，楚國大軍無法抵擋，在丹陽遭遇慘烈的屠殺，被斬首八萬人，主將屈丐被殺，七十多名將領被俘虜，這是楚國百年以來最慘痛的一次失敗。

這時候甘茂的軍隊也已經從漢中殺出，佔領楚國的安康盆地和上庸。秦嶺和大巴山脈由西向東分成漢中盆地、安康盆地和上庸三塊。秦國本來已經佔據漢中盆地了，現在再拿下另外兩塊，就可以佔據整個漢中地區，從此居高臨下，直接逼視江漢平原。

北方的戰事還在繼續。秦、魏、韓聯軍解除了雍氏的圍困後，順勢向東推進，趕跑正在圍攻煮棗的齊、宋聯軍，隨後在濮上大敗齊軍（但史書上又記載這時的齊國跟秦國是友好狀態，此處存疑），活捉齊國大將聲子，再

一路推進，攻打燕國本土，另一支部隊則攻打衛國，幾乎要一次吃掉整個中原！

公元前 312 年，秦師在中原大地上肆意衝撞，無人能擋。這是秦國第一次徹底掃蕩中原列國，讓東方所有國家都見識到了秦師的恐怖戰鬥力。

這也是連橫政策的勝利。秦國能夠以如此迅猛的速度推進到中原核心地帶，其實是藉助了韓、魏兩個帶路黨的力量，在這種借力打力的策略之下，齊、楚兩大國合力也扛不住了。

東方各國即將全體投降，但天意顯然不希望秦國如此迅速地統一天下。

就在秦軍快刀斬亂麻地掃蕩山東六國的時候，偉大的秦惠文王走到了生命的盡頭。秦國朝堂上一時暗流湧動，太子蕩與張儀有很大矛盾，病牀上的秦惠文王已經無法保護張儀，各方勢力展開了激烈的角逐。

而前線的魏章和甘茂都是張儀舉薦上來的。後方朝廷裏的權力鬥爭，顯然對前線的士氣構成了嚴重打擊。

秦國本身也有些大意。他們以為楚國已經被打垮了，便把注意力全都放在了東部戰線上，從關中到燕趙，直線距離接近兩千里，這一條戰線拉得實在太長了。

狂怒狀態的楚懷王趁這個機會再次徵召兵馬，再度殺向商於之地——這個地方對他刺激太大了，說甚麼也一定要拿下來。

秦軍去年剛沿著丹江通道攻入楚國本土，根本沒想到他們這麼快就順著這條線打回來了，秦軍的主力還在遙遠的東方，丹江通道防守薄弱，沿途的守軍很快崩潰。

楚軍沿著丹江通道飛速推進，瞬間攻破武關，接著席捲整個商於之地，然後攻破丹江通道盡頭的嶢關，直逼藍田城下。

藍田背後就是一馬平川的渭河平原，再往西一百二十里就是咸陽，中間沒有阻擋，咸陽告急！

現在輪到秦國緊張了，他們萬萬沒想到局面反轉得如此之快。東方，樗里疾的軍隊緊急回撤，但顯然來不及了，秦國只能用守衛關中的兵力急速趕到藍田防守。兩大國在藍田展開決戰，秦軍佔據上風，但楚國的援軍正源

源不斷地沿著丹江通道趕過來。楚懷王明白，就算打進關中，也很難給秦國造成毀滅性的傷害，自己的軍隊反而可能面臨被甕中捉鱉的危險，但他已經殺紅眼了，只想拚死給秦國人一個教訓。

面對賭上國運拚死一搏的楚懷王，秦國的壓力也很大。難道真要在咸陽城下抗敵了？韓、魏兩個小弟會不會趁機倒打一耙？魏章這樣外國來的將領會不會臨陣反水？

更嚴重的問題是，這時秦惠文王病危，無法發號施令，而朝廷裏的權力鬥爭正是一觸即發的狀態。

好在秦國還有另一張牌。東方六國永遠是一盤散沙，不會真正團結的。

韓、魏兩國這些年夾在大國中間受氣，已經恨極了楚國。現在楚國拿出全國兵力跟秦國拚命，楚軍全部擁入丹江通道，楚國本土已經空了，這正是報仇的絕佳機會。

他們立即派兵截斷楚軍後路，兩國聯軍從北方攻入楚國腹地，在完全不設防的南陽盆地橫衝直撞，一直打到鄧邑──這地方已經在丹陽以南一百多里，再往南穿過漢江通道便直達楚國都城郢都了，這是楚國不得不救的局面。

這一刻，秦、楚兩國的國都同時面臨陷落的危險！楚國向齊國緊急求援，希望他們出手拖住韓、魏。

但齊宣王不知是被打怕了，還是仍舊記著楚懷王跟他斷交的仇恨，沒有動靜。

山東六國到這時仍然各懷鬼胎，後來被秦國挨個消滅，也實在是咎由自取。

這時楚懷王就算有再大的怨氣也沒法任性了，只好趕緊撤軍，回防郢都。而秦軍趁勢掩殺，再度取得大勝，收回了商於之地，局面又一次反轉。楚國只好趕忙求和，割讓兩座城池，這時大家都已經極度疲憊，秦國也打不動了，雙方各自休兵。

第二年，緩過氣來的秦國再度出手，攻佔楚國的召陵，報了去年的仇。楚懷王沒脾氣，只好咽下這枚苦果。

　　秦、楚之間的這場大戰終於畫上了句號。楚國幾十年積累下來的強大國力受到嚴重削弱，從此以後，東方再沒有哪個國家可以單獨對抗秦國了，抱團取暖成了唯一的選擇。

　　這次戰爭也讓天下各國見識到了連橫的強大威力。秦國本身的力量是不足以一次性碾壓山東六國的，但山東六國的勾心鬥角給了秦國機會，所以六國是敗在自己的不團結上面，這次失敗讓六國再一次反省，重新考慮合縱的可能性。

　　另一方面，秦國自己其實也在這次戰爭中損失慘重，差點被人攻進關中，不免驚出一身冷汗，這也讓他們認識到楚國內部蘊含的巨大潛力。再加上秦惠文王正好過世，秦國不得不調整對外政策，暫時改變了前些年四面出擊的姿態。

　　秦國被削弱的後果立即在國內表現了出來，藍田之戰剛剛結束，蜀地就叛亂了，秦國內部開始風雲激蕩……

第九章

風雲激蕩

二年成邑，三年成都

公元前 311 年，被秦國吞併不久的蜀地發生叛亂。這時候蜀國名義上的統治者是蜀侯通國，他可能是之前蜀國的王子，也有說法認為他是秦惠文王的兒子。秦國派陳莊輔佐和監視蜀侯通國，但這幾年楚國背地裏搞了不少小動作，可能暗暗在跟陳莊勾結，鼓勵他反叛。

到了丹陽、藍田之戰的時候，陳莊看到秦、楚兩大國火拚激烈，即將出現兩敗俱傷的局面，機不可失，他立即出手，先殺掉蜀侯通國，然後帶領蜀地的遺老遺少們發起叛亂，希望擺脫秦國，自己當蜀王。

但他嚴重低估了秦國的實力，也算錯了秦、楚交戰的時長：依靠韓、魏的幫助，秦國竟然在很短的時間內就打退了楚國的進攻。

等這邊揭竿而起的時候，藍田之戰已經結束，於是他只能單獨對抗強大的大秦帝國。

病榻上的秦惠文王派出張儀、甘茂、司馬錯進入蜀地平叛，蜀郡太守張若也積極響應，陳莊的叛亂沒有多久就被鎮壓下去了。他因為誤判時機，過早暴露了自己反叛的野心，最終全盤皆輸。

這次叛亂反而給秦國提供了一個很好的藉口，他們可以更加嚴密地控制蜀地了。

秦王派公子惲接任蜀侯，並且讓張儀在蜀地展開大規模建設，以籠絡人心。

張儀是個文武雙全的鬼才，他給蜀地帶來一份大禮。當時蜀地還是一片蠻荒，為了向蜀地居民展示自己的誠意，秦國政府下血本，由張儀主持，在原來古蜀國的都城遺址上建起成都、郫城和臨邛三座城池。

其中成都是按照咸陽的規模修建的，分為大城和少城，城市格局相當先進，「周回十二里，高七丈，造作下倉、上皆有屋，而置觀樓、射蘭」，極其宏偉而富麗，是當時天下最豪華的都城之一。

考慮到蜀國不久前還是化外之地，這種規模的建設工程成效是十分驚人的，很快就把蜀地帶入了文明社會，從此追上中原的發展腳步，並且永久

地成為華夏經濟中心和人才輸出地之一。

這是利在千秋的偉大功業，秦國雖然帶給天下無盡的殺戮，但也確實對得起蜀地百姓。

安排好建設工作以後，張儀回到咸陽，卻敏銳地察覺到這裏的風向有些變了。

張儀的最後一計

惠文王病重，即將登基的太子蕩是個武夫，身邊跟著一群腰圓膀闊的力士，整天咋咋呼呼的，對於那些油嘴滑舌的說客正眼也不瞧。

張儀是個人精，他馬上感覺到山雨欲來。於是他勸說惠文王跟楚國和好。怎麼和好呢？把去年搶到的半個漢中還給楚國。

半個漢中，也就是上庸和安康盆地，那是甘茂拚死打下來的。他一聽張儀想要還給楚國，頓時火了，噌地一下跳起來，找到秦王理論：「大王別聽張儀挑唆，難道還有人為了土地太多發愁的嗎？歸還漢中不是不可以，但要等天下大亂的時候，用歸還漢中交換楚國的友好，如果現在把漢中還了，到了天下大亂的時候，我們拿甚麼跟楚國交換？」

甘茂考慮得很周詳，至於張儀，他分明就是在出餿主意，坑秦國。為甚麼絕頂聰明的他會出這樣的昏招？這跟他一向的立場有關。張儀一直主張先拉攏楚國，把擴張的主方向放在韓國那邊，向韓國推進，一路推到周王的洛邑，先滅周室，遷九鼎，再圖謀天下。

再從陰暗的方向揣測，張儀可能有這樣一種考慮：秦國以後可能待不下去了，得給自己留條退路。前幾年把楚國得罪得太狠，趕緊跟他們修補關係，以後還能跑去楚國繼續做官。他是一個滑頭的人，給自己留條後路總是沒錯的。

但他的想法卻跟太子蕩不謀而合。太子年輕氣盛，急著建功立業，要想建立威名，最直接的辦法就是幹掉周王室。所以他也希望跟楚國和好而把

擴張目標放到韓國身上，因此張儀的提議得到太子盪的全力支持。

商議的最終結果，各退一步，還是要把半個漢中還給楚國，當然並不是白給，而是要楚國拿黔中的土地來交換。

不料楚懷王聽到這個提議，想也不想就拒絕了：「我寧可不要漢中，我只要張儀，你們把張儀那小子交給我，我就跟你們和好。」

以楚懷王的智力水平來說，提出這種方案是可以理解的。但秦惠文王就為難了，他寵幸張儀一輩子，末了就這樣把人家賣了？

但張儀絲毫不懼，大大方方地對秦王說：「大王放心，微臣自有辦法──楚王有個寵臣，叫靳尚，跟微臣關係很好，他又得寵於楚王的愛姬鄭袖，只要能讓他們兩人去勸說楚王，微臣必定安全。再說有大王在，楚王哪敢動臣？」

惠文王將信將疑，張儀一再請求，惠文王只好讓他去出使楚國。楚懷王一聽張儀來了，真是怒從心頭起，惡向膽邊生，立即下令把他打入大獄，準備狠狠收拾一番。

不想張儀早就跟靳尚打好了招呼，張儀一被抓，靳尚馬上就去挑唆鄭袖。鄭袖是個蛇蠍美人，民間都在傳說她用計陷害美人的故事。據說當初魏王曾經送過一位美人給楚懷王，很受懷王寵愛。按理說這樣的美人肯定會招來鄭袖的嫉妒，可鄭袖卻表現得非常熱情，對魏美人照顧得殷勤備至，讓她住最好的房間，三天兩頭的送各種珠寶，有好吃的、好穿的都會馬上派人給她送去。

久而久之，人人都知道鄭袖對魏美人很好，連楚懷王都感動地說：「愛姬一點嫉妒之心都沒有，寡人喜愛的美人，她也跟著寡人一起喜愛，這才是忠臣侍奉君主的方式呀！」

魏美人當然也把鄭袖當作親姐妹看待，凡事都聽她的主張，鄭袖就趁機對魏美人說：「大王不喜歡你的鼻子，以後見到大王最好把鼻子遮住。」魏美人果然就信了。

從此以後，每當見到懷王，魏美人都用袖子掩住口鼻。懷王很納悶，私下問鄭袖怎麼回事，鄭袖假裝欲言又止，懷王反復追問，她才說：「估計

是不喜歡大王身上的氣味吧？」

懷王氣得發抖，當即喝令侍衛割掉了魏美人的鼻子。於是鄭袖輕鬆除掉了一個勁敵。不過這麼隱秘的宮闈秘聞是怎麼被外界知道的呢？民間的這些小道消息添油加醋的成分很多，不能完全相信，只能說：鄭袖確實是個很得寵，但名聲又很不好的女人。

靳尚找到鄭袖，劈頭就說：「大事不好，夫人只怕要失寵了！」鄭袖很驚訝地問怎麼回事，靳尚說：「張儀是秦國最大的功臣，剛剛被我們大王關押起來。我聽說，秦國準備送一名公主給大王，以便求大王釋放張儀。秦國公主一旦來了，必定要威脅到夫人的地位，那時怎麼辦？」

鄭袖一聽這話，立即緊張起來，問靳尚：「先生可有主意？」

靳尚說：「不如夫人親自去求大王釋放張儀。既然張儀被放了，秦國自然就不會送公主來了，秦王和張儀也會很感激夫人，以後大人在國內有大王的寵愛，國外有秦國作依託，地位會更加鞏固。」

鄭袖趕忙去找懷王吹枕邊風，大肆申說抓捕張儀的壞處，靳尚也趁機向懷王進言：抓捕張儀雖然出了一時之氣，但會嚴重得罪秦國。

楚懷王是個耳根很軟的人，禁不住眾人裏裏外外的勸說，不久就把張儀放了。

哪知道張儀膽子非常大，不僅不趕緊逃走，還公然又去遊說楚懷王。

他拚命吹噓秦國如何強大，秦國跟東方各國相比，就如同猛虎跟群羊，楚國為甚麼不跟猛虎交友而去跟羊群做伴呢？

張儀又一次「許諾」，秦國跟楚國交好，以後互相不攻擊，永做兄弟之國。為了相互表示信任，建議雙方互相派人質，實行和親政策，這樣楚國就可以騰出手來吞併東方那些小國了。

這時正好屈原出使齊國回來，聽說張儀又在遊說懷王，當即進諫，勸懷王不要聽張儀的花言巧語。可惜懷王這人實在太蠢了，吃了那麼大虧仍然不長記性，根本聽不進屈原的勸說，又一次相信了張儀的話，訂下了跟秦國和好的政策。

張儀成功完成使命回到秦國，但這時的秦國已經變天了。秦惠文王已

經過世，這時候當政的是秦武王，也就是原來的公子蕩。秦武王是個血氣方剛的毛頭小夥子。他跟他爹一樣充滿吞併天下的豪情壯志，但謀略和眼光就差得遠了。還在他當太子的時候，嬴蕩（或者說，趙蕩）就對張儀橫看豎看不順眼，張儀的對手們見到這情形，就見縫插針地到他跟前挑撥：「張儀那種陰險小人，一心貪圖榮華富貴，心裏從來沒有國家，見風轉舵，朝三暮四，根本不要指望他會為秦國效忠。」

再加上張儀這些年一直在各國之間跑來跑去，跟各國君主頻繁接觸，在許多國家都有出謀劃策的經歷，當然讓人忍不住聯想：他背地裏是不是跟別的國家有甚麼勾結？

他把楚懷王騙得那麼慘，這次卻輕輕鬆鬆地回來了，就更加讓人疑心，背後是不是幹了甚麼賣國的勾當？

再說，軍隊裏許多將領都是張儀推薦上來的，長期發展下去的話，一旦朝中勢力跟軍方勾結起來，後果很可怕，這方面也要防患於未然。

所以武王繼位以後，立即著手削奪張儀的權力。張儀知道自己在秦國待不下去了，畢生的功業也已經完成，便向武王申請去魏國為相，好在那邊繼續挑撥東方國家的關係。武王當即答應了他的請求，於是張儀又一次去魏國為相。魏國雖然明知道他是來當特工的，但現在他們已經是秦國的小弟，沒法拒絕，只好含淚收下了張儀。

第二年張儀便死在了魏國。

秦國、魏國、張儀之間是否有某些私下的鬥爭，很難說。秦武王是真的討厭張儀，還是做給外界看的，也難說，但有一點可以肯定：送走張儀絕對是一個巨大的錯誤！他是這個時代最聰明的頭腦，失去了張儀的秦國開始漸漸走偏，接下來便犯了一系列的錯誤。

宜陽攻防戰

前些年，秦國挾持韓、魏攻擊東方各國，取得巨大的成功，一度顯露

出獨吞天下的趨勢。

但秦武王對他爹的這套政策卻頗為不屑。他是個急性子，見不得那些畏畏縮縮、扭扭捏捏的花架子。明明就是餓虎入羊群，還假惺惺地跟他們玩合縱連橫這種小孩子過家家的把戲，這配得上大秦帝國的威武形象嗎？

現在大秦帝國如此強大，足以傲視群雄，不如來個痛快乾脆的，直接推平三川郡，打進洛邑，擄走九鼎，活捉周天子，挾天子以令諸侯，這才是帝王之業呀。

他想幹就幹，馬上著手準備。要打進洛邑，需要通過韓國的三川郡，其中最重要的關卡是宜陽，所以第一步就是進攻韓國，奪取宜陽。

宜陽也是中原西部的一個樞紐，處在韓、魏、楚、周王畿中間。秦國的疆域雖然廣大，但現在仍然局限於函谷關內，每次打擊中原都需要千里迢迢地出函谷關，戰線太長，後勤壓力大。如果奪下宜陽，相當於在中原內部佔據了一塊根據地，以後直接從這裏四面出擊，吞併天下，豈不快哉！

問題在於，韓國是秦國的小弟，是藍田之戰打敗楚國的功臣，攻打他們，等於秦國出爾反爾，自己打破秦惠文王建立起來的連橫網絡，以後誰還肯跟秦國連橫呢？

其次，雖然周王已經沒有任何權威了，但威逼周王室還是一件十分敏感的事情，必然招來山東六國的一致反對。

再有，宜陽對於韓國來說實在太重要了，奪取宜陽等於一招黑虎掏心，要了韓國半條命，韓國必定拚死抵抗，秦國會付出很大代價。不過他不管這些，想幹就幹，誰也攔不住。秦武王的母親惠文后是魏國公主，在直性子的武王看來，魏國是天然盟友，可以跟他們商量借道攻打韓國。他連續幾次跟魏襄王碰面，商量借道的事，魏襄王當然明白唇亡齒寒的道理，可現在這個時代，人人自危，誰還顧得了別人呢？他只好答應秦武王的要求，讓開一條道路，讓秦軍攻打三川郡。

秦武王最寵幸兩個大臣 —— 甘茂和樗里疾，把他們分別封為左丞相和右丞相，所以兩人既是秦國最重要的軍事將領，同時也管理朝中事務。

樗里疾對於攻打韓國明確表示反對，因為從軍事上來說十分不划算；

從內部因素來說，秦國剛剛經歷過幾場傷筋動骨的大戰，急需休養生息；從戰略上來講，這次行動背棄了秦惠文王一貫的借力打力的外交策略，會把秦國拖入一種不利的國際環境中。

韓國是樗里疾的姥姥家，樗里疾一直是秦國朝廷裏的親韓派，這可能也是他反對打韓國的原因之一。

另一位大將甘茂則比較務實，他雖然也反對攻打韓國，但只是簡單地說：宜陽是大城，距離秦國又遠，如此遠程奔襲，敵人早有準備，要打下來恐怕不容易。

不過既然武王堅持要打呢，他也勉強同意。當然他有自己的私心。現在朝廷裏他和樗里疾競爭得很厲害，樗里疾早有無數軍功了，自己跟他比起來底子太薄，急需要立更大的功業來鞏固自己的地位。

所以攻打韓國暗合了甘茂的心意。甘茂最擔心的是萬一攻打韓國不利，自己會受到武王的責難，特別是樗里疾一直在找茬，到時候被參上一本就麻煩了。所以他費盡唇舌向武王講述了「曾參殺人」的故事——曾參是孔子的弟子，以賢良聞名於天下。有一次曾參不在家，一個跟他同名的人殺了人，被官府通緝，街坊鄰居都誤以為是曾參殺人了，紛紛傳播這個消息。

曾參的母親正在家裏織布，見到有人來說：「曾參殺人了，你趕緊躲起來。」她很不屑地說：「我兒子怎麼可能殺人？」然後繼續紡織。

過一會兒，另一個人來了，也說同樣的話，曾參的母親還是不為所動，繼續忙自己的事。

又過了一會兒，第三個人來，也說「曾參殺人」，曾母再也坐不住了，扔下機杼翻牆逃跑了。

講完這個故事，甘茂對秦武王說：「微臣不如曾參賢良，大王對微臣的信任也不如曾母對兒子，造謠中傷微臣的人又遠遠不止三個，微臣千里迢迢去討伐韓國，只怕朝廷裏那些人說微臣的壞話，大王就信了。」

武王明白他的心意，很乾脆地保證：「放心，我一定相信你，不會聽信讒言。」

隨後武王在息壤與甘茂訂立盟約，君臣互不懷疑，甘茂這才帶兵出發。

公元前 308 年，甘茂、向壽帶領大軍殺奔韓國，橫掃三川郡，包圍宜陽城，慘烈的宜陽攻防戰就此打響。秦國這招「黑虎掏心」直取天下的中心位置，惹得各國嘩然，所有國家都在忐忑不安地考慮自己的對策。韓國人退無可退，傾盡全國之力，拚死也要防衛宜陽。東、西兩個周國和周王室惴惴不安，既怕韓國守不住，猶豫要不要去援助他們，又在猶豫該不該出賣韓國換取秦國的寬恕。魏國早已經明確出賣韓國了，甚至派兵幫助秦軍圍攻宜陽，但他們確實很無奈，屬被脅迫的。甘茂還親自到趙國，希望趙國一起出兵，趙武靈王沒答應，甚至考慮過扣押甘茂，不過最終沒敢。

楚懷王暴跳如雷。攻打宜陽相當於在楚、韓、魏中間插入一枚釘子，他當然不同意。但援助韓國可行嗎？楚國朝堂上發生了激烈辯論，最後決定援助韓國，於是派出景翠奔赴宜陽。

可惜楚國的態度非常不堅定，景翠在宜陽附近按兵不動，希望先看看秦、韓雙方戰鬥的結果再決定下一步策略。

也可能楚國確實還沒從藍田之戰的失敗中恢復過來，出兵只是表明一種姿態，不敢真正跟秦軍碰面。

總之，關鍵時刻，東方各國集體慫（沒膽量）了，沒人敢真正救韓國，只剩下可憐的韓國苦苦支撐。

事實證明樗里疾的判斷非常準確，秦國這次打韓國果然很吃力。宜陽是中原大城，守城軍隊就有二十萬，錢糧可以支用很多年，韓國又以舉國之力防守，加上秦國剛剛在藍田之戰和蜀地叛亂中遭到削弱，所以這次戰事很不順利。

秦軍圍困宜陽五個月不能攻下，前方的甘茂和後方的秦武王都急了。這次出征他們受到朝廷裏眾多官員的反對，是頂著壓力出動的，如果最終打不下來，豈非說明那些反對者才是對的，這樣自己的面子往哪兒擱？

甘茂之前的擔憂果然應驗了。朝廷裏樗里疾和公孫奭看到戰事膠著，堅持說這都是甘茂的錯，不停地彈劾他，所謂三人成虎，最後武王也頂不住了，準備下令撤軍。

一旦撤走，甘茂「出師不利」的罪名就坐實了，一生功業就要這樣毀

掉。前線的甘茂悲憤莫名，讓人提醒武王：「不要忘了我們的息壤之盟！」武王想起「曾參殺人」的故事，甘茂費盡心力為國盡忠，難道真的要這樣毀滅一名忠心耿耿的大將？經過一番激烈的爭吵，武王終於力排眾議，決定堅持下去，他派烏獲帶領五萬兵馬增援甘茂，準備再做最後一次努力。得到援助以後，前線將士士氣大振。這是最後的機會，甘茂把自己的家產全部散發給將士們，紅著眼說：「如果明天還拿不下城池，宜陽城外就是我們的墓地！」

第二天，三軍將士背水一戰，爭先恐後地攻城，在付出巨大犧牲以後，終於攻下了宜陽。

秦師入洛邑的通道從此打通，秦國的勢力從關中直通周王畿，威逼周天子，九鼎即將到手！

秦王舉鼎

宜陽之戰，秦軍斬首六萬，韓國精銳部隊幾乎全軍覆沒，國力遭到重創。

宜陽陷落以後，秦軍繼續四面出擊，橫掃三川郡，向南攻下南陽郡，卡住楚、韓之間的通道；向北渡過黃河，打下武遂，這是韓國南北銜接的地方，秦國在這裏築城防守，把韓國疆土分割為南北兩半。

韓國山河殘破，已經到了滅國邊緣，韓襄王被迫派公仲朋到秦國謝罪，秦武王才把武遂還給他們，勉強維持了韓國領土的完整。

同樣凄慘的是洛邑的周王室。三川通道被打通以後，關中到中原已經暢通無阻，秦軍直來直去，隨時可以闖進洛邑遊玩一番，天子的王畿淪為秦王的狩獵場。樗里疾首先帶軍隊來打前哨。秦國車馬浩浩蕩蕩，堵塞了洛邑的道路，數千名軍士全副武裝，踏著整齊的步伐，挾著逼人的氣勢進入這座百年名都。

四百年來，曾有無數的諸侯國軍隊踏上洛邑的土地，但他們要麼是來

朝覲周天子，要麼是來幫助平叛。只是這次，秦軍是以征服者的姿態進入周朝首都。

周赧王趕緊派人掃灑迎接，衣冠整肅的周朝官員們垂首侍立在道路兩側，城中百姓全體出動，烏壓壓的人群跪了一路，以最恭順的姿態迎接這群侵略者。

立國七百餘年的周王朝已經來到了生命的盡頭，即將面臨勝利者的裁決。這一刻，天下人都望著這座城市，揣測著周王朝接下來的命運。在這個決定歷史走向的關頭，有人竊喜，有人悚懼，有人憤懣，有人悲憫，這裏的任何一絲動靜，都會牽動天下所有人的神經。

等待周王朝的究竟會是甚麼？不久以後，審判者終於到來。

遠處鼓樂齊鳴，秦王的車仗在五色旌麾簇擁中進入城門，金車玉輪，翠羽華蓋，執的是白旄黃鉞，行的是天子儀仗，後方跟著各路諸侯與各番邦部落的代表，人頭攢動，百獸率舞，好一派帝王威儀，好一場盛世繁華！

武王坐在高高的軒車上，身配明黃綬帶，頭戴十二冕旒，微笑著拱手拜謝四方。

街道的盡頭，周赧王早已帶著滿朝文武列隊迎接。赧王要行跪拜之禮，早被武王手下的人扶住，武王在車上哈哈大笑：「免禮！孤王豈敢當。」周王室的人們大氣也不敢出，恭恭敬敬地把秦武王迎進王宮，宴席早已擺好，只等秦國君臣上座。隨後是各種煩瑣的禮節，浩大的歡迎儀式舉行了整整三天，整個洛邑一片沸騰，沉浸在一種詭異的狂歡氣氛中。

這幾天秦武王帶著手下的侍從們遊遍了周朝的宮室，各種禮器、鐘鼓、典籍圖冊，看得人眼花繚亂，都是地處偏遠的秦國君臣們從來沒見過的。

武王對於太廟大殿前擺的九鼎尤其感興趣，穿行其間，讚歎不已，問周朝官員：「聽說九鼎對應天下九州，哪個是我們秦國的？」

周朝官員指著一隻夔龍盤繞的赭石色巨鼎說：「大王說的當是那只龍紋赤鼎，又名雍州鼎。」

雍州大致就是秦國的範圍，龍紋赤鼎正好對應秦國。武王走過去在龍

紋赤鼎上摩挲兩下，忽然冒出一個念頭，轉頭對身後幾名彪形大漢說：「你們舉得起這鼎嗎？」

武王好武，平時最喜歡結交各種勇士，身邊隨時跟著一群大力士，有名的例如：孟說、任鄙、烏獲，這些人都有千鈞之力。這些力士們都是一群莽夫，聽見武王這樣說，都想要顯露一把，於是爭前恐後地上去搬那大鼎。

傳說九鼎是當年大禹收納天下金鐵冶煉而成的聖物，每隻都有千斤重，力士們雖然個個有神力，要舉起這些鼎也很不容易。

烏獲等人接連上去試了，只能略微搬起來一點，離地幾寸就再也抬不動了。

武王得意地大笑：「一群蠢材！隔天還要叫你們把這些鼎搬回咸陽去，就憑你們這樣，不是讓周朝的人笑掉大牙？」

烏獲等人都很慚愧，再加把勁去抬那鼎，個個掙得滿臉通紅，青筋暴起，還是只能抬到齊腰的位置。

武王大吼：「你們這群廢物，看我的！」捲起袖袍，大搖大擺地上去，一手托住龍紋赤鼎的底部，一手扶著鼎沿，大叫一聲：「起——」硬生生把龍紋赤鼎抬了起來。

剛過腰部，他就感覺不對勁了，耳朵裏響起一聲尖利的鳴叫，骨胳嘎嘎地響，身上每一塊肌肉都好像在劇烈顫動。

旁邊眾人看到武王一張臉已經憋成了醬紫色，大叫：「大王當心！」但武王怎能讓他們小看了，再提一口氣，暴喝一聲，以雷霆萬鈞之勢猛然把鼎抬過頭頂。

龍紋赤鼎剛過頭頂，隨著喀喇喇一聲脆響，只見武王右臂從中間斷開，白森森的斷骨突了出來，雙目迸裂，鮮血噴湧，整個人往後便倒。

巨鼎重重落下，砸到武王小腿上，頓時血肉飛濺，武王昏死在地。周圍響起一片驚呼……

公元前 307 年，秦武王在洛邑舉鼎而死，天下震動！

風雲突變

消息一出，所有人都懵了。東方各國的人們表面上大驚失色，內心卻都在竊喜，韓國和周王朝的人們更是彈冠相慶，就差敲鑼打鼓慶祝了。秦國國內，舉國哀悼，但人們卻各有各的想法，一場劇烈的動蕩已經在醞釀中。

秦王宮裏早已亂成一團。文武百官們緊急商議繼承人問題。秦武王還很年輕，沒有兒子，也沒有同母的兄弟，更沒有指定繼承人，接下來讓誰接任王位是個很大的問題。

處在風暴中心的惠文后顧不上為兒子傷心，趕忙召集心腹大臣們進宮密議，商量的結果，是讓庶出的公子壯認惠文后做母親，繼任王位。

另一邊，羋八子也緊急召人進宮商議對策。「八子」是秦宮裏很低的一個品級，所以羋八子的地位很低，按理說沒有資格爭位，但她卻有幾個獨特的優勢：其一，她是楚國公主（也可能只是楚國宗室之女），有楚國這座大靠山；其二，她的兄弟魏冉、族弟向壽都在軍隊裏掌握大權，軍方是向著她的；其三，她精明幹練，長袖善舞，比那個木訥的惠文后更得人心。

當然最大的優勢還是她有幾個傑出的兒子。羋八子有三個兒子，長子公子稷正在燕國做人質，次子公子芾和三子公子悝在秦國，公子芾已經成年，也在軍隊裏任職，年齡優勢和資歷都勝過其他兄弟，所以他們這一派系希望公子芾繼任王位。

武王的寢宮裏也在緊張地商議，武王后跟惠文后一樣，也是魏國公主，作為王后的她，因為沒有子嗣，瞬間處於孤立無援的境地，權衡各種利弊之後，她決定投靠到婆婆惠文后手下。

於是羋八子為一派，惠文后跟武王后聯合起來是一派，各自擁立自己的繼承人。

朝廷裏面也迅速分裂，兩派人分別支持羋八子和惠文后。

按理說惠文后作為太后，具有最高權威，她指定的繼承人才是最有說服力的，況且公子壯從身份地位來說都沒有任何問題，應該順理成章地繼位才對。

可惜政治鬥爭歸根結底要看實力，羋八子一派有軍方支持，氣焰囂張，鬧哄哄地反對公子壯繼位。

而武王其他的兄弟們，恐怕都知道羋八子這個小媽的厲害，一旦她成功上位，大家都別過好日子，所以他們基本都支持公子壯。

至於軍隊那邊，羋八子極有手段，竟然爭取到了樗里疾這位大佬的支持。樗里疾一向是親韓派，反對秦武王東進的戰略，宜陽之戰的勝利更是直接打他的臉，這可能也是他反對惠文后的一個原因。

樗里疾是軍方元老，一言九鼎，他的支持宣告軍方徹底倒向了羋八子一派。

這背後還有一個微妙的因素：武王當政這幾年，基本上全盤推翻了之前惠文王的國家戰略，惠文王手下的老臣們嘴上不好說，心裏是牴觸的。對於他們來說，支持惠文后就代表著武王政策的延續，支持羋八子則是推倒重來，他們當然寧願支持後者，即使不好公開支持，暗地裏動一些手腳是沒問題的。

但羋八子派也有他們的困難，他們的問題在於「名不正言不順」，畢竟有太后在上，你要替換掉太后和王后一致選定的繼承人，憑甚麼？這明明是犯上作亂，怎麼去說服別人？雙方經過幾輪明爭暗鬥，勢均力敵，誰也無法幹掉對方，誰也不肯俯首認輸。

但國不能一日無君，這樣一直拖下去，難道真要雙方火拼決勝負嗎？國際國內都在焦急地等待著……

就在秦國局勢陷入膠著的時候，千里之外卻傳來一聲驚雷 —— 趙武靈王主動聯絡羋八子他們，要把公子稷送回國內繼位！

趙武靈王是個極有想法的人，這些年一直積極活動，試圖在國際上為趙國打出一片天。

前幾年燕國內亂的緊要關頭，就是趙武靈王把公子職送回燕國，成為決定燕國局勢的關鍵一步。

從那以後燕國就一直跟趙國保持友好，兩國共同抗擊齊國。趙武靈王嚐到甜頭，這次見到秦國出現了同樣的機會，他故技重施，派人去燕國把公

子稷接過來，準備送回秦國，扶植一個受趙國控制的秦國政府。

消息傳來，羋八子最初的反應是：「關他甚麼事？要他來管？」但魏冉這些軍方大佬卻敏銳地察覺到：這是打破僵局的絕好機會。秦國國內局勢已經陷入死結，趙國這股外來力量一介入，雙方的平衡立即被打破，有望迅速結束戰鬥。而且他們這些人也別無選擇——公子稷是羋八子的長子，法理上就該優先選他，如果堅持保公子芾的話，他們這派人只怕要爆發內亂，自己人一打起來那就徹底完了，只會讓惠文后來給雙方收屍了。

所以羋八子、魏冉這些人一合計，迅速做出抉擇——放棄公子芾，跟趙武靈王裏應外合，迎接公子稷回國繼位。

既然退了這一步，後面的事情就輕鬆了。

羋八子他們總算找到了一個名正言順的理由：不是我們要以下犯上啊，是人家趙國來脅迫我們立公子稷，我們為了避難生靈塗炭，不得不答應。太后你想反對，難道是想把秦國拖入戰爭？軍方是支持我們的，你讓軍隊去幫你擋住公子稷？你自己看著辦吧。

惠文后缺少軍方支持，無法抵禦趙國的干涉，只能眼睜睜地看著公子稷被送回國內。

群臣傾巢出動前去迎接，當即扶公子稷登上寶座，昭告天下，新一任秦王正式登基，是為秦昭襄王。

至此，經過兩年的激烈鬥爭之後，終於塵埃落定，羋八子隨後給惠文后她們扣上「意圖謀反」的帽子，宣稱要平定叛亂，大軍出動，對惠文后一黨大開殺戒，公子壯和他那些兄弟們被殺，武王后被趕回魏國，惠文后永久消失在了人們的視野裏。

身為低級妃嬪的羋八子終於一步登天，登上大秦帝國的太后之位，自稱為「宣太后」，從此開始了對秦國朝政長達近四十年的操控。

「真小人」宣太后

芈八子是個手段特別狠辣的女人，權力欲極強，凡事都要按自己的意見來。秦昭襄王登基的時候還很年輕，芈八子便趁機開始干涉朝政。

她有魏冉和芈戎兩個軍隊實權人物的加持，又封自己兩個兒子為涇陽君和高陵君，讓他們四人共同把持朝政，在朝廷裏橫行無忌，號稱「四貴」。

芈八子又自稱為「太后」，這是歷史上第一次有太后的稱號（本書前面稱呼的「太后」是為方便描述），暗示自己的地位超過以往各位君王的母親。

從此以後，宣太后加「四貴」的組合，牢牢控制了秦國國政，左右了之後很多年秦國的內外政策，甚至一度有架空國君的傾向。

不過秦國幸運的地方在於，宣太后確實有特別高的政治才能，她狠辣、無恥、手段下作而高效，又會籠絡人心，擁有政治家需要的一切素養，是一個絕對優秀的領導者，即使放在整個戰國時代去看都不輸於任何人。

宣太后的執政風格從一次著名的談話就可以看出來──秦國內亂的這幾年，各路小丑如釋重負，都紛紛出來活動，其中就包括那個自作聰明的楚懷王。他一直記著丹陽和藍田之戰中韓國趁火打劫的仇，秦昭襄王繼位以後不久，楚懷王就趁機發兵去攻打韓國，包圍了雍氏。

當初韓國是為了響應秦國的軍事行動才去偷襲楚國的，現在因此被報復，他們當然首先想到去向秦國求助。

但宣太后的態度很明確：我是楚國人，楚國揍韓國，不救！韓國前前後後派出很多批說客，車馬塞滿了到秦國的道路，都說不動秦國出手，雍氏被圍困五個月之久，萬分危急。最後韓襄王派尚靳來到秦國，對秦昭襄王說了一堆「唇亡齒寒」的道理，秦昭襄王有點動心了，不料被宣太后在後邊聽到了，召尚靳進去面談。

她對尚靳說：「當年我侍奉先王的時候，先王把腿放到我身上，我感覺好重，但是先王整個人壓上來以後，我卻不覺得重了。為甚麼呢？因為舒服啊！現在要救援你們韓國，兵馬錢糧要消耗很多，卻對我沒有任何好處。你說，我為甚麼要救呢？」

她是典型的「真小人」，一席話說得非常清楚了：老娘不做虧本生意，少扯那些有的沒的。既然要求人幫忙，就得拿出好處來賄賂老娘。上下嘴皮子一碰，就想讓老娘屁顛屁顛地替你跑腿，憑甚麼？

尚靳看到這老娘們如此難纏，只好灰溜溜地回去向韓襄王彙報。

最後還是多虧甘茂去向秦昭襄王求情，韓國可能也送了不少金銀財寶，才說動秦昭襄王出兵了。

但宣太后這番話明確無誤地說出了她做人的原則——無利不起早。一切從現實的利益出發，不講道義，不留情面，只看對自己有沒有好處，有好處的事情殺頭都不怕，沒好處的親爹來求都沒用。她把這種原則貫穿到自己的整個執政思路中，最終演變成為秦國的國家性格，所以秦國的對外政策就是利益優先，見縫插針，見風轉舵，有便宜就佔，有好處就撈，該翻臉就翻臉，該動手就動手。

這種辦事方式冷酷而高效，非常貼合戰國時代的國際形勢，秦國正是因此才能在國際間的大風大浪中始終不迷失方向，始終以維護自身利益為第一原則。

再說宣太后自己。這個無恥狠辣的女人，做出來的事情處處讓人驚掉下巴。她執政的那些年，最著名的事跡就是跟義渠王的風流韻事。

義渠國是秦國的老對手，他們國家雖然不大，但秉承胡人的尚武風氣，戰鬥力驚人，地理上又處在居高臨下的位置，因此常常給秦國帶來很大威脅。前些年五國合縱攻秦的時候，他們就曾經在後方夾擊秦國。秦國百年以來一直在打擊義渠國，到惠文王的時候已經取得了重大成果，迫使義渠國臣服，淪為秦國的附庸。但這種關係是不穩定的，秦國對義渠國的打壓一刻也不能放鬆。昭襄王繼位以後，義渠王也來朝賀，這位威猛的草原漢子，跟正值盛年妖嬈多姿的宣太后竟然互相看對眼了，兩人公然勾搭到一起，卿卿我我，難捨難分。

如果是在中原各國，這事早都炸鍋了。但秦國本身蠻族風氣就重，對於這樁醜事舉國上下都沒怎麼反對，秦昭襄王也沒說甚麼。

義渠王從此把咸陽宮當作藏嬌的金屋，沒事就來會會情人，宣太后

也借此排解深宮寂寞，兩人各取所需，還生了兩個兒子，郎情妾意，琴瑟和鳴。

宣太后愛不愛義渠王呢？應該說是有好感的，她是「無利不起早」的女人，要她犧牲色相為國為民那是肯定不可能的，所以這起私情背後首先是情慾的滿足。

但如果僅僅到此為止，宣太后也就是個普通的淫婦而已，她可不是那麼簡單，除了情慾，她還要權勢。

兩人私通了三十年之後，義渠王「年老色衰」，漸漸失去了宣太后的歡心，於是在他又一次來咸陽密會的時候，宣太后母子合謀，偷偷把他害死在了咸陽宮裏，隨後發動大軍攻打義渠。

秦軍驟然出現在身旁，義渠國的人們還想著：「秦國太后是我們大王的情人，他們肯定不會侵略我們。」所以完全沒有防備，瞬間被殺得七零八落，這個立國百年的蠻族國度就這樣被秦國消滅了。

秦國從此去掉了西部的隱患，可以全力東進攻伐中原了，這是秦昭襄王的政績，更是宣太后為國家做出的巨大貢獻。

此是後話。先說回秦昭襄王剛剛登基的時候。

從秦昭襄王開始，秦國正式撕掉偽裝，拋開一切仁義道德，在國際上掄起大棒，四面出擊，打擊一切可以打擊的對手。

其他國家就苦了，他們也被迫做出調整，也變得冷酷無情，從此以後，所有的文明法則都被掃蕩殆盡，只剩下赤裸裸的弱肉強食。「龍虎相咬食，兵戈逮狂秦」，華夏大地淪為殘酷殺戮的修羅場，戰國時代進入了一個最血腥的階段。

各國的統治者們都感受到了這種強大的壓力，為了自保，他們不顧一切地擴充自己的實力，展開了一場激烈的強國競賽。

第十章

楚國的悲劇

楚國的擴張

　　秦國內亂，讓剛剛被打趴下的楚國獲得了喘息的機會。更意外的是，秦宮鬥爭的結果，勝出的竟是地位低賤的羋八子母子，秦、楚兩國瞬間從對頭變成親家，各國都大跌眼鏡，國際社會的風向陡然逆轉。

　　宣太后特別護短，公然袒護自己的娘家人，這對楚國來說是一個重大的好消息，有這樣一把超強的保護傘在那兒，楚國可以放開手幹了。

　　早在前些年的丹陽、藍田之戰過後，痛定思痛的楚懷王就開始謀劃下一步擴張計劃——既然西邊的威脅無法解除，那麼楚國就必須向東方發展，以後即便秦國人打過來了也還有地方可以躲。

　　他首先把目光瞄準東方的老冤家越國。

　　越國在春秋末年短暫地爆發過一把，吞併了強大的吳國，疆域達到極盛，但他們畢竟是傳統的蠻荒地帶，後勁不足，一代人以後就衰落了。

　　他們夾在齊、楚兩大國中間，根本沒有擴張的空間，齊、楚又忙著爭奪中原的勢力範圍，也沒興趣搭理他們，所以越國漸漸恢復了祖先們男耕女織的田園生活，靜靜待在東南一隅。（也不排除這期間發生過一些重大事件，但由於史料的缺損而湮沒了，總之，史書上越國這一段歷史為空白。）

　　當然他們偶爾也會加入中原的紛爭，但主要擔任助攻的角色。當別的國家跟楚國扭打在一起的時候，他們在背後使絆子，給楚國添一些小麻煩，楚國也沒把他們當一回事。

　　直到丹陽、藍田之戰過後，在西邊遭到重大挫折的楚懷王開始打越國的主意。

　　他派大將昭滑偷偷潛入越國境內，策反他們的王子。昭滑當了五年的間諜，終於成功挑起越國的內亂，這時候正趕上秦武王意外身死，秦國顧不上國際上的事，楚懷王抓住這個機會，發起對越國的戰爭，但規模還不大。

　　到宣太后一派上台以後，楚懷王一躍而成為秦王的家屬，大受鼓舞，索性把戰爭擴大，攻入越國本土，殺死越王無疆，直接滅掉了越國。

　　越國北部，原來屬吳國的土地，被楚國吞併，設置為江東郡。至於越

國南部，楚國效仿秦國對巴蜀的做法，把這裏變成楚國的一個特區，分給越國的王子們管理。這些王子們從此當上了土皇帝，有的稱王，有的稱君，亂紛紛鬥來鬥去，但都共同尊奉楚國為主人。

楚國的領土因此大幅擴張，遠遠超過其他國家，國力出現了明顯的反彈。好消息接踵而至。宣太后對娘家人真是够義氣，居然主動向楚懷王提親，讓楚國把公主嫁給秦昭襄王，秦國也把公主嫁給楚國，兩國結成雙向的親家，簡直好得蜜裏調油。

秦國朝廷裏也發生了重大變化，甘茂因為三番五次地替韓國求情，甚至請求昭襄王把武遂還給韓國，而得罪了昭襄王，被迫逃出秦國，到齊國避難去了。

左右丞相的職位因此空出來一個，楚懷王向秦國建議讓向壽頂替甘茂的空缺，秦昭襄王馬上答應了。

這時候樗里疾已經老了，漸漸淡出政壇，秦國政壇因此被向壽、魏冉這些楚國人壟斷，他們在朝堂上呼風喚雨，無人能擋，秦國的對外政策當然也就明顯偏向於楚國。

公元前 304 年，秦昭襄王行冠禮，開始親政，親政以後做的第一件大事，就是在黃棘與楚懷王會盟，並且把上庸之地還給楚國。

當年秦惠文王要把上庸還給楚國，氣頭上的楚懷王說：不要上庸，只要張儀。因此錯過了收回故土的機會，現在終於得到這塊土地了。上庸是大巴山最東邊的一塊，收回上庸，意味著楚國收回了西邊大部分的失地，重新擁有了對秦國的戰略縱深，意義重大。

這是楚懷王的重大勝利，至此，楚國終於走出了藍田之戰失敗的陰影，重新振作起來。

不過，所謂福兮禍所依，禍兮福所伏，楚懷王受到秦國這麼多照顧，樂得屁顛屁顛的，一副小人得志的嘴臉，東方各國看在眼裏，心裏都不是滋味，都在背地裏罵他「狗仗人勢」。

頭一個看不慣的就是齊國。齊國這兩年的日子並不好過，他們正面臨北方的強大威脅，急需尋找新的突破方向⋯⋯

老謀深算的趙武靈王

這幾年東方各國都快被逼瘋了，都在拚命擴張自己的勢力，北方的趙國也不例外，他們的手段更加凌厲而有效。

趙武靈王是特別有想法的君主，從登基伊始，就在不停地探索強國之路。他的對外政策很清晰：儘量避免捲入中原各國的爭鬥；對秦國能讓則讓，拉攏燕國這個老哥們，壓制齊國這個死對頭，向胡人要土地。

其中最關鍵的就是：低調，避免樹敵。當年魏國帶領三晉打遍天下無敵手，後來卻淪落到四處投靠大國的地步，主要原因就是樹敵太多，在無休止的戰爭中耗盡了自己的國力。之前趙成侯和趙肅侯也犯過這個錯，在幾十年的時間裏不停地跟齊國和魏國作戰，導致趙國始終發展不起來，甚至還差點被人滅國。所以趙武靈王繼位以後立即對外休戰，不參與任何紛爭。不僅如此，還避免激怒對手。

之前「五國相王」，其他四國都大膽稱王，只有趙武靈王，在相王大會上跟四個國君稱兄道弟，忽悠了別人稱王，回到國內以後立即變臉，宣稱自己沒資格稱王，依然稱「君」，把壓力都拋給別人去扛。

這種低調務實的作風幫助趙國躲開了許多風浪，這些年儘管南方各國打得天昏地暗，趙國卻始終得以獨善其身。

另一方面，趙國本身的地理環境也特別有優勢。他們南方有魏國幫忙堵槍眼，各種紛爭都被隔離在國境之外，北方又是胡人的土地，可以盡情掠奪而不會引來諸侯們的干涉。

主要的麻煩來自於東、西兩個方位，即燕、秦兩個國家。所以趙武靈王見縫插針，先後幫助燕國和秦國的王子回國繼位，兩國國君都感激他，順水推舟地化解了兩個方向的威脅。

剩下的就是齊國這個老對頭。趙武靈王的策略是跟燕國、宋國結成同盟，跟韓、魏也儘量友好，共同封堵齊國，而且齊國就算要擴張，首當其衝的也是燕國，有燕國這個鐵哥們在前面擋著，趙國不怕。

應該說，趙武靈王是依靠政治手腕保護國家利益的頂尖高手，他的一

系列高明的策略，保護著趙國穩步發展，國力漸漸追了上來。

但是江湖風波惡，僅僅靠外交技巧自保是不夠的，必須有一套可靠的強國戰略。

齊國有強大的經濟實力，楚國有廣袤的土地和龐大的人口，秦國有十萬鐵騎和崤函之險，趙國有甚麼呢？

他們有一個獨特的優勢：靠近胡人！長期跟胡人交往和作戰，使得趙國社會有明顯的胡化傾向，軍隊裏也雜居著許多胡人，而草原上成長起來的胡人，作戰能力一向超過農耕民族。另外，充足的馬場和戰馬資源，也讓他們有發展騎兵的本錢，這是其他諸侯國不具備的。

所以向胡人學習，引進胡人的戰鬥方式，組建騎兵部隊，這是趙國可以實現的強國模式。

但這樣做會過早暴露趙國的野心，招來諸侯們的聯合打擊，所以這麼多年趙國都只能「偷偷摸摸」的，小規模地搞一些胡化的嘗試，不敢明著來。

當秦武王意外身亡，秦國陷入宮廷鬥爭的消息傳來，趙武靈王知道：機會來了！立即對軍隊發佈「胡服騎射」的命令。

一場轟轟烈烈的胡化運動在趙國全面展開。

他命令軍隊全部換上緊身、窄袖的胡服，衣褲分離，繫皮帶，穿馬靴。穿上這樣的服裝騎馬射箭，機動能力會大幅提高。

但這只是外在表現，胡服騎射本質上是對胡人騎兵部隊作戰方式的全面模彷，這種模彷使得趙國軍隊的作戰能力明顯提升，超過了秦國以外所有的諸侯。

而且這只是趙武靈王強國計劃的一部分，戰鬥能力提升以後的趙國，也試圖對外擴張。

他首先啃中山國這塊硬骨頭。

從公元前 380 年左右中山國復國，到現在過了七十多年了，這些年，趙國國土被中山國攔腰斬斷，分成邯鄲為首的東部和晉陽為首的西部，這對於趙國的國力有很大的壓制作用。

歷任國君都試圖拔掉中山國這個眼中釘，但總是沒成功，現在趙武靈

王改革軍隊以後,第一個就拿中山國試刀。

從公元前 306 年開始,趙國連續十年不停地對中山國用兵。融合了胡人血統的新一代趙國軍隊果然戰鬥力爆表,一亮相便震驚世人,接連取得大勝。

趙武靈王採用鈍刀子割肉的策略,不是一下打垮中山國,而是每次搶佔幾個城邑,迫使敵人割地求和,用一段時間消化掉這些土地以後,又繼續打,這樣逐步壓縮中山國的生存空間。

終於在公元前 299 年,趙國攻破中山國的首都,在公元前 296 年徹底消滅中山國,遷中山王,吞併了他們全部的領土。

至此,趙國的疆域終於連成一片,國土大幅擴張,地理形勢明顯得到優化。

同一時期,趙國也在連續進攻林胡和樓煩兩個胡人國家,也接連取得勝利,奪得大片領土和財富,又把投降的胡人編入自己的軍隊,用胡人獻來的優良戰馬裝備趙軍,趙軍的戰鬥力因此進一步增強。

但這是戰國時代,誰都見不得別國好。趙武靈王也知道自己是在走鋼絲,稍不注意就會引來各國的圍攻,所以在擴張的同時也小心翼翼地試探各國的態度。

當時正好齊、韓、魏三國正在聯手打擊楚國。趙武靈王玩兩面三刀的手段,表面上三不管,私下跟雙方都合作,先後派人去這四國幫他們出謀劃策,一方面挑起他們的爭端,另一方面穩住他們,防止他們回過神來圍攻自己。

至於秦國,趙武靈王對秦昭襄王有恩,當初送他回國的時候可能就簽過協議,兩國要保持友好。現在趙武靈王更是天天把「盟友」掛在嘴上,讓秦國也放鬆了防備。

就這樣,趙武靈王給趙國爭取來十年的黃金發展機會。這十年間,趙國迅速崛起,讓國際社會措手不及,等幾個大國反應過來的時候,趙國已經成為一流強國,無法遏制了。

當然,看到這個機會的人不止趙武靈王。同一時期,東邊的燕國也在

緊鑼密鼓地積蓄國力，燕昭王是趙武靈王扶立上位的，兩國又共同扶立了秦昭襄王，所以他們跟秦國關係都比較融洽，燕、趙兩國心照不宣地結成同盟，他們的目標很明確，就是衝著齊國去的，齊國因此感到巨大的壓力。

禮賢下士孟嘗君

作為老牌強國，齊國當然知道這個時代擴充自己的實力有多麼重要，這些年他們也在不停地嘗試向外擴張，但他們的位置有些尷尬：東邊是大海；南邊是楚國這個南霸天，越國也被楚國搶先拿下了；北邊前幾年侵略燕國被打回來了，現在燕趙結盟，更不敢惹；西邊的趙國已經崛起，韓、魏兩個小娘子又被秦國包養了。

看來看去，齊國雖然強大，卻找不到一個可以擴張的方向，他們的對外政策陷入了迷茫狀態。

還好齊國有孟嘗君。孟嘗君本名田文，是田嬰的兒子、齊湣王的堂兄弟，早在年輕的時候就已名動天下。

田嬰在齊威王、齊宣王和齊湣王時期都是朝廷裏的一號人物，參與了這幾十年齊國幾乎所有的重大決策，他被封在薛邑，又稱為靖郭君。

田嬰有很多妻妾，生了四十多個兒子，其中有個小妾，在五月五號那天生下了田文。田嬰很迷信，認為這一天生的小孩會對父母不利，所以讓人把這個孩子扔掉，但田文的母親瞞著田嬰偷偷把他養大。

這件事終究是瞞不住的。等田文長大以後，他的母親帶他去見田嬰，說明了情況，希望田嬰能認這個兒子。田嬰大怒，想要處罰他們母子，年少的田文一點都不慌張，過去跟父親磕頭說：「請問五月生的孩子為甚麼就要扔掉呢？」

田嬰說：「五月生的小孩，長到跟門戶一樣高的時候就會害父母。」

田文又問：「人生是天注定的呢？還是門戶注定的？」

田嬰答不上來。

田文說：「如果是天注定的，您憂慮也沒用；如果是門戶注定的，把門戶加到比人高就行了，何必憂慮？」

田嬰見他出言不凡，吃了一驚，便原諒了他們母子。

當時齊國的稷下學宮辦得轟轟烈烈，舉國上下對人才非常重視，貴族們也學著君王，四處招徠人才，納為門客，這種風氣迅速在全國盛行開來，貴族們家家戶戶都有很多門客。當然，不僅是齊國，其他國家的貴族們也都在四處招徠門客，這就是戰國時期「養士」的風俗。

一開始，貴族們招到的都是真正的當世豪傑，但這樣的人終究是鳳毛麟角，漸漸的，貴族們就開始葷素不忌，甚麼人都收，甚至一些明顯是來混飯吃的人，他們也收留下來，萬一哪天用得著呢？

貴族們「養士」背後是很現實的考慮：這是一個禮樂徹底崩壞的時代，尊卑關係、平民貴族的界限，早已被打破，社會底層潛伏著的形形色色的人物都有了出頭的機會，誰先招攬到這些人才，誰的政治勢力就更大，這是於私；於公的方面，貴族們豢養的門客，可以作為國家人才庫的儲備力量，國君需要人的時候，就來這裏找，貴族們也會積極向國君推薦自己的人，以增加自己的勢力。

所以對於田嬰這樣的官員來說，養士也是一項本職工作，需要認真對待。門客的數量與一個官員的地位直接相關。田嬰這種一流權臣，手下的門客數量也相當驚人，三教九流甚麼樣的人都有，每天進出他家大門的人浩浩蕩蕩，絡繹不絕，招待這些人也是一件很煩瑣的任務。

田文是胸懷大志的人，對天下局勢有很多想法，他問父親：「請問兒子的兒子叫甚麼？」

田嬰答：「叫孫子。」

田文又問：「孫子的孫子叫甚麼？」

田嬰答：「叫玄孫。」

田文再問：「玄孫的孫子叫甚麼？」

田嬰答不上來了。

田文就說：「父親也知道，人有親疏之別。現在您在齊國已經輔佐過三

代君王了，再往後，跟齊王的關係只會越來越疏遠。我看您當政這些年，積攢的財富越來越多，手下的賢臣卻沒有一個，只養了一幫酒囊飯袋。所謂將門必有將，相門必有相，如果繼續忽視招攬賢才，手下無人輔佐，您的地位如何維持呢？」

田嬰聽到這一席話，頓時對這個兒子刮目相看，從那以後就開始著重培養他，讓他負責去招攬那些門客。

田文果然沒有辜負父親的期望，他為人豪爽，喜好扶危濟困，迅速在眾多門客同僚中樹立起自己的威望，各路仁人志士如過江之鯽湧入田氏門下，田文也從此聞名於諸侯，成為田氏家族的頂樑柱，後來終於繼承了田嬰的爵位，為薛邑之主，號為孟嘗君。

孟嘗君繼承父親的事業，繼續延攬門客，並且發揚光大，他手下門人數量是天下第一，據說有數千人之多。

他待人比父親更加熱忱，傳說每次有新的門人來投奔的時候，他在前邊跟那人交談，就讓手下在後邊偷聽，記下那人的家庭住址等等，等談話結束那人一回去，一份豐厚的禮物就已經送到他家裏了。

隨著孟嘗君名聲越來越響亮，各種奇奇怪怪的人物都投奔到他這邊。不管是當世名儒、劍客遊俠，還是販夫走卒，都來尋求庇護，甚至在逃犯人都到他這裏來躲避。

對於這些人，他不分貴賤，一視同仁，所有人衣食住行都跟自己等同。據說有一次，孟嘗君招待食客們吃飯，有人擋住了燈光，房間裏昏暗不明，在座的一個人以為這是故意不讓他看清楚別人的飯食，說明別人吃的飯肯定比自己的好，所以當場發火要走人。孟嘗君攔住他，拿自己的飯食給他看，一模一樣，那人羞愧無比。

孟嘗君禮賢下士的名聲傳遍天下，最後連秦昭襄王都聽說了，派人招他去秦國為相。孟嘗君很感興趣，多虧當時蘇代在齊國，竭力阻止，他才沒去。

不過秦昭襄王真正的用意恐怕是為了釜底抽薪，因為孟嘗君是六國合縱抗秦的新一輪領導者。

齊宣王晚年的時候，孟嘗君已經在齊國為相。他的政治主張是聯合韓、魏這些小國抗衡秦國，類似於當年公孫衍的合縱政策，但以齊國為中堅力量，抗秦的目的也是為了維護齊國的利益，可以說是齊國版的合縱。

這兩年楚懷王春風得意，剛剛在黃棘跟秦昭襄王會盟，爭取到秦國返還上庸之地，楚懷王仗著自己有秦國這座大靠山，狐假虎威，尾巴翹到天上去了，儼然以秦國的鐵哥們自居，這樣的姿態難免引起其他國家不滿。

楚國跟韓、魏向來就是蹺蹺板的兩頭，秦國拉攏楚國，跟韓、魏自然就要翻臉，所以在黃棘會盟過後，馬上發兵攻打韓、魏，一口氣拿下幾座重要城池，連武遂這個韓國的命門都給拿下來了。

韓、魏兩國慌了，國際上就是秦、齊、楚三個大佬，現在得罪了秦、楚，怎麼辦？只能去投靠齊國呀，兩國主動去找到齊國歸順。

孟嘗君見到這情形，正中下懷。他早就在謀劃敲打秦楚聯盟了。楚懷王當初被張儀忽悠，跟齊國斷絕關係，甚至派人上門大罵齊宣王，這個仇還沒報，現在這是送上門來的藉口。於是齊宣王和孟嘗君當即跟韓、魏約定，共同攻打楚國。

秦楚聯盟是想打就能打的嗎？孟嘗君當然知道這背後的利害，他這次發兵只是試探，關鍵是看秦國的反應，如果秦、楚抱團，那決計打不得。

不出所料，三國聯軍剛到楚國邊境就傳來消息：秦昭襄王發兵救楚！三國主帥面面相覷——回去吧，這仗打不得。只好垂頭喪氣地走了。但誰也想不到，就在這個關鍵時刻，劇情卻出現了神奇的反轉。

意外來臨的滅國之災

之前三國攻打楚國的消息傳出來的時候，楚懷王首先想到的是抱秦國的大腿，所以把自己的太子熊橫送去咸陽做人質，這才換來了秦國出兵幫忙。

結果不出所料，三國聯軍自己撤走了。就在楚國上下剛鬆了一口氣的

時候，秦國那邊卻曝出一個大新聞——太子橫跟秦國的一個大夫不知為甚麼事打起來，最後殺死了那個大夫，自己逃回了楚國。

秦昭襄王那邊暴跳如雷，正在捉拿太子橫！楚國朝野震動，誰都沒想到會出這種事，這下怎麼辦？楚懷王趕緊派人去秦國賠罪。但太遲了，魏國已經先行一步，魏襄王以閃電般的速度去臨晉跟秦昭襄王會盟，兩國結成友好關係，秦國返還去年搶奪的魏國領土，雙方聲明共同抗擊敵人！

同時，韓國太子也去朝覲秦昭襄王，雙方也握手言和。

幾乎是一夜之間，秦國就從楚國這邊，倒向了齊、韓、魏三國聯盟。這個反轉實在太快，國際社會都驚呆了。

最震驚的就是楚懷王，他驚恐地發現，現在所有國家都是楚國的敵人！

他立即下令全軍戒備，防範可能到來的軍事打擊。但敵人來得比他想像的更快，秦國的態度剛一轉變，三國聯盟就再度組織起軍隊，直撲楚國方城。

這一回可是真打了。領軍的是齊國名將匡章，他曾經參加過徐州相王，又曾領軍打進燕國首都，是齊國資格最老的將領。同行的魏將犀武（公孫喜）、韓將暴鳶也都是各自國家最著名的將領，三國聯軍這次準備充分，顯然志在必得。

楚懷王派大將唐昧迎戰，雙方在方城之外列陣，隔著沘水對峙。

秦國也加入戰團，派大軍從漢中侵入楚國，在重丘跟楚軍交戰，楚國陷入了兩線作戰的不利境地。而一直聲稱要替楚懷王撐腰的趙武靈王，現在看都不來看一眼，悄無聲息地打中山國去了。

楚國只得咬牙苦撐。幸好方城擁有金城湯池，楚國又提前在沘水沿岸佈下重兵，弓弩手時刻待命，敵人要渡河難於登天。三國聯軍對地形不熟，在河那邊對峙了半年，每次渡河都被楚軍的漫天箭雨攔回來，始終沒有機會。眼看這樣拖下去不是辦法，匡章很苦惱，國內的齊湣王也著急了，派人責難匡章，要他立即發動進攻，匡章明確回覆他：「你可以撤掉我，殺我全家，但要逼我現在出擊，做不到！」

就在雙方僵持不下的時候，齊國的巡邏人員偶然遇到附近的一名樵夫，那樵夫告訴他們：「要分辨河水深淺太容易了，楚國軍隊重兵把守的地方水就淺，士兵少的地方水就深。」

聯軍統帥恍然大悟，馬上挑出楚國防守最嚴密的地方，半夜發起衝擊，楚軍那邊萬萬沒想到他們會從這裏突破，被打個措手不及，聯軍渡河成功！

雙方隨後在垂沙展開大戰，楚軍大敗，主將唐昧被殺，三國聯軍一路橫掃，突進到楚國腹地，直撲郢都，楚國開始崩潰。

漢中那邊也傳來消息，秦軍突破防線，斬首兩萬，拿下重丘，秦師從漢中殺下來了！

更大的災難隨後來臨。唐昧的部將莊蹻（莊蹻的身份有爭議）臨陣倒戈，帶領自己的部下轉身撲向後方，直接攻入郢都，燒殺劫掠。

這是兩百年來郢都第一次被人攻破，郢都的民衆四散逃竄，舉國震恐，楚懷王已經無法控制局勢。

楚懷王帶著文武百官們四處躲避，但是楚國的平原上已經處處是烽煙，還能躲到哪裏去呢？最後他只好向齊國投降，請求齊湣王饒恕。齊湣王也不想徹底把楚國打趴下，便命令三國軍隊撤退。

楚國人終於可以喘上一口氣，但北方大片領土已經被韓、魏佔領，國內盜賊蜂起，一片混亂，國土四分五裂，很多地方都已經不在政府的控制之下了。

但噩夢還沒結束。就在楚國人因為三國聯軍的撤退額手稱慶的時候，秦國的第二輪打擊又來了。

這次帶兵的是宣太后的弟弟羋戎，這姐弟倆翻臉不認人，對自己的祖國痛下殺手，大敗楚軍，殺死大將景缺，斬首三萬，攻佔楚國北方門戶襄城，形勢慘烈無比。

楚懷王終於確認這一系列的打擊背後是秦國在操縱。絕望中的他只好向齊湣王求援，許諾割讓六座城池，並且把太子橫派到齊國去做人質，希望齊國出來斡旋，讓秦國收手。

秦昭襄王看到這一幕，一聲冷笑，把自己的弟弟涇陽君也送去齊國做人質，同時警告孟嘗君，要他別干涉楚國這邊的事，看熱鬧就好。

齊國本來就想看兩大國爭鬥，當然不反對。秦國的第三輪打擊隨後來到，這次兵分兩路，芈戎攻下新市，庶長奐攻下另外八座城池，斬殺大將景快，大軍壓境，再一次威逼郢都。

這時楚國已經陷入全面危機，再也無力反抗，只能任憑秦國宰割，曾經的天下第一大國徹底被打趴下了。

但就在秦國強力壓制楚國時，秦昭襄王卻給楚懷王寫了一封言辭懇切的信：

我們兩家本來是親戚，前兩年關係不還是很好嗎？哪料到你的太子殺掉我的朝中重臣，私自逃回楚國，我氣瘋了，才對你們大打出手，你不要生氣。

剛剛聽說你居然把那個太子又送到齊國去，求他們幫忙，難道跟我如此見外嗎？我們兩親家的糾葛要讓外人來拆解嗎？我們不如好好談談，就約在武關見面，大家重歸於好，繼續維持我們的親密關係，怎麼樣？

收到這封信，楚國朝堂上炸鍋了。

背信棄義的秦人

大多數朝臣堅決反對懷王去跟秦王會盟。秦國的惡意已經暴露得太明顯了，會盟的地點又在秦國，萬一他們翻臉怎麼辦？難道還要再上他們一次當嗎？

大將昭睢直接說：秦國是「虎狼之國」，絕不能相信。

屈原等人也竭力阻止。

但懷王的小兒子公子蘭卻一力攛掇他去：「我們根本沒有實力抵抗秦國，現在人家放下身段要跟你和談，難道你還不同意？」

懷王自己也很為難，去吧，前方殺機重重；不去吧，楚國有拒絕的本

錢嗎？橫豎都是被欺負，不去也躲不過。而且自從周朝衰落以來，諸侯們雖然互相打來打去，但在國家會盟這種場合，大家還是比較守規矩的，不會太為難別國君王。

再說，他心底對宣太后還是有一絲幻想，這個女人再絕情也不至於到這種程度吧？前兩年不是還笑容可掬地跟我們這些娘家人攀親戚嗎？他很想跟宣太后當面對質，看看她怎麼說。

經過一番激烈的爭辯，楚懷王最終不顧多數朝臣的勸告，決定參加這次會盟。

楚國的荒原上，煙水迷茫，一支孤獨的隊伍垂頭喪氣地走著。前方迎接他們的會是怎樣的命運？

武關是商於之地的門戶。楚懷王的軍隊沿著丹江通道溯流而上，走過一段峭壁高聳的大河谷，終於來到這裏。這時所有人都已經疲憊不堪了。

不出所料，秦國並沒有舉辦甚麼熱情的歡迎典禮，只派了幾個從來沒見過的低級官吏，一臉冷漠地帶著楚國人往前走。

楚國君臣幾次問他們，甚麼時候能見到秦王？那些人只是冷淡地說：「前面就到了，別著急。」

山谷中寒風凜冽，深一腳淺一腳地走了半天，終於來到秦軍大寨前，寨中崗哨林立，但哪裏有秦王的影子？

楚國君臣剛要問詢，前面寨樓上一員大將高聲說道：「我們大王有令，請楚君到咸陽一行，即刻啟程！」

上當了！楚國君臣轟然雷動，跳起來開罵，四周卻早已經有上百名帶甲武士層層圍上來，把懷王的隨從全部掀翻在地，捆起來帶走，然後把楚懷王劫上戰車，當即開往咸陽。

咸陽宮裏，等待他們的並不是迎賓隊列，而是冰冷的鐵鎖鏈，楚懷王被武士押到章台之前，以番邦朝覲中原的禮節，跪拜秦昭襄王。

楚國立國以來最大的恥辱就此上演！直到這時楚懷王才看清宣太后母子的真面目。他設想過各種最惡劣的場景，卻萬萬想不到，秦國竟會完全不顧國家間交往的基本規則，公然用「會盟」為藉口劫持他國君王。這是戰國

時代百年以來從來沒有發生過的事情，現在秦國卻真的做出來了，沒有留一點餘地，周朝所有的禮義廉恥在這個國家已經被踐踏得粉碎。

他心裏的一個疑團也終於解開了，之前太子橫逃回楚國的時候，楚人就紛紛猜測這事情不簡單，太子橫的安危關係到秦楚聯盟能否維繫，一個小小的大夫怎麼敢去招惹他？太子又怎麼會衝動到公然在秦國殺秦國大臣？

現在這一切都有了答案，原來秦國所有的舉動都是在表演給楚國看，他們最大的目標一直就是楚國！聯姻、結盟、歸還領土，現在看來不都是笑話嗎？芈八子，芈八子，好一個狠毒的女人！我們早就應該想到她是根本沒有信義可言的，她的眼裏從來就只有利益，所謂的祖國，親人，在她眼裏都只是獵物而已。

高台上的芈八子——現在的宣太后，巧笑盈盈，對楚懷王斂衽行禮：「王兄別來無恙？你外甥很想見你，你怎麼一直不肯來呀？我們實在沒辦法，只好出此下策，還請王兄勿怪。」

她吩咐周圍的人：「這是我兄長，給我照顧好了，誰都不許欺負他。」說完就下去了。

秦昭襄王眼睛一瞪：「怎麼還不賜座？」然後對懷王拱手為禮：「有請楚君，得罪了。」

衛兵把懷王按在座椅上，聽候宣判。秦昭襄王直接拋出自己的要求，沒有商量餘地——割讓巫郡、黔中郡，然後可以放懷王回去。

這就是綁架！懷王只覺得一股怒火衝上腦門，他被秦國騙了一輩子，這時候終於醒悟了，他拚命掙扎，用他所能想到的最惡毒的詞彙，破口大罵，沒有一刻停息。這個昏君，在人生的盡頭，終於爆發出一股無與倫比的忠勇之氣，不管秦國人如何威逼利誘，他始終咬定一點——絕不割地！他已將生死置之度外，如果那無可挽回的命運一定要來，那就讓它來吧，楚國絕沒有賣國之君！

秦昭襄王皺緊眉頭，一擺手：「這人氣糊塗了，把他帶下去好好看管，割地的事從長計議。」

楚懷王被圍上來的衛兵帶走，投入冰冷的監獄，從此關押在秦國。

國殤，一個時代的悲劇

楚懷王被秦國扣押的消息傳回楚國國內，舉國震動。人們義憤填膺，爭先恐後地向朝廷上書，要求攻打秦國。朝堂上也吵成一團，當初攛掇懷王赴約的公子蘭一夥成為眾矢之的。主戰派紛紛請戰，要求即刻發兵。

國際上也是一片嘩然，秦國的做法已經踩碎了國際交往的底線。人們雖然很看不慣楚懷王，但還是對他報以深深的同情，希望這事能有一個圓滿的結果。但各國又能怎樣呢？在這個人人自危的時代，誰又能出來主持公道？

秦國那邊，監牢裏的楚懷王依然絲毫不鬆口。秦昭襄王也發現自己的做法可能是一個錯誤，除了收穫仇恨以外一無所獲，但已經太遲了，秦國已經永遠在國際上留下了「虎狼之國」的惡名。

現在秦昭襄王騎虎難下，只能一直把楚懷王扣著，雙方都不肯讓步，局勢就這樣僵持著。

楚國大臣們看到這個情形，知道懷王很有可能回不來了，開始考慮下一步計劃。他們去齊國迎接太子橫，想先把他立為楚王，斷了秦國的念頭，再想辦法營救懷王。

齊湣王開始還不同意，想把太子橫也扣下來，也逼迫楚國割地。但孟嘗君覺得這樣的做法過於離譜，勸說齊湣王把太子橫放回去了。

公元前 298 年，太子橫登基，是為楚頃襄王。秦昭襄王母子這下更加尷尬，惱羞成怒，再度發兵攻打楚國，一口氣攻下十六座城池，斬首五萬，鮮血染紅楚國的山川。楚人已經沒有任何能力抵抗侵略，只能任憑秦人宰割，但秦國人也沒有勝利，他們得到的除了土地，還有仇恨。

一年以後，楚懷王越獄成功，偷偷逃出秦國。但秦國政府立馬發覺了，緊急封鎖到楚國的道路，在全國通緝懷王，懷王只好逃到趙國去。趙武靈王那麼精明的人，當然不會收留他，他只好又逃往魏國，卻在半路被秦國追兵抓住，又被押回了秦國。

這以後秦國加強了看管，斷絕了懷王跟外界的一切聯繫。又過了一

年，飽受摧殘的楚懷王帶著衝天怨氣死在了秦國的監獄裏。周朝開國以來，第一次有一個國君誘騙另一個國君到自己國內，並虐待至死。

懷王的遺體被送回楚國，一個國家的尊嚴慘遭踐踏，楚人的心理防線徹底崩潰了，人人哀慟，戶戶悲鳴，屈原更是懷著滿腔憤懣寫下了無數的詩篇，《國殤》即是其中之一：

操吳戈兮被犀甲，車錯轂兮短兵接；

旌蔽日兮敵若雲，矢交墜兮士爭先；

淩余陣兮躐余行，左驂殪兮右刃傷；

霾兩輪兮縶四馬，援玉枹兮擊鳴鼓；

天時懟兮威靈怒，嚴殺盡兮棄原野；

出不入兮往不反，平原忽兮路超遠；

帶長劍兮挾秦弓，首身離兮心不懲；

誠既勇兮又以武，終剛強兮不可淩；

身既死兮神以靈，魂魄毅兮為鬼雄。

秦國的做法實在太不地道，這在楚人心裏留下了永遠無法抹去的創傷。秦、楚從此結為世仇，楚人有言，「楚雖三戶，亡秦必楚」，仇恨環環相結，代代相傳，永不可解。

這是楚人的傷痛，也是秦人的悲哀。

秦、齊、楚三大國的角力竟以這種方式收場，天下人唏噓不已。人們對秦國感到極度失望，從此不會再有國家願意真心實意地跟秦國合作，秦國跟人交往的唯一方式只能是武力，「合縱連橫」這種假惺惺的面具可以拋開了，秦國即將對天下人舉起屠刀。

從這時起，戰國歷史真正進入了黑暗時代。

第十一章

雙雄並立

雞鳴狗盜

　　楚國人為自己的自私和愚蠢付出了慘重的代價，從丹陽之戰開始，十幾年間不斷遭受重大創傷，山河殘破，從此被打入二流國家的行列，退出了三大國的競爭。秦、齊兩國都從中受益，躍升而為天下最強的兩個國家。

　　兩國關係開始變得微妙起來，都在試探對方的態度，我們兩個到底是敵人呢？還是敵人呢？

　　其他國家也在忐忑不安地觀察著兩國勢力的消長，到底該倒向哪一邊，這是個很傷腦筋的問題。

　　這時候傳來一個讓人大跌眼鏡的消息 —— 齊國的相國孟嘗君受秦王邀請，到秦國為相。

　　天下人一臉懵：這是甚麼情況？就在大家都還沒看懂的時候，孟嘗君已經火速入秦，登上秦相之位，向天下宣佈：「我要輔佐秦王了。」

　　這背後是秦、齊兩大國的激烈過招，兩國掰手腕大賽正式開始。不過秦國顯然更加霸道，他們並不想繼續這種虛與委蛇的無聊把戲，孟嘗君入秦沒多久，秦昭襄王就翻臉不認人，直接把他關押起來，讓趙武靈王派來的樓緩接任秦國相位。

　　趙武靈王這些年一直在玩挑撥離間的手段，先在齊、韓、魏三國和楚、宋之間上下撥火，左右挑唆，引發兩派火拚，把楚國打落懸崖，現在又想挑起秦、齊之間的紛爭。

　　這是東方六國的通病，都在耍小聰明，想讓別國先跟秦國打起來，自己好撿漏。

　　所以現在的情況是：不僅秦、齊兩國自己在明爭暗鬥，其他國家，特別是趙國，也很希望看到他們鬥起來。

　　趙武靈王最近剛剛把君位傳給自己的兒子，自己號稱「主父」，優哉游哉地在外面晃蕩，順便見縫插針地挑撥各國關係。

　　孟嘗君入秦的同時（也可能更早），趙武靈王把樓緩也送去秦國，讓他在秦、齊之間搞事情，但這樣他還嫌不够刺激，索性自己偽裝成隨從，跟著

樓緩進入秦國。

趙武靈王混在一群僕從中間進入咸陽，沿路查看秦國風土人情。這時候可憐的楚懷王還被關在咸陽的監獄裏，東方各國的君主們對秦國躲都來不及，秦昭襄王母子怎麼也想不到真有不怕死的國君趕著來自投羅網，所以也沒有防備。樓緩去會見秦國各個官員的時候，都把趙武靈王帶在身邊，近距離查看秦國官場的情況。

樓緩也多次勸諫，說這樣太冒險，但趙武靈王不聽，最後他甚至跟著樓緩去拜見秦昭襄王母子，那娘兒倆硬是沒把他認出來。

但宣太后他們畢竟都是千錘百煉的人精，也有點懷疑起來了，趙武靈王一看勢頭不對，從秦王宮出來以後立即變裝易服往趙國跑。宣太后他們隨後派人追趕，一直追到邊境上，守邊的人說剛剛有趙國車隊飛奔出境，追兵只好空手而回，回來一調查，才知道那果然是趙武靈王。

這件事情把秦昭襄王母子驚出一身冷汗，意識到一個很難纏的對手已經在北方崛起，以後秦趙之間必然要大鬥一場。

樓緩在秦國積極活動，終於把孟嘗君擠下去，自己登上了相位，孟嘗君反而淪為了階下囚。

孟嘗君來秦國其實也是為了刺探情況，不料被趙國人橫插一腳，不僅沒有任何收穫，還把自己都給陷進去了。

當時他身邊還跟著一群門客，大家聚在一起討論，怎麼才能脫身。他們打聽到秦王目前有個非常寵幸的妃子，就托關係找到她，求她幫忙去找秦王說情。那妃子說：我沒別的要求，就想得到上次看見的那種白狐皮裘。原來孟嘗君有一張白狐裘，極其罕見，是天下至寶，但剛到秦國的時候就獻給秦王了，現在哪裏再去找一張呢？這時門客裏面有個人出來說，他善於扮成狗去偷東西，於是半夜扮成狗，鑽進秦王宮的府庫裏，把那件白狐裘偷出來了。他們把白狐裘獻給那個妃子，那妃子果然去秦王跟前吹枕邊風，秦昭襄王一時受她蠱惑，就下令把孟嘗君放了。孟嘗君他們如脫金鎖走蛟龍，立即改名換姓，拿著假通關文牒飛速逃離秦國。

秦昭襄王這邊，剛剛釋放孟嘗君就後悔了，又派人去捉拿他。追兵趕

到的時候，孟嘗君他們已經來到函谷關下。按照規定，函谷關晚上閉關，天亮雞叫以後才開關放行。後邊追兵馬上就到，等天亮開關肯定來不及了。這時門客裏面又出來個異人，他會學雞叫，叫了幾聲，周圍方圓幾里的公雞都跟著叫起來。守關的人以為時辰到了，便開關放人，孟嘗君他們終於成功混出函谷關，來到了安全的地方。

雞鳴狗盜那兩人本來都是最下等的門客，從來不受人關注，孟嘗君回到齊國以後，馬上把他們都提拔為上等賓客，從此給予最優厚的待遇。後世的人們因此都說，不要瞧不起那些不起眼的人才呀，關鍵時刻說不定能派上用場呢。

齊湣王見到孟嘗君安全回來，也鬆了一口氣，繼續任他為相。但經過這樣一番折騰，秦國跟齊國的矛盾已經公開化，誰也裝不下去了。同時，楚懷王被扣留的事情已經引起天下人側目，秦國也沒必要再裝好人，該動武就動武，時隔多年之後，再次對韓、魏揮起大棒，雙方劍拔弩張，形勢一觸即發。

齊國的合縱

公元前 298 年，齊國再度扛起「合縱抗秦」的大旗，由孟嘗君組織，聯合齊、韓、魏三國兵馬共同攻打秦國。

這次戰爭的口號是替楚懷王討回公道。不過誰都知道這只是藉口，齊國三年前還是伐楚急先鋒，怎麼會一下就關心起楚王的安危來？

當時楚懷王還關在咸陽，秦國大軍剛剛橫掃楚國十六城，趙武靈王也賊頭賊腦地窺探秦國，所有國家跟秦國的關係都已經鬧僵。三國攻秦得到國際社會的一致支持，秦國只好收縮戰線，在函谷關拒敵。

雙方在函谷關對峙，這一對峙就是三年之久。在這期間，又發生了楚懷王越獄被抓回的事件，最後楚懷王死在秦國監獄裏，國際輿論大嘩，一直首鼠兩端的趙國和宋國立即倒向三國聯軍一邊，形成五國攻秦的局面。

五國聯軍終於在公元前 296 年攻破函谷關，進入秦國本土。秦國放棄「借力打力」的連橫政策，這可能是他們的一個錯誤，現在跟所有國家撕破臉，以秦國的國力還是有點扛不住。五國聯軍一直打到鹽氏。

這裏還屬黃河東岸，離關中還有很長一段距離，但秦昭襄王還是慌了，跟樓緩和公子池商議，決定割讓武遂、封陵、晉陽三座城池給韓、魏，五國聯軍因此跟秦國講和，然後就退兵了。

三座城池割讓以後，韓、魏的防禦形勢大大改觀，都覺得可以過幾年安穩日子了，當然不想再鬧下去。

齊國也怕再打下去讓韓、魏重新坐大，自己搭台，結果讓人家唱戲，這當然不合算，所以也見好就收。

這一輪合縱，齊國雖然沒得到直接的收益，但他們作為聯軍的老大哥，親手組織起這樣一次攻勢，把秦國打得割地求饒，也是巨大的勝利。跟秦國交鋒的第一回合就取得這樣的戰績，確實值得驕傲，這樣走下去，天下到底鹿死誰手還很難說。

當時誰也想不到，這會是齊國和孟嘗君的巔峰之作，也是他們最後的輝煌。

狡兔三窟

齊湣王登基不過幾年，卻取得了一連串的勝利，齊國的國際地位也迅速躍升，甚至一度有蓋過秦國的勢頭。不過這些成果主要是孟嘗君做出的。孟嘗君不管才能還是人望都壓倒齊湣王，這樣的君臣組合怎麼可能長久維持下去呢？

隨著孟嘗君的聲望越來越高，君臣之間的關係也變得越來越微妙。

終於在公元前 294 年，一次未遂的政變把齊國高層的矛盾徹底暴露出來了。

當時齊國有個將領叫田甲，可能是公卿家族的成員之一，他發起叛

亂，闖進王宮劫持了齊湣王，但立即遭到齊湣王支持者的反撲，兵敗被殺。

這起事件迷霧重重，具體的細節外界不得而知。只能猜測田甲屬孟嘗君一派，他兵敗以後，齊湣王對孟嘗君派系的人態度徹底轉變，孟嘗君無法在朝堂裏立足，被迫下野，回到了自己的薛邑去養老。

這期間留下了「狡兔三窟」的傳說。據說孟嘗君有三千門客，如此之多的閒人，魚龍混雜，當然不可能每個人都受到很好的照顧，其中有個叫馮諼的，當初因為家裏窮得活不下去才來投靠。

孟嘗君問他：「先生有甚麼愛好？」

馮諼回答：「沒有。」

孟嘗君又問：「那有甚麼專長呢？」

馮諼回答：「也沒有。」

孟嘗君也沒說甚麼，只是笑笑，吩咐下人好好招待他，就忙自己的事去了。

下人們看到這情形，這人顯然是不受重用的呀，所以都不待見他，只拿粗茶淡飯勉強應付他而已。

過了一段時間，馮諼吃飽了飯，一個人靠在柱子上彈著自己的破劍唱歌：「長劍呀，咱們回家去吧，這裏沒有魚給我們吃。」

下人們就去回報孟嘗君，孟嘗君吩咐：「給他添上魚吧。」

又過了段時間，馮諼又彈著破劍唱歌：「長劍呀，咱們回家去吧，這裏出門沒有車坐。」

下人們回報以後，孟嘗君讓人配給他一輛車。

不料又過段時間，馮諼又在唱：「長劍呀，咱們回家去吧，沒人照顧我們的家人。」

孟嘗君親自來問他：「先生有家人在外？」

馮諼回答：「只有老母獨自在家。」於是孟嘗君讓人定期送衣食給馮諼的母親，照顧得無微不至，馮諼這才不抱怨了。

薛邑是孟嘗君的食邑，也是他主要的經濟來源，有一次到了收租的時間，孟嘗君發出告示來，徵一個懂會計的人去薛邑替他收租。

馮諼就自告奮勇地說：「我去，我對收賬很瞭解。」於是孟嘗君就派他去了。

臨走之前，馮諼問：「請問公子，收到租金以後，需要買些甚麼回來嗎？」

孟嘗君說：「你看我缺甚麼就買甚麼吧。」馮諼到了薛邑，到處催債，收到十萬利錢，但還有很多人交不出租金。馮諼用收到的利錢置辦酒席，把當地的納稅人都召集起來，然後把大家的賬本都搬出來放到廣場上，先核對了每個人的繳納情況，然後對大家說：「我們公子體諒大家生活不容易，特地吩咐在下來宣佈，交得起租子的，我們訂個日期，按期交租；交不起的，這次就給大家免掉。」說著命人一把火把那些賬本全部燒掉了。

現場歡呼聲震天，人人都稱讚孟嘗君的賢良。馮諼回去向孟嘗君彙報情況，孟嘗君聽後火冒三丈，問他為甚麼要這樣做，馮諼回答：「公子不是說缺甚麼就買甚麼回來嗎？我看公子缺人心，所以替你買了人心回來。」

孟嘗君無言以對，只好擺擺手：「罷了。」讓他下去了。後來孟嘗君受到田甲事件的牽連，免官回到薛邑，當地老百姓聽說以後，扶老攜幼，走出幾十里來迎接，孟嘗君看到道路兩旁摩肩接踵的歡迎人群，終於展開笑顏，對馮諼說：「我終於見到你買來的人心了。」

馮諼對孟嘗君說：「狡猾的兔子要挖三個洞口（狡兔三窟）才能保命，現在公子才有一個洞口而已，還差兩個，我再去行動。」說完，讓孟嘗君賜給他五十乘馬車，五百兩黃金，他親自帶著這些財寶去魏國遊說魏昭王。

馮諼對魏昭王說：「齊王免了孟嘗君的官職，以孟嘗君在國際上的人望，誰得到他，誰就能擴大自己在國際上的影響力，大王請速速行動，請孟嘗君來魏國為相。」

魏昭王一聽有理，當即讓人開著百輛馬車，帶著千兩黃金去薛邑聘請孟嘗君。

馮諼早已經跟孟嘗君說好了：「如此這般……一定要拒絕魏王的聘用。」果然，魏國的使者來了三次，孟嘗君三次拒絕了他們的聘請，但國際國內都聽說了他被魏國爭搶的事。

這時候齊國朝堂上已經轟動了，齊湣王看到這麼快就有人來聘用孟嘗君，後悔自己趕走了他，於是也派人去薛邑請孟嘗君，請他回到朝廷裏繼續執政。

馮諼對孟嘗君說：「如此這般……要對齊王這樣說。」

於是孟嘗君對齊湣王提出，希望能把齊國先王的祭器搬到薛邑來，在薛邑建立齊國的宗廟，湣王答應了。等宗廟建成以後，湣王再要攻打薛邑也會投鼠忌器，薛邑從此可以長保安寧，孟嘗君也得以擁有了一個雷打不動的大本營。馮諼到這時才對孟嘗君說：「我替公子建的『三窟』已經建成，公子從此可以高枕無憂了。」

於是在馮諼這位天下第一炒作高手的幫助下，孟嘗君通過了重重險阻，成功保持了自己在齊國的地位。

不過傳說歸傳說，現實要殘酷得多。現實是孟嘗君被免官回到薛邑以後不久，終於還是待不下去，只好離開齊國，到魏國去尋求庇護，並且立即受到重用。（另一種說法是孟嘗君離開齊國朝廷以後馬上就去了魏國，沒有回過薛邑，更沒有甚麼「狡兔三窟」的故事。）

孟嘗君的離去，使齊國放棄了「合縱抗秦」的策略，開始實行「孤立主義」外交，一切以自身利益為出發點，不講道義，只講利益，這是齊國對外政策的一次重大轉折。

孟嘗君甚至可能在齊國受過很嚴重的政治迫害，所以後來對齊湣王非常憤恨，餘生所有的時間都在跟齊國作對，這也使得齊國在國際上更加孤立。

至於魏國為甚麼會收留孟嘗君？因為他們現在已經變成了齊國的敵對國家。

這之前不久，韓襄王和魏襄王先後過世，新上台的韓釐王和魏昭王沒能延續跟齊國的友好關係。

多種因素綜合的結果就是：齊國放棄了跟韓、魏聯合稱霸國際的戰略，轉身跟秦國眉來眼去，秦、齊關係從敵人變成了競爭對手，而他們爭奪的獵物就是韓、魏。

不久以後，已經崛起的趙國也加入戰團，跟秦、齊爭著分食韓、魏兩塊大蛋糕。

於是韓、魏就很慘了，兩個小國根本無法抵擋三個大國爭先恐後的撕咬，一次又一次地被打倒在地，國土也一遍又一遍地被蠶食，國家在恐慌中無可挽回地墜入深淵。

戰國後期的大規模殺戮正式來臨。

三晉哀歌

從公元前 295 年開始，韓、魏兩國失去了齊國的保護。秦昭襄王看準機會，對韓、魏發起了一系列的戰爭，這些戰爭的目的非常明確，就是搶奪土地。

公元前 295 年，秦國奪取魏國的襄城。

公元前 293 年，伊闕之戰爆發，秦國「死神」白起正式登上歷史舞台，在伊闕大敗韓、魏、東周國聯軍，活捉犀武（公孫喜），斬首二十四萬。

公元前 291 年，秦國奪取韓國的宛城。

公元前 290 年，韓國被迫割讓包括武遂在內的兩百里土地，同時，魏國割讓河東郡四百里土地。

公元前 289 年，秦國奪取魏國大小六十一座城池。

公元前 287 年，秦國奪取魏國的新垣和曲陽。

公元前 286 年，秦國攻打魏國，魏國被迫割讓曾經的首都安邑，秦國趕走安邑全部居民，只要地，不要人。

公元前 283 年，秦國奪取魏國的安城，然後全力圍攻大梁，燕、趙兩國聯手救援，秦軍才最終撤走。

公元前 276 年，秦國派出白起，奪取魏國兩座城池。

公元前 275 年，秦國再一次圍攻大梁，打敗韓國援軍，攻佔兩座城池，魏國被迫割讓溫城。

公元前 274 年，秦國奪權魏國四座城池，斬首四萬。

公元前 273 年，秦國白起、魏冉聯手出擊，在華陽大敗魏、趙聯軍，斬首魏軍十三萬，把俘虜的兩萬趙國士兵扔進黃河。

……

公元前 283 年到公元前 276 年間曾有幾年空缺，是因為秦國正在打趙國和楚國。秦國這台殺戮機器一刻都沒有停過。

這是一段恐怖的歷史！史書上每一行短短的小字，背後都是數萬人伏屍荒野的慘禍，是數萬個家庭妻離子散的悲劇。

他們的家園變成了自己的墳墓，他們的鮮血滲入自己曾經耕作的土地……這一代人，從出生開始就在秦人的屠刀下瑟瑟發抖，而最終也未能擺脫被屠殺的命運。

這是韓、魏民族的血淚史。韓、魏最大的錯誤是離秦國太近，最大的罪過是太弱小，這兩個因素決定了他們任人宰割的命運。

當年那個驕傲的、霸氣的晉國，那個統領中原兩百年的強大國家，可能怎麼也想不到他們的後人會有這樣一天。

韓、魏的國土已經被壓縮到極限，人民幾乎已經無法生存，整個國家已經徹底失去了抗爭的勇氣，甚至連仇恨的力量都不再有了。

從那時起，國際上基本聽不到韓、魏的聲音了，這是兩個沉默的國度，在無人關注的角落裏靜靜地等待死亡……對於這個慘烈的結果，齊國有很大責任。齊國是山東六國裏面唯一能跟秦國抗衡的國家，但他們卻選擇了隔岸觀火的策略，沒有扛起抗秦的大旗，甚至跟秦國一起，對韓、魏這些小國施加壓力。

齊湣王本人的自私和短視在這中間起了很大作用。

不過天道輪迴，齊湣王自以為聰明，可以高枕無憂地看戲，卻不料別人也在看他的好戲。就在他拋棄兩個小夥伴，眼睜睜看著他們墜入深淵的時候，別人也在打他的主意，而且目的相當明確——消滅齊國。

第十二章

激烈的生存競爭

燕昭王求賢

　　子之之亂給燕國帶來了巨大的傷害，年少的燕昭王目睹了這一切，對於國仇家恨深有體會。

　　他一心要找齊國報仇，迫切想讓燕國強大起來，所以即位以後勵精圖治，抓住一切機會振興燕國。

　　這時候燕國的國際環境跟趙國有些類似：地處偏遠的北方，遠離中原是非之地；跟秦國又有血緣關係，屬天然的聯盟。唯一要擔憂的就是南邊的齊國，但趙國同樣跟齊國有仇，只要燕趙聯手，齊國就不敢在北邊有動作。

　　這樣有利的國際環境，帶給燕國一段黃金發展期。燕國傳統上是落後地區，人才匱乏，所以燕昭王振興燕國的第一步就是大力招攬人才。在燕王招攬人才的事跡中，最著名的是「黃金台」的傳說。

　　燕國有個老臣叫郭隗，昭王去找他問招攬人才的策略，郭隗講了個故事：從前有個君王想要千里馬，派下人拿著千金財寶到處求訪，一直沒找到。後來這個下人終於回來稟報「找到千里馬了」，拿出來一看，卻是死馬的骨頭，原來他花五百金買了千里馬的骨頭回來。君王大怒，要處罰他，那人說：「現在天下人都知道您甚至願意花五百金買千里馬的骨頭，還怕真正的千里馬不來嗎？」君王一想，覺得很有道理，轉怒為喜，厚賞此人。果然過了沒多久，人們爭先恐後地前來獻馬，君王也得到了自己想要的千里馬。

　　郭隗接著對燕昭王說：「微臣沒甚麼才能，大王要招賢，請從微臣開始。如果大王連微臣都能禮待，還怕天下的賢才不會聞風而來嗎？」

　　昭王大喜，立即命人掃灑沐浴，舉行隆重的儀式封賞郭隗，宣稱他就是自己要找的賢才，親自拜他為師，並且為他修築了名叫「黃金台」的宮殿，以此表達對老師的尊重。

　　此事經過官方輿論的大肆宣傳，天下人都知道燕昭王求賢若渴，從各個國家來投奔的人才絡繹不絕，其中最著名的有：魏國來的樂毅、齊國來的鄒衍、趙國來的劇辛。這些人都是百裏挑一的人才，其中樂毅是當年討伐中山國的名將樂羊之後，鄒衍是齊國稷下學宮的著名學者，劇辛是趙國名將。

這些人匯聚到燕國以後，使得燕國的風氣煥然一新，國家很快振作起來，從此邁上了強國之路。

燕昭王也成為了愛才、惜才的君王的代表，被後世的人們稱頌不已。後世文人每當懷才不遇的時候，就會想起燕昭王，感歎一聲「要是現在的時代還有燕昭王該多好……」譬如詩人李白，就這樣寫過：

> 燕昭延郭隗，遂築黃金台。
>
> 劇辛方趙至，鄒衍復齊來。
>
> 奈何青雲士，棄我如塵埃。
>
> 珠玉買歌笑，糟糠養賢才。
>
> 方知黃鵠舉，千里獨徘徊。

不過冷靜地說，史書裏這些記載大部分是後世的術士們誇張的描述，燕昭王招徠的真正重要的人物就一個──樂毅，他能來燕國，還多虧趙國發生的那場震驚國際社會的政變。

玩火自焚的趙武靈王

燕國崛起的同時，趙國正在發生一場巨變，誰也想不到，一輩子精明透頂的趙武靈王意外地栽倒了。

趙武靈王的嫡長子是太子章，太子章的母親死得早，趙武靈王又寵幸上了一個綽號「吳娃」的美女。

吳娃生下公子何。跟大多數宮鬥劇差不多，吳娃仗著自己受寵，想盡辦法擠兌太子章，最後終於成功鬥倒太子一派，把公子何送上了太子之位，她自己也被立為王后。

公元前 299 年，趙武靈王傳位給太子何，是為趙惠文王，趙武靈王則自稱為「主父」。趙惠文王年紀還小，趙主父便讓自己最得力的手下肥義去

輔佐他，自己專心應付國際上的糾紛，不再過問國內的事。

趙主父是個特別有心機的人，見縫插針，找準一切機會為自己和趙國謀取利益，他表面上跟秦國友好，實際一直盯著秦國，想找到秦國的漏洞把他們打垮。傳位給兒子以後，他開始把全部精力用來算計秦國，甚至還親自混進咸陽去近距離窺探秦昭襄王。

他的計劃是依靠自己胡華混合的軍隊，向西北方向侵吞樓煩、林胡的地盤，然後從雲中、九原南下襲擊秦國，這就廢掉了秦國的函谷關屏障，而且居高臨下，佔有地理優勢。這個計劃如果成功實施的話，真有可能一舉把秦國打趴下。

但他太高估自己的控制力了。就當他在外面到處晃蕩的時候，寶座上的趙惠文王已經漸漸長大，逐漸掌控了局勢，趙主父實際上已經失去了對趙國形勢的控制。當然他自己並沒有意識到。

如果一切就這樣發展下去，倒也沒有大問題，父子倆分工合作共同經營趙國還是不錯的，但這時候趙主父卻犯了一個致命的錯誤──

把王位傳給小兒子以後，趙主父心裏有些內疚。畢竟大兒子趙章文韜武略都是一流，又沒犯甚麼錯誤，就這樣憑空廢掉他，其實說不過去。這時候吳娃也已經死了，沒人在趙主父跟前吹枕邊風，他漸漸有些後悔了。

當時正好消滅了中山國，趙國南北通道從此打通，趙主父就把趙章封在北方的代地（首都邯鄲在南方），稱為安陽君，讓大將田不禮去輔佐他，於是趙章的勢力也漸漸大起來。

有一次，全國官員到邯鄲朝覲趙惠文王，安陽君趙章也來了。趙武靈王在旁邊看到他一臉頹喪，低聲下氣地朝拜自己的弟弟，心裏很過意不去，更加後悔當初改立小兒子的決定。於是他就想進一步提拔這個大兒子，便把他封為代王，甚至計劃把趙國分為南北兩部分，讓兩個兒子分別統治。

趙主父疼愛兒子的心情可以理解，畢竟手心手背都是肉，但作為君王來說，這樣心軟的想法是絕對不該出現的。

大臣們就清醒得多了。李兌和肥義都是朝廷裏特別精明的人物，兩人都在私下表示擔心，認為趙章絕對不是表面上看起來那麼恭順，是故意裝樣

子博同情，只怕後續會有進一步的行動。

所以趙主父的想法一提出來，馬上遭到這幾個重臣的反對，他也只好作罷。

李兌和肥義都忠於趙惠文王。攔下了趙主父的提案以後，轉頭就去提醒趙惠文王加強提防。

同時趙章那邊也聽到了各種風聲，開始警惕起來。雙方都如臨大敵，暗自排兵佈陣，準備對決。

公元前295年的一天，趙主父和趙惠文王到沙丘遊玩，分別住在兩個行宮裏面，趙章也跟著去了，跟趙主父住一起。

趙章、田不禮早已預謀，準備趁機發起叛亂。但也不排除是趙惠文王設計引誘他們動手的——兩人假傳趙主父的命令，召趙惠文王去主父的宮裏，結果趙惠文王沒去，卻是肥義去了。

趙章他們驀然看到肥義進來，大驚失色，雙方爭鬥起來，肥義在戰鬥中身亡。

趙惠文王聽說趙章那邊動手了，也亮出了自己的底牌——早已埋伏好的軍隊一擁而入，同時李兌和安平君（趙武靈王的叔叔）也帶著大軍從邯鄲趕來，兩股人馬會合，共同圍剿趙章的人。

趙章那一派哪裏打得過，只好逃到趙主父的行宮裏躲起來。趙主父終究放不下自己這個兒子，收留了他。

哪知後來的形勢發展完全超出趙主父的預想。他本來以為自己好歹是一國之主，沒人敢真對自己下手，卻沒想到，別人畏懼他，是因為他手上的權力。權力這東西，一旦交出去再要收回就難了。他主動放棄朝政不過四年時間，卻已經徹底丟失了對國內局勢的控制能力，現在他只是一個受人尊敬的老頭而已。

李兌和安平君看到趙主父收留趙章，絲毫不猶豫，四面團團圍住，直接闖進去殺死了趙章。

事情還沒完，兩人一合計：我們把主父徹底得罪了，以後他一定會找我們算帳，索性一不做二不休，連主父一起幹掉。

當然這也可能是趙惠文王的意思，畢竟現在他爹才是他最大的威脅，為了權力，就算幹掉親爹又算甚麼呢？

但不管是李兌、安平君二人，還是趙惠文王本人，都擔不起這個「殺父弒君」的罪名，所以只能採取另一個狠招。

他們對趙主父的行宮喊話：「先出來的免罪，後出來的滅族！」

行宮裏的侍從們個個嚇得面無人色，爭先恐後逃出來投降，只把趙主父一個人丟在裏面，然後大軍堵住大門，不準任何人進出。

可憐的一代雄主趙主父，就這樣被自己的兒子困在了宮裏，如同囚犯一般。

趙主父最後的日子極其淒慘，宮裏的食物已經吃完了，他想盡辦法求生，甚至去掏鳥窩充飢，但他兒子已經鐵了心要把他餓死在宮裏，始終不撤軍。

三個月之後，趙主父終於沒能熬過這一劫，被活活餓死在金碧輝煌的宮殿裏面，外面守衛的人們開始集體大哭，準備發喪。

趙惠文王終於除掉了自己所有的對手，正式登上了趙國君主之位。他給李兌和安平君加官晉爵，予以重用。

趙惠文王靠弒父上位，要是在春秋時代，會立即招來國際社會的嚴厲聲討。但這是黑暗的戰國時代，人人自危，不管死誰大家都不在意，這事就這樣輕飄飄地過去了。

趙惠文王雖然沒有他爹那樣的才能和雄心壯志，但也是個合格的守成之君。趙主父替趙國建立的軍事體制被繼承下來，再加上南北領土已經連通，周邊的蠻夷也已經被收服，趙國的國力得以繼續穩步提高，漸漸成為了秦、齊之外唯一有話語權的勢力。

但失去了趙主父的趙國，不再具有變革的能力，在國家間的競賽中，他們再也趕不上秦國。趙主父策劃中的那些雄心勃勃的滅秦計劃，永遠沒有機會實施了。

趙主父死後，曾經支持他的人紛紛逃離趙國，其中就有大將樂毅。他先逃到魏國，受到魏昭王任用，有一次魏昭王派他出使燕國，燕昭王有心要

招攬這位名將，便很熱情地接待他，樂毅深受感動，於是投靠到燕國，被任用為亞卿。

燕昭王正在籌劃對齊國的復仇計劃，但是齊國作為兩大強國之一，不是隨便可以欺負的，復仇之前需要做很周密的準備。為了成功扳倒齊國，早在齊宣王時期，燕昭王就派了一位超級間諜到齊國，安插在齊王身邊，準備裏應外合，全方位地削弱齊國的實力。

那就是戰國時代的天下第一間諜——蘇秦。

蘇秦是一位神秘的人物，他的神秘，不僅因為他的間諜身份，也因為史書上對他撲朔迷離的記載。史書上實際上有兩個完全不同的蘇秦，一個是跟張儀齊名的縱橫家，他倡導六國合縱，一度打得秦國不敢出函谷關；還有一個就是間諜蘇秦，身在齊國為相，卻暗中替燕國服務。

兩個蘇秦生活的年代相差三十年左右。至於哪個蘇秦才是真實的，現在也沒有定論，總之史書的記載一定有重大錯誤。

先說縱橫家蘇秦的事。

六國封相的傳說

蘇秦出生於東周國，年輕的時候到齊國拜在鬼谷子門下，跟張儀同窗，學習縱橫之術。

學成以後，蘇秦和張儀各自下山遊說列國。

一開始，蘇秦沒能得到諸侯們賞識，在外遊蕩幾年，兩手空空地回到家鄉。

家裏兄弟姑嫂等人都瞧不起他，說他不務正業：「我們這些人，要麼務農，要麼經商，都是有正事做的，像你那樣成天耍嘴皮子，能有出息才怪了。」

蘇秦在家裏住了幾天，根本沒人理睬他，飯也是餿的，茶也是凉的，還要整天看人臉色。

受够了這些人的白眼，他心情極度沮喪，到自己屋裏翻箱倒櫃的，翻出來一堆書，心想：「讀這麼多書，卻不能換來榮華富貴，那麼這些書有甚麼用呢？」準備一把火燒了。

不料驀然間，一本封面寫著《周書陰符》的古書映入他的眼簾，這是當年姜太公留下的奇書，講的是陰陽謀略之術。他拿起書來，剛看了一段便被內容吸引住了。

從此他閉門鑽研書中的謀略，從早到晚不停，一直在看，並在身邊放個錐子，睏的時候，就在腿上刺幾下，接著讀書。一年之後，他豁然開朗，大笑著說：「我知道怎麼遊說那些國君了！」

蘇秦隻身奔出家門，再度踏上了求取功名的道路。

傳說歸傳說，但遊說君王確實是一件很不容易的事。不僅要有三寸不爛之舌，更要具備極其敏銳的洞察力，審時度勢，準確把握各國君王們面臨的不同困境，找到他們的希冀所在，然後還要在一個正確的時機來到他們身邊，把自己準備好的一套強國方案推銷給他們。

可以說，縱橫家的才智和判斷力必須凌駕於各國統治者之上，壓倒國君與滿朝文武，領先於整個國家的精英階層，這才能確保自己提出的方案有足夠的吸引力。

對天下局勢洞若觀火 —— 這是一個合格的縱橫家應該具備的素養。經過多年沉澱的蘇秦已經初步具備了這樣的才識，可以出師了。因為本身是洛邑人氏，他首先到周顯王那裏去推銷自己的學說。但世人都以為「外來的和尚會念經」，周王室的官員們看到自己統治下的城邑裏突然冒出來一個平民，號稱有安邦定國的一整套計劃，比他們這些幾十年的老江湖懂得都多，都覺得很可笑，根本不肯認真聽蘇秦的解釋。

碰了一鼻子灰的蘇秦又西出函谷關，到秦王那裏去遊說。那還是在秦惠文王剛登基不久，秦國剛開始對山東六國大打出手。縱橫家們針對天下局勢發明了「合縱」與「連橫」的策略，正在向各國君主們推銷，蘇秦也加入了這波最新的潮流。

他拿著一套「連橫」的方案向秦王推銷：「秦國據河山之險，秉帝王之

基，東有關河，西有漢中，南有巴蜀，北有代馬，此乃天府之地也。更兼以稠人廣眾，民眾素習征戰，憑藉如此優勢，足以吞併列國，君臨天下。」

可惜這一套說辭並沒有戳中秦王的「痛點」，吸引力不夠。

而且更重要的是，當時秦惠文王剛剛誅殺了商鞅，對於這些賊頭賊腦、居心叵測的謀士們很看不順眼，連帶著對蘇秦也沒有好感，所以果斷拒絕了他的遊說。

再次碰壁的蘇秦又趕到北方的趙國，想遊說趙肅侯。當然，這回改了一番說辭，把連橫改成了合縱，教趙國人怎麼對付秦國——對於縱橫家們來說，君王喜歡甚麼就推銷甚麼，連橫也好，合縱也罷，都只是自己謀上位的工具罷了。

但這次仍然沒有抓住國君的關注點，特別是趙國掌權的奉陽君，對蘇秦很看不上，蘇秦又一次碰了釘子。

他痛定思痛，苦思冥想：君王們的關注點到底在哪裏？怎麼才能說得動他們？

終於他靈機一動——是了！這些腦滿腸肥的「肉食者」們根本沒有長遠的眼光，他們只關注眼前的利益，你要想說動他們，就不要扯甚麼「君臨天下」這種虛頭巴腦的話，而是直接針對他們眼前面臨的困難來說！

接下來，他來到燕國，這是一個被邊緣化的國家，看起來不像有甚麼追求的樣子，要不是其他國家都拒了自己，蘇秦也不會來到這裏。

面對燕文公，蘇秦先戴高帽子，扯了一通燕國的「優勢」：

我們大燕國「東有朝鮮、遼東，北有林胡、樓煩，西有雲中、九原，南有呼沱、易水，地方二千餘里，帶甲數十萬，此乃天府之地也！」

燕文公隨便點了點頭，面無表情。蘇秦接著說：

「這些年，列國紛爭，戰亂不息，只有我們燕國始終平安無事，大王想到這背後的原因了嗎？——這是因為有趙國做我們南方的屏障，秦國的一切征伐都被趙國擋下來了。

「趙國替燕國擋住了中原的兵戈，燕國不親近趙國，卻去親近秦國，這是甚麼道理呢？

「一方面，燕國離秦國上千里之遙，秦國不僅打不到這裏，就算打下來了，也守不住，根本不必畏懼他們。

「另一方面，趙國離燕都不過百里，一旦動干戈，十萬大軍幾天之內就可以兵臨城下，如此的強敵，怎麼可以得罪？

「所以大王應該與趙國合縱，幫助他們抵禦強秦，有趙國這個強大的屏障在，燕國才能保得萬世安寧。」

一席話說得燕文公連連點頭，稱讚不已。蘇秦找燕國說合縱才是真正找對人了。因為燕國離秦國最遠，最不怕秦國的侵略，也就最不需要討好秦國，這裏是最容易實現合縱的地方。

但燕文公還有一個顧慮：「我們畢竟是小國，西邊的趙國、南邊的齊國都一直威脅著我們，要合縱的話，你得先去把他們兩個國家說服了，他們要同意合縱，寡人就跟。」

說著賞賜給蘇秦一堆金銀財寶，讓他去別的國家遊說。蘇秦只得再度來到趙國。這時候奉陽君已經死了，蘇秦可以直接跟趙肅侯面談。

他還是先扯了一通趙國地理條件的優越性：「趙國是天下最優秀的國家，大王是天下最賢明的君王。

「趙國地方二千餘里，帶甲數十萬，車千乘，騎萬匹，人口穀物不計其數。秦國最恨的就是強大的趙國，然而趙國到現在都相安無事，為甚麼？還不是因為有魏國、韓國擋住了秦國的攻擊。

「一旦他們擋不住，魏國只能獻出河西土地，韓國只能獻出宜陽給秦國，那麼秦國接下來就會越過黃河，渡過漳水，侵入番吾，接下來邯鄲就要暴露在秦國的兵鋒之下了。這樣的危險，大王不能不考慮呀。

「現在的情勢，大王只能儘量援助魏、韓，讓他們做趙國的屏障。山東六國聯手，土地五倍於秦國，兵力十倍於秦國，哪裏還會害怕秦國的侵略呢？」

趙肅侯對他這番話表示贊同，也贈送給他一大筆財寶，以及百乘的車隊，讓他帶著這支隊伍，浩浩蕩蕩地再去別的國家遊說。

這時候蘇秦的陣勢已經有些規模了，他來到南邊的韓、魏兩國。這裏

的情況跟燕、趙很不相同。魏國剛剛經歷了雕陰的慘敗，宛如驚弓之鳥。秦國的國境線已經推到韓國邊界，韓、魏兩國都暴露在秦軍的鐵蹄之下，隨時有生命危險，因此都有了投降的意圖。

所以勸說的重點在於阻止他們投降。

韓宣王剛剛登基，正是年輕氣盛的時候，蘇秦對他說：「韓國是天下最優秀的國家，大王是天下最賢明的君王。韓國擁有天下最強悍的軍隊，更擁有遠超各國的先進技術。人們都說，天下之強弓勁弩皆從韓出。韓國的弩能連發一百箭，韓國的寶劍，可以陸斷牛馬，水截鵠雁。擁有如此強悍的武裝，如此賢明的有為之君，卻要西面事秦，不是讓天下人笑話嗎？

「秦國眼下的目標，是要強迫韓國割讓宜陽、成皋。這兩個地方送出去以後，他們又會要別的土地，韓國的土地有限而秦國的貪婪無限，以有限的土地滿足無限的貪婪，怎麼維持得下去？俗話說『寧為雞口，不為牛後』，大王這樣有為的君王，難道要讓人笑話您為『牛後』嗎？」

韓宣王聽得怒髮衝冠，按著佩劍瞿然而起，對蘇秦說：「寡人雖然不肖，也不肯丟祖宗社稷的臉，既然趙王已經有安排，韓國一定加入你們的計劃！」

接下來的魏國就比較難辦，他們已經在準備跟秦國「連橫」了，國內的投降派很活躍。

蘇秦也對魏惠王說：「魏國是天下最優秀的國家，大王是天下最賢明的君王。

「外臣聽說貴國有很多人主張投靠秦國？這些人都是奸佞之輩，萬萬不可相信他們。要投靠秦國，必然要割地，戰爭還沒打響國家卻已經削弱。對於那些人來說，割讓的是君王的土地，得勢的是他們自己，所謂『破公家而成私門』，損失了萬世之基業，換來小人們眼前的富貴，所以他們才那麼熱切地希望投靠秦國。

「更可恨的是，他們得到秦國支持以後，權勢會更加膨脹，甚至威脅到大王您的地位，正是『外挾秦勢而內劫其主』，到時候您拿甚麼去壓制他們？您的位置還能坐得穩嗎？請大王深思。」

一席話戳到了魏惠王的痛處，他沉默了一會，終於說：「謝謝先生，讓

寡人茅塞頓開，既然趙王派你來合縱，寡人願意跟從。」

接下來是東方大國齊國，蘇秦對齊宣王的開場白也是一樣：「齊國是天下最優秀的國家，大王是天下最賢明的君王。

「魏、韓兩國之所以投靠秦國，是因為他們跟秦國接壤，秦國軍隊十天之內就能開到他們城下，他們在巨大的壓力之下，才那麼容易投降。但齊國不一樣。齊國遠離秦國本土，秦國即使要過來，也要翻過重重障礙，而且會擔憂魏、韓從後方襲擾他們，所以絕對沒有膽量過來。何況齊國國力之強大又遠超魏、韓，有甚麼理由西面而事秦呢？

「大臣們沒有計議到這些，所以才有了『西面事秦』的錯誤想法，一旦這樣的想法成真，齊國的臉面就丟盡了，國力也會被削弱，還好現在還沒有執行這個政策，大王糾正大臣們的錯誤還來得及，請三思。」

齊宣王也回答他說：「願意加入趙王的聯盟。」

最後蘇秦來到楚國，對楚威王說：「楚國是天下最強的國家，大王是天下第一的賢王。

「楚國西有黔中、巫郡，東有夏州、海陽，南有洞庭、蒼梧，北有陘塞、郇陽，地方五千餘里，帶甲百萬，車千乘，騎萬匹，錢糧夠支用十年，這是稱霸的資本，如果連楚國都臣服於秦國，那麼天下各國都只能臣服於秦國了。

「但楚國這樣的大國天然跟秦國勢不兩立，秦強則楚弱，楚強則秦弱，因此秦國最恨楚國，早就在計劃派一支兵馬出武關，一支下黔中，分兩路威逼郢都。

「下臣私下替大王考慮，天下能抗擊秦國的只有楚國，要是楚國願意引領群雄抗秦，下臣可以去說服山東各國，讓他們奉楚國為首領，獻上財富與兵馬，供楚國調遣，以形成六國合縱之勢。合縱之勢成，則楚國為王，連橫之勢成，則秦國稱帝。天下大勢只在大王一念之間，還望大王深思熟慮。」

楚威王說：「秦國是虎狼之國，一直以來都想吞併巴蜀和漢中，並威脅楚國，寡人也早有抗秦之意。但魏、韓都被秦國逼迫，暗地裏有與秦人勾結的想法，所以寡人沒法跟他們商議合縱的事。國內群臣也各懷鬼胎，沒人可

以商議。寡人為此臥不安席，食不甘味，現在既然趙王有聯絡諸侯，續存危國之心，寡人願以整個江山社稷相從。」

蘇秦帶著各國君王的答覆去回稟趙肅侯，趙肅侯大喜過望，封他為武安君，並且立即投書秦王，高調宣佈了六國合縱的結果。

至此，蘇秦的遊說獲得了空前的成功，山東六國歷史上第一次有了聯合抗秦的想法，他們共同推舉蘇秦為縱約長，並同時任命他為六國的相國。蘇秦一時成為國際上最有權勢的人物。

「合縱抗秦」終於成為大家的共識，跟秦國的「連橫」政策針鋒相對，天下局勢進入了一個嶄新的階段。

背後的事實是：秦國的國力已經遙遙領先於各國，但還沒有達到可以獨吞六國的程度；另一方面，佔領崤函等地以後，秦國在地緣上完全擁有了威脅東方各國的能力，並且已經顯露出了明顯的侵略意向。在這種情況下，東方各國被迫聯合起來應對。

而秦國當然明白這個形勢，所以才用「連橫」之策，企圖破解「合縱」。說到底，這是秦國從局部侵略發展到吞併天下，中間必經的一個階段，也就是外交戰。這個階段會延續幾十年之久，中間來來回回很多個回合，煞是好看。

後人總以為這一切都是縱橫家們左右天下局勢的結果，其實並不是這樣。不管是蘇秦還是公孫衍，又或者他們的敵人張儀，都不過是敏銳地察覺到了歷史的趨勢，順勢點了一把火而已，不應過分誇大他們的作用，史書上說他們「一怒而諸侯懼，安居而天下息」，那是誇張了。

再說蘇秦，他佩戴著六國相印回到洛邑，隨行的車隊綿延數里，氣勢堪比帝王出巡。整個洛邑都轟動了，周顯王趕忙派人灑掃迎接，人們全部出來圍觀，盛況空前。鄉里也是鑼鼓喧天，哥嫂等人全都匍匐在地上迎接蘇秦，非常恭敬地侍候他的衣食住行，走到哪裏都不忘跟著端茶遞水，一口一個「大官人」，嘴裏都像含著蜜。

蘇秦故意問自己的嫂子：「你以前一直瞧不起我，現在怎麼這麼客氣了？」

嫂子趕忙跪下回答：「因為叔叔位高而多金。」

有錢有地位，真好！這一段故事出自《史記》。但有歷史學家認為《史記》的記載並不可信，他們經過考證認為，蘇秦生活的年代比張儀晚二十年左右，並不是張儀的競爭對手，《史記》裏面關於他的事跡基本是編造的，或者實際上屬公孫衍，我們姑妄聽之罷了。

超級間諜蘇秦

再說間諜蘇秦的事。早在齊宣王時代，蘇秦就來到了齊國，並且依靠自己的才能取得了齊宣王的信任，主要負責外交事務，多次作為齊國的使者出使各國。到了齊湣王時代，蘇秦更加受寵。這些年，他一直在國際上積極活動，拓展自己的人脈，例如當初甘茂被趕出秦國走投無路的時候，就是蘇秦說服齊王收留了他；趙主父被弒以後，蘇秦又立即去趙國遊說李兌。所以蘇秦是當時國際上頂級的縱橫家，有很大的影響力。

他盡力勸說齊宣王和齊湣王跟燕國保持友好，燕昭王那邊也十分配合，齊國多次對外用兵，燕國都派兵協助，兩國的關係表面上看來是不錯的。

但在公元前 296 年前後，燕國和齊國突然爆發了一場大戰，燕國大敗，十萬軍隊被屠戮，只好向趙國求援，在趙國的幫助下才擋住齊國進一步的進攻。

關於這場戰爭，史書上記載得極其簡略，我們只能猜測——當時孟嘗君正帶領五國軍隊攻打函谷關，相持三年，終於攻破函谷關，秦國關中全面受威脅。就在這個關鍵時刻，可能燕昭王趁齊國大軍在外的機會對齊國發動了突襲。不料齊湣王還留了一手，暗地裏留著一部分兵力在國內防備燕國，因此燕國的侵略遭到慘敗。但齊湣王也被嚇出一身冷汗，把已經打入函谷關的五國聯軍緊急撤回。

這次戰爭對立志報仇的燕昭王打擊很大。他看到了燕、齊兩國國力的

巨大差距，看來燕國要直接報仇基本沒有勝算，只能想別的辦法。

想來想去，他終於找到一個重大突破口，就是中原僅剩的小國之一——宋國。

宋國的生存鬥爭

宋國是兩個最神奇的小國之一（另一個是衛國）。明明處在四戰之地，國力又很弱小，卻能頑強地生存到戰國後期。兩個小國就好像驚濤駭浪中的兩艘小船，極度驚險，卻總在關鍵時刻化險為夷，繼續進行自己的探險之旅。

不過仔細想來，他們能生存到現在，根本不是因為自己的能力有多強，也不是因為出了甚麼明君聖主——昏君暴君倒是不少。

他們能生存到現在，純粹是大國之間實力均衡的結果。在幾個大國眼裏，這些僅剩的小國就是熟透的桃子，伸手就能够著。不是他們不想去摘，而是大家都太想去摘了，哪個先伸手，就會被另外幾個人給攔下來，所以每個人都只好等著，等一個自己足够強大，或別人抽不開手的機會。

秦、齊、楚三個大國裏面，就屬齊國摘桃子的衝動最強烈。我們前面分析過，齊國的地理條件比秦、楚更惡劣，擴張的難度比秦、楚大很多。所以儘管他們一直很急迫地試圖對外擴張，卻總是被人給打回來，然後他們的擴張衝動就更加強烈。

齊國人看來看去，周圍唯一有希望拿下的就是宋國。

宋國本身是經濟發達、交通便利的優質地域，又跟齊國本土完美連接，這更加刺激了齊國侵佔的慾望，對於這塊自家後院的保留地，他們是志在必得。

他們一直在等機會，等了上百年，直到楚懷王被秦國扣留，楚國徹底被打殘，齊國成為跟秦國並列的超級大國以後，他們終於覺得時機成熟了，開始嘗試撕咬宋國。

可巧這時候宋國出了一個駭人聽聞的超級暴君——宋康公。

宋康公本來是宋剔成君的弟弟，在公元前 329 年的時候，他發動政變，趕走自己的哥哥，自立為君。

以武力奪得政權的宋康公是個強勢人物，不管對待國內還是國外都極度強硬。

宋國這個國家的性格概括起來就是，「小國也有大夢想」，他們的國家雖小，心卻很大，或者說，他們在心裏從來就認為自己是大國，是天選之人，天生就是要稱霸的。

這樣的國家，配上宋康公這樣的強人，那更是不得了。剛剛坐穩寶座的宋康公就一頭扎進國際社會的風暴圈，參與到戰國時代激烈的紛爭中去了。

他首先攻打齊國。竟然勝利了，拿下五座城池。

然後又挑戰楚國、魏國，消滅滕國，還打過孟嘗君的薛邑，都取得了勝利，據說還搶到不少土地。不過這些記載可能有很多誇大的成分，可信度不高。

當時「五國相王」剛剛結束，宋康公也受到鼓舞，自立為王，從此稱為宋康王。

他甚至還發明了「萬歲」的稱號，讓朝堂內外的人們齊聲高呼「萬歲」，儼然是君臨天下的氣勢，可以說狂到了極點。

這時候看來宋康王還是很有作為的。不過那些大國們就看不慣了。七個壯漢前前後後打了一百多年，還沒分出勝負的時候，卻躥出來個小不點，說：「大哥們等等，小弟來也。」捋起袖子也想來幹架。大家一看，都火冒三丈：「有你甚麼事？一邊涼快去！」

所以各國一致排擠宋康王，國際社會紛紛傳揚他的各種「變態」事跡。例如說他強佔大臣的妻子，平白無故地剖開駝背者的背，看到有人涉水過河，就把他抓來砍斷腿，褻瀆神靈，焚毀宗廟……各種殘暴的行徑，跟當年他的先祖商紂王差不多，因此諸侯們統一給他起了個綽號，叫「桀宋」。

在他所有的暴行裏面，最有名的是「射天」的舉動。據說他拿一個皮

囊盛滿動物的血,掛到高高的竿子上面,然後用箭射爆這個皮囊,血雨漫天飛灑,因此稱為「射天」。歷史上有三個「射天」的君王,分別是商朝的武乙、紂王,還有宋康王,都是他們一家子,所以也有可能這種行為是商民族的一種儀式,周人看不懂,誤解了而已。

總之當時宋康王在國際上的名聲非常差。至於這些傳言有多少真實的成分,我們很難判斷,因為各種史料都不能完全保證真實性。但有一件事,卻幾乎沒法做假——宋康王統治宋國長達四十三年之久。

一個跟紂王一樣殘暴的君王,憑甚麼能够長期統治國家呢?根據這一點來猜測,宋康王被大國們故意抹黑的可能性很大。宋康王當然清楚國際上對他滿滿的惡意,他也在儘量爭取盟友,想打破孤立的局面。

所有大國裏面,齊國是最有可能吞併宋國的,所以宋康王一直跟齊國最大的對手趙國結盟,趙國也樂意利用宋國牽制齊國。於是國際上一度形成秦、趙、宋對陣齊、韓、魏的局面。當齊、韓、魏聯軍在函谷關跟秦國以死相搏的時候,趙、宋聯盟卻在後方使絆子,這讓齊湣王氣得發狂,更加想消滅這個刺頭。

這時候蘇秦開始行動了。

他看到齊湣王非常迫切地想要吞併宋國,便趁機挑唆,拚命鼓吹消滅宋國的好處,鼓勵湣王甩開膀子開幹,不用在意國際社會的反應,直接動手就是。

蘇秦的挑唆發生了作用。函谷關之戰結束以後,略微修整了一段時間,齊湣王就出手收拾宋國,想奪取淮北的土地,但沒成功。隨後就發生了「田甲劫王」的事件,齊國君臣關係破裂,孟嘗君被迫逃離齊國。

孟嘗君離開以後,齊國在國際上開始被孤立。按理說,這時候他們應該收縮戰線,韜光養晦才對,但蘇秦反而進一步加大力度挑唆齊湣王,讓他儘量對外出擊。

這時候秦國出人意料地來插上一腳,把局勢攪得更加複雜。

最大的一盤棋

公元前 294 年，國際社會的目光都聚集在齊國朝堂上。從「田甲劫王」開始，到孟嘗君逃離齊國，一連串狂風暴雨降臨到齊國政壇，讓大家結結實實地看了一場好戲。

同一時期，另一件正在悄悄發生的大事，卻被圍觀群眾忽略了……咸陽那邊，秦昭襄王火速提拔魏冉，奪了原來的相國呂禮的權力，隨後對呂禮發起政治打擊，呂禮只好逃亡到齊國尋求庇護，被齊湣王收留下來。但這起事件很可能是表演給外界看的。呂禮的真實身份是秦國派到齊國的聯絡員，秦、齊兩大國正在暗中接觸，探討結盟的可能性！

秦、齊結盟，聽起來很不可思議。但只要略微分析一下當時的國際形勢，就明白為甚麼會這樣了。當時天下漸漸形成了秦、齊、趙三大國角力的局面。秦國不用說了，虎狼之國。齊國很多年沒有遭受戰爭破壞了，國力強盛。趙國憑藉一系列正確的決策，加上吸收胡人的軍事力量，已經迅速崛起為強國。

當然大家的想法都是很坦率的，就是希望消滅所有競爭對手，讓自己活到最後。

要怎樣才能做到呢？

這些年，三大強國彼此還沒有正面交過手。齊國上次打入函谷關，是靠韓、魏協助，不完全靠自身力量，而且之後齊、韓、魏同盟已經破裂了；秦、趙之間小規模戰爭偶爾發生，大決戰還沒有過；齊、趙雙方一直皮笑肉不笑地維持表面的和諧。

三大強國互相都摸不透對方的底細，都在互相試探。試探誰最好欺負，誰會先站不穩，一旦其中有哪個國家先露出破綻，另外兩個就會立馬聯合起來圍毆他。剩下的韓、魏、楚三小國本來就是打醬油的角色，這時也只能牆頭草隨風倒，三大國只要有兩個聯合起來，三小國必然被裹挾加入他們的集團，於是就會形成五打一的局面。

那麼就有三種可能的變局——五國聯合攻秦、五國聯合攻趙、五國聯合攻齊。天下人都在你看我，我看你：「說說看，咱們先把誰踢出去吧？」

這時候不僅小國惶惶不安，連大國都心驚肉跳，生怕一不小心被其餘五國聯手圍毆，成為最早出局的國家。更複雜的是，各國內部也在爭吵。每個國家的大臣們都分成幾派，有親秦派、親齊派、親趙派等等，都想勸說自己的君王按照自己的設想去行動，各路縱橫家們也在四處活動，想把局勢向自己希望的方向推動。

更有燕昭王躲在陰暗的角落裏，費盡心思琢磨怎麼煽動其他國家去圍攻齊國。

這是一盤天下人共同下的棋，所有人都拚盡了全力。齊湣王最早是想跟趙國聯合的。當時齊國已經發兵去攻打宋國，齊湣王派人去聯絡趙國的李兌，這是趙國的親齊派首領。齊湣王許諾等消滅宋國以後，把宋國的蒙邑送給他做封邑。

蘇秦聽到這消息如同五雷轟頂。齊、趙一旦聯合，燕昭王滅齊的計劃就徹底完蛋了。所以蘇秦竭盡全力阻止齊湣王，使齊湣王硬生生在攻打宋國前夕召回了前方的將領，放棄了這次戰爭計劃。

於是宋國打不成了，許諾給李兌的蒙邑也成了空頭支票。

秦昭襄王那邊當然也怕齊、趙聯合，所以派呂禮去齊國干涉他們的外交決策。

於是齊國的對外政策發生一百八十度大轉彎，轉頭跟秦國聯合。

公元前 288 年，秦昭襄王和齊湣王約好，兩人同時稱帝，秦為西帝、齊為東帝。

之前各國都已經稱王，「稱帝」則是更進一步，宣佈我比你們這些「王」地位更高，老子就是天下第一，你們這些夯貨都得來跪拜。

這是公然向其他各國挑釁的舉動。為了避免單獨被打，能有個伴兒一起，是最好不過的。

國際社會一片嘩然。兩個大佬居然合作了，我們這些國家還有活命的機會嗎？

最緊張的是趙國。因為秦、齊已經聯合，接下來顯然要圍毆趙國呀。五國聯合攻趙的局面即將出現！

意外來臨的五國合縱

這仍然不是燕昭王和蘇秦希望看到的情形。不管齊趙聯合，還是齊秦聯合，都只會讓齊國成為受益者，而燕昭王希望的是五國聯合攻齊。所以在燕昭王的指使下，蘇秦馬上干預齊國的對外政策。他打的仍然是宋國這張牌。他知道齊湣王對宋國一直垂涎三尺，滅宋的慾望超過任何其他目標，所以再次大肆吹噓吞併宋國的好處，終於把齊湣王的目光從趙國身上移開了。

於是齊國的目標又從滅趙轉到了滅宋，而且想要獨吞。

當時秦、齊、趙、魏四國都在覬覦宋國這塊大肥肉。特別是秦國的魏冉和趙國的李兌，都想搶到宋國的陶邑作自己的封地。一旦齊國的目標轉到滅宋上來，齊國跟秦、趙就成了競爭對手，沒法聯合起來了。

同時，身在魏國的孟嘗君也緊急出手，派人私下勸說魏冉：「一旦秦、齊聯合瓜分趙國，呂禮的功勞就太大了，您必定被比下去，不如跟我們一起去攻打齊國。」

在各派勢力的積極活動下，秦、齊聯盟終於被拆散了。呂禮被趕回秦國，齊湣王也很快廢除了自己的帝號，重新稱王，「秦齊互帝」成為一場鬧劇，草草收場，趙國的危機也得以解除。這時候齊湣王已經想好了，滅宋是頭等大事，吞下宋國以後，齊國實力大大加強，然後才可以考慮後續計劃。

但要滅宋，其他大國必然要阻撓，怎麼辦？蘇秦給他出了個主意——先把秦國趕到一邊去，然後聯合三晉滅宋，再想辦法擠掉三晉，獨吞宋國。

秦國現在是唯一稱帝的國家，是大家的活靶子，正好借這個藉口打擊他們。

為了達到這個目的，齊湣王又一次開出空頭支票，許諾以後把宋國的城池分給李兌、孟嘗君，還有燕國的襄安君，把他們都拉攏過來。

趙國那邊，李兌一直就是反秦積極分子。而對趙國來說，打齊國打秦國都可以，反正不要聯合起來打趙國就行了。所以一聽說蘇秦的計劃，也馬

上高調響應。

韓、魏、楚三小國更不用說了，大國們打起來是他們最盼望的事，就差放鞭炮慶祝了。

於是這些國家一拍即合，在蘇秦的攛掇下，五國合縱很快達成，李兌為縱約長，聯合趙、齊、韓、魏、楚的兵力——五國攻秦戰爭正式打響。

局勢又一次反轉

國際局勢轉換得如此之快，大家都有點看不懂。燕昭王那邊也是一臉懵，緊急質問蘇秦是怎麼回事，不是說好大家一起打齊國嗎？怎麼變成打秦國了？你到底在替誰辦事？

蘇秦趕緊回覆燕昭王——兩人一直有私下的書信交流，流傳後世的《戰國縱橫家書》裏面有詳細記錄——信誓旦旦地向他保證：放心，我絕對忠誠於燕國，五國合縱是我計劃的一部分，大王等著看好戲吧。

好戲果然接連上演。

山東六國從來就不團結，這個毛病現在還是改不了。所謂的「五國合縱」，從一開始就在打各自的小算盤。

大家表面上說好一起進攻秦國，心裏卻想著怎麼忽悠別人去打秦國，然後自己好趁機拐到後方去偷襲宋國。這時候可巧宋國也出事了。宋國太子不知為甚麼事惹怒了宋康王，被迫逃亡到國外。太子在國內有很多支持者。因此宋國內部人心惶惶，有要大亂的跡象。對於大國們來說，這正是攻打宋國的絕好機會。

所以出現了非常滑稽的一幕——五國聯軍推進到離秦國還很遠的成皋附近時，就駐紮在那邊不動了，齊、趙、魏的主力都暗暗開到了東邊的宋國附近，準備獨吞這塊肥肉。

三國軍隊到宋國一看，都是熟面孔：「呵呵，原來你也在啊？」怎麼辦呢？誰都別裝了，就地會合，大家一起打宋國吧。

於是五國攻秦瞬間變成了三國攻宋。另一邊，秦國當然也不好欺負。五國合縱剛剛組建起來的時候，秦昭襄王就下令廢除了自己的帝號，又把前幾年搶佔魏國的土地還了回去，看起來好像服軟了，但這都是緩兵之計。等到五國聯軍停留在成皋附近的時候，秦國一看他們不團結，立即翻臉，再次出兵攻打魏國，接連拿下幾座城池。

秦國在五國大軍撲來的時候還敢主動出擊，說明已經看穿了他們的把戲，根本沒把他們的威脅當一回事，五國合縱已經成了笑話。

齊、趙、魏三國既然已經撕掉偽裝，當然不必真的打秦國了，都在暗地裏跟秦國談判，準備私下媾和。畢竟宋國那邊才是真正的戰場呀。

這時候齊湣王聽到一些風聲，說燕國正在跟趙國、魏國合謀，準備襲擊齊國大後方。他極其震驚，趕忙找蘇秦和孟嘗君商議，卻沒想到這兩人正是陰謀的主角。

蘇秦一面巧舌如簧地穩住齊湣王，一面緊急通知遠方的燕昭王：千萬保守秘密，不要公開在朝堂上討論攻打齊國的事。

但經過這一嚇，齊湣王徹底打消了攻打秦國的念頭，急忙跟秦國和談，雙方達成協議：兩國共同施壓，迫使魏國把安邑獻給秦國，同時秦國支持齊國吞併宋國。也就是說，一個出賣魏國，一個出賣宋國，有好處大家共享。

五國攻秦之戰就這樣黃了，看起來又回到了秦、齊聯合的局面。但事情遠遠不是那麼簡單。齊湣王以為有秦國的支持就可以萬事無憂，卻忘了：前些年楚懷王也是一直受到秦國支持，卻在關鍵時刻被秦國一棍子打落懸崖⋯⋯現在輪到齊湣王了。

齊國大難來臨

蘇秦這些年想盡辦法推動齊湣王對外發動戰爭，目的很陰險──「驕其兵而疲其師」，消耗齊國的國力，同時給齊國製造敵人。

五國攻秦之戰讓秦國徹底意識到齊國是個重大威脅。齊國的國力跟秦國差不多，其餘四國是因為有齊國撐腰才有底氣，所以削弱齊國這件事就正式列到秦昭襄王的計劃裏了。

齊湣王對宋國赤裸裸的野心，也讓趙、魏感受到威脅。再加上蘇秦和孟嘗君的推波助瀾，兩國都認為需要盡快殺一殺齊國的威風。

另外，對於趙國來說，既然攻秦失敗，那就必須攻齊，否則一旦秦、齊聯合起來，對於趙國來說就是噩夢。

遠處的燕昭王早就等不及了，他費盡心機挑撥離間，就是在等這一刻，他也即將出手。

這時候各國都在心裏暗暗把齊國視作敵人，圍毆齊國的戰爭一觸即發，但誰會先動手呢？

最早動手的是趙國。

早在齊、趙、魏三國會師於宋國的時候，趙惠文王就耐不住性子，直接發兵攻打齊國本土。他的本意是牽制齊國的兵力，防止齊國獨吞宋國，所以對齊國的打擊並不嚴重，但這是一個風向標，一種山雨欲來的暗示。

齊湣王也感受到了四周滿滿的惡意。但沒關係，秦國已經公開聲明支持他，兩大國攜手，那些跳樑小丑們能翻得起甚麼風浪？魏國那邊已經傳來消息，他們被迫把安邑割讓給了秦國，這是齊湣王送給秦國的大禮，現在可以放心了，把全部注意力都放到滅宋戰爭上去吧。

公元前 286 年，齊、趙、魏三國圍攻宋國，小小的宋國哪是對手，很快全線潰敗，「暴君」宋康王逃亡到魏國的溫邑，又被魏國人抓住殺死，商朝後裔至此絕祀。

有秦國在後面撐腰，齊湣王膽氣大壯，不僅一口氣吞掉整個宋國，還挾著滅宋的餘威，一路向西、向南，打下魏國和楚國不少土地——現在齊國已經是無可爭議的東方第一強國，打這些小國不是順理成章的事情嗎？不需要客氣。

他算錯了！宋國被滅以後，秦昭襄王立即翻臉，發佈聲明，公開聲討齊國滅宋的罪行：「齊王四與寡人約，四欺寡人，必率天下以攻寡人者三。

有齊無秦，無齊有秦，必伐之，必亡之！」

這是最嚴厲的聲討！秦昭襄王隨後派出大將蒙驁，率領大軍越過三晉土地，直撲齊國，接連打下齊國九座城池，天下震動。

燕昭王、趙惠文王、魏國孟嘗君他們早已經準備妥當，再拉上韓國，看到秦國大軍出動，立即跟上。

五國攻齊之戰就這樣驟然打響了。齊湣王目瞪口呆，還沒回過神來，五國大軍就已經殺到家門口。五國聯軍的統帥是燕國名將樂毅，他在趙、魏、燕三國都有從政的經歷，理所當然地擔任起了總指揮的角色。

聯軍的主力是秦、趙、燕三國，特別是秦、趙兩國。所以這次戰爭本質上就是秦、趙聯手打掉齊國這個競爭對手，所謂為宋國討公道甚麼的都是藉口。齊湣王這些年在國內鎮壓異己，在外四面出擊，結的仇家太多，一旦大敵當前，頓時牆倒眾人推。再加上蘇秦這個間諜一直在搞破壞，憑藉齊國的國力竟也無法阻擋五國聯軍了。

公元前 284 年，五國聯軍先集中火力打下齊趙邊境附近的靈丘，在齊國防線上撕開一道口子。齊軍統帥大驚，派出全部兵力到濟水西岸的濟西抵抗洶湧而來的侵略者。五國聯軍依托靈丘發起總攻，在濟西一舉殲滅齊軍主力，齊國的軍事防線轟然坍塌。

秦、趙兩國覺得這樣已經够了，隨後就撤走了軍馬。但燕國不肯罷休。他們跟齊國有國仇家恨，苦心籌劃這麼多年，只有一個目標 —— 滅齊！

秦、趙已經把齊國打敗，不趁現在消滅齊國，以後再也難找機會。樂毅率領燕軍從濟水過橋，一路追殺敗逃的齊軍，在臨淄西門外的秦周再一次大敗齊軍，一舉攻佔臨淄。燕軍在臨淄城裏燒殺劫掠，瘋狂報復。

東方巨人慘遭踐踏。這是齊國的國難，幾百年積累的財富被洗劫一空，民眾四散逃亡，齊湣王也逃出了齊國。

對於燕國來說，這卻是快意恩仇的時刻，三十年國仇一朝得雪。看著鱗次櫛比的車隊載著齊國的財寶回到國內，燕人舉國狂歡，燕昭王親自到濟上犒勞軍隊，封樂毅為昌國君，樂毅的聲望達到最高峰。

燕軍繼續向東南方攻城略地，一直打到琅邪，佔領齊長城，牢牢地遏

制住齊國腹地，然後再掉頭掃蕩齊國剩下的城池。

燕國的侵略持續了五年之久，到了最後，齊國所有重要城池幾乎全部失守，只剩下即墨和莒城在苦苦支撐，齊國已經來到了亡國邊緣。

齊湣王的逃亡路

五國聯軍殺來的時候，臨淄城中的齊湣王終於醒悟，看清楚了蘇秦的真面目，把這個禍國殃民的間諜當眾車裂，可惜已經於事無補了。

齊湣王的錯誤，除了被蘇秦忽悠，得罪了太多國家以外，他自己性格中的缺陷也是很重要的原因。

他最大的問題在於對下人過於刻薄寡恩，只罰不賞，以致人心盡失。他手下的大臣們基本沒有喜歡他的，連孟嘗君都被逼得逃到國外，一輩子對齊湣王恨之入骨，可見他做人的失敗。

當五國大軍壓境的時候，湣王還沒能改掉自己刻薄的毛病。當時齊軍正在濟西抵抗五國聯軍的進攻，齊軍的主帥是在滅宋戰爭中立過大功的觸子。觸子想依托濟水防守，拖到聯軍內部分裂為止，這種思路是對的。後方的湣王卻看不慣，覺得觸子消極應戰，於是派使者去前線罵他：「再這樣拖下去我就殺你全家！刨你祖墳！」

觸子沒辦法，只好勉強出戰，結果被敵方的優勢兵力重重包圍，最終齊軍全軍覆沒，觸子也獨自逃走，不知所踪。

湣王只好派達子去前線應戰，在臨淄附近的秦周跟燕國軍隊對決。戰況十分激烈，但齊軍士氣很低落，達子讓人去向齊湣王請求封賞。湣王又一次暴跳如雷，回覆他：「憑你們這點功勞就想我賞你？我呸！」

於是人人都不盡力，秦周之戰齊軍又遭遇慘敗。終於導致臨淄陷落，府庫裏的金銀財寶都被燕國人搶走了。

臨淄陷落前夕，湣王帶著全家老小逃出齊國，來到衛國。

到衛國以後，湣王心中迷惑，整天坐臥不寧地想心事，還跟大臣抱

怨：「我也沒犯甚麼錯，怎麼國家就亡了呢？你們來說說我錯在哪裏？」

跟著他逃亡的大臣公玉丹回答：「大王錯就錯在太賢良了，那些國君都是群惡棍，嫉妒您的賢良，所以才圍攻齊國。」

湣王恍然大悟：「原來好人真的當不得啊！」從此又開始自命不凡了。

剛到衛國的時候，衛懷君對他相當客氣，把自己的宮殿騰出來給他住，自己稱臣，以帝王的規格供養他。但他總是擺出一副驕狂的樣子，衛國人看不慣，一群人衝進來把他趕走，他只好又逃到魯國去。

來到魯國的城外，魯緡公派人出來迎接他們，齊湣王的手下人夷維子問：「你們準備怎麼招待我們大王？」

魯國使者說：「我們已經備好了十副太牢來款待你們。」這個規格已經很高了。但魯國這些年來都是齊國的附庸，齊國幾乎把他們當奴才看，夷維子就很傲慢地說：「你們搞清楚了，我們大王可是天子！天子出巡，諸侯要怎麼迎接？要準備好宮殿，親自擺好茶几，到堂下伺候我們大王用膳，用完膳你們主子才可以走。」

結果魯國使者轉身就走，緊閉城門，湣王一行被關在外面，只好灰溜溜地走了。

他們又來到鄒國。鄒國國君正好過世了，湣王要進去弔唁，夷維子對鄒國人說：「我們大王是天子，天子來弔喪，你們得把靈位轉個方向，轉到朝北，我們大王在北邊朝南弔唁。」

鄒國的人們聽了這話火冒三丈，直接轟他們走人。齊湣王一行人就這樣一路大放厥詞，一路被人趕著走，最後只好還逃回齊國，到莒城據守。不過這些傳聞也可能是人們編出來埋汰齊湣王的。畢竟牆倒眾人推，而且齊湣王薄德寡恩是出了名的，最重要的是，誰叫他敗了呢？

最慘的亡國之君

齊湣王到達莒城以後，雖然日子過得很淒慘，但好歹不用到處被人趕

了。這時候又傳來一條重磅好消息——楚國決定出兵援助齊國。

五國攻齊的時候，楚國一直靜靜地看著，他們這些年自己都淒淒慘慘戚戚，當然沒精神去幫著任何一方。這時候突然派兵來幫助齊國，著實讓人意外，但齊國已經在生死存亡的邊緣，突然出現這樣一根救命稻草，怎能不緊緊抓住呢？

楚國派來的將領淖齒，帶著上萬整整齊齊的兵馬，號稱要幫助齊國打退侵略者。齊湣王趕緊把他迎進來，當場封他為國相，給予最高規格的禮遇。

楚國人非常積極，一進城就行動起來，忙裏忙外地幫助齊國軍民構築營壘。亂世中竟然有這樣一支熱心助人的軍隊，實在讓人感激不已。

有了楚國人撐腰，齊國軍民頓時膽氣壯起來，萬衆一心修建城防，把燕軍擋在了莒城之外。莒城成為齊國最重要的基地之一。

齊湣王他們隨後組建流亡政府，開始小規模重建工作，甚至開始籌劃反攻計劃。莒城本來就挨著楚國，在楚國的支持下，復國的曙光似乎已經隱隱約約出現了。

沒想到最恐怖的災禍就在這時悄悄來臨……有天晚上，淖齒請齊湣王赴宴，酒過三巡，忽然陰側側地問道：「微臣最近聽說一些事，還要請教大王——」湣王問他是甚麼事。

他說：「千乘與博昌（齊國的兩個地名）之間，最近下了一場血雨，遍地血色，你可聽說？」

湣王說不知道，淖齒又問：「嬴地附近地面開裂，泉水噴湧，你聽說了嗎？」

湣王還是說不知道，淖齒再問：「宮外夜半有人痛哭，卻找不到聲音從哪裏來，你又聽說了嗎？」

湣王再搖頭。淖齒臉色一沉，大喝：「都是你這昏君無道，激怒上天，降罪於民！」隨即將酒杯一摔，「來人！」一群帶甲武士馬上湧入宴會，把齊湣王綁了就走。

宮裏的人們聽說前面出事了，大驚失色，人人爭著逃命，連太子也逃

走了，沒人敢去救湣王。齊湣王還沒明白發生了甚麼事，糊裏糊塗地就被綁進了莒城的太廟。淖齒這時候才拋出他的條件──割讓齊國領土，獻出國庫中的寶物。

湣王終於明白了楚國派兵「幫助齊國」的真實目的，楚國沒有派兵參與五國攻打齊國的戰爭，但卻想白搶五國的勝利果實，心腸之毒，超過五國。

他氣到幾乎炸裂，堅決拒絕了淖齒的要求。但事到如今他同不同意都無所謂了。淖齒是戰場上死人堆裏摸爬滾打的將領，手段極為殘忍，他把齊湣王掀翻在地，親手抽筋，然後把湣王吊在房樑上，任其自生自滅，轉身帶領人馬，殺向城內。

可憐的齊湣王在房樑上哀號了一夜，到第二天黎明時分才氣絕身亡，成為戰國時代死得最慘烈的君主。

齊國最黑暗的一刻來臨了。楚人在齊國土地上縱橫殺戮，一點都不比燕國人更仁慈。他們跟燕國人合作，共同分割齊國的土地（主要是奪回之前被齊國搶走的淮北地區），又跟燕國士兵爭搶府庫裏的財寶，齊國百姓淪為兩頭惡虎爭搶的食物，在戰火中飽受煎熬。

但楚國人沒想到，他們也是別人眼裏的獵物。正當他們在齊國土地上肆意劫掠時，後方的秦國打來一記重拳。

楚國的國難也即將來到。

郢都保衛戰

前些年齊、楚兩國都很強大，秦國的侵略目標主要放在韓、魏身上，不敢太張揚。現在齊、楚都被打垮了，秦國不必再害怕六國所謂的「合縱」，終於不再掩飾自己吞併天下的野心，想打誰就直接出手，根本不多廢話。

公元前283年，秦國裹挾著韓國軍隊攻打魏國，包圍大梁，魏國危在

且夕。

魏國一旦被滅，燕、趙將直接面臨秦師的衝擊，因此兩國極其驚恐，緊急派軍救援大梁——這時燕軍主力還在攻打齊國，只得快速撤走部分兵力，這也間接讓齊國喘了口氣，保住了即墨和莒城。

秦國看到兩國援兵來到，才悻悻地撤走了軍隊。但殺戮機器一刻也不會停。既然大梁暫時不好打，那就去打楚國吧，楚國離燕、趙遠，燕、趙救不了他們。

楚懷王事件之後，楚國的國力始終沒能恢復過來，只好拚命巴結秦國，又是和親又是會盟，表面上維持著兩國間的友好關係。

沒想到即使這樣還是逃不脫被侵略的命運。

公元前 280 年，秦國派司馬錯從蜀地出發攻打楚國西部，揭開了兩國大戰的序幕。

秦師很快打下楚國的黔中地區，這是當年楚懷王拚死不肯割讓的土地，現在秦國一出手便拿過來了。

楚頃襄王大駭，派兵全力抵抗，兩國軍隊在黔中展開激烈爭奪，楚國甚至一度奪回了黔中，看起來暫時還擋得住秦國。

但這僅僅是開胃菜，秦國的大規模打擊隨後才會到來。

公元前 279 年，經過充分準備以後，秦昭襄王派白起率領大軍攻打楚國，直撲楚國核心地帶——郢都。

這時候秦國已經拿下了黔中、上庸、漢水以北的土地，佔著所有河流的上游，站在大巴山上，居高臨下，面前是一望無際的江漢平原，沒有任何阻礙。從地形來說，秦軍佔據絕對優勢。

這是一場不對等的戰爭。楚國國力全面處於下風，人口、資源都已經趕不上秦國，朝中也缺少武將，地理上又處於劣勢，完全是被動挨打的局面。他們所能做的，只能是用自己的血肉之軀去阻擋敵人的刀鋒，減緩敵人進攻的速度，以便在郢都城下做最後的抵抗。

白起手段極狠，每次過河以後就焚毀船隻、拆除橋樑，迫使士兵們拚死力戰，而且基本不帶糧草，全靠在楚國掠奪糧草來充飢。

秦軍在江漢平原長驅直入，如風捲殘雲，先後打下鄧城、鄢城、夷陵等重鎮，楚國長江以北大片富庶地帶淪為焦土，民衆四散逃亡，屍橫遍野，慘不忍睹。

這裏是楚國最發達的地區，秦軍在這片土地上四處燒殺劫掠，對楚國經濟造成了毀滅性打擊。

其中最為慘烈的是鄢城之戰。鄢城是楚國的別都，也是郢都的門戶，楚國在這裏駐紮重兵，想把敵人擋在首都之外。要打下這裏很不容易，白起便想出一個毒招。

鄢城西邊有鄢水流過，白起便派士兵挖了一座水渠，把鄢水引向人口繁盛的鄢城。水渠修成那天，城牆轟然坍塌，滾滾洪水捲著無數百姓從城西沖向城東，全城百姓死亡超過十萬，屍體堆積如山，塞滿河道。幾天之後，全城都是腐屍的臭味，鄢城東部因此留下了「臭池」的地名。

為了打擊楚人的鬥志，白起更讓屬下在夷陵縱火，焚燒歷代楚王的陵墓，楚人的眼淚已經流乾，眼睜睜看著這一切卻無法阻止。

到最後，楚人終於崩潰了。這個曾經讓中原各國聞風喪膽的勇武民族，徹底失去了鬥志，軍隊丟盔卸甲，士兵跟百姓一起逃跑。滾滾人潮席捲著烽煙四起的土地，在敵人的驅趕下瘋狂湧向東部地區，無數民衆倒在了逃難的道路上，旋即被泥濘和沼澤所吞沒，從此被世界遺忘。

曾經繁華富庶的江漢平原很快變得空空蕩蕩，四野無人，只剩下郢都一座孤城。秦軍從四處合圍過來，如同一群飢餓的豺狼，磨牙吮血，眼裏閃著瘮人的寒光，惡狠狠地撲向這座百年名都。

楚頃襄王指揮軍隊做最後的抵抗。但面對洶湧而至的虎狼之師，孱弱的楚人看不到任何希望。公元前 278 年，郢都陷落，全城軍民瘋狂逃竄，楚頃襄王也在大臣們的簇擁下逃向了東部。

楚國政府拋棄了西部廣袤的領土。這是一次標誌性的事件。楚國在跟秦國的爭鬥中徹底敗了，曾經的天下第一大國如同風中落葉一樣雕零，從此殘破，再也無法恢復。

郢都從此有了一個新名字——秦國的南郡。

哀民生之多艱

秦軍繼續出擊，渡過長江，掃蕩楚國江南的土地，一直打到洞庭湖。所過之處，寸草不生，又向東部攻城略地，打到竟陵，佔據了楚國整個核心地帶。

這是對楚國最徹底的打擊，前後殺死三十多萬人，整整一代楚人都倒在了血泊裏。

國難！一個絕望的國度！一個絕望的時代！倖存的每一個楚人都已經麻木了，甚至不再感覺到疼痛，只是呆呆地望著天空，等待死亡的降臨。

只有南方，那片遙遠的荒原上，悠揚的古琴聲在飄蕩。被流放的屈原，獨自吟唱著淒愴的詩句，跟汨羅江水輕柔的細語交織在一起，化作這個民族最後的挽歌……

《招魂》（節選）

獻歲發春兮，汨吾南征。菉蘋齊葉兮，白芷生。路貫盧江兮，左長薄。倚沼畦瀛兮，遙望博。青驪結駟兮，齊千乘。懸火延起兮，玄顏烝。步及驟處兮，誘騁先。抑騖若通兮，引車右還。與王趨夢兮，課後先。君王親發兮，憚青兕。朱明承夜兮，時不可以淹。皋蘭被徑兮，斯路漸。湛湛江水兮，上有楓。目極千里兮，傷春心。魂兮歸來，哀江南！

當年的五月五日，屈原自沉汨羅江，以至高至潔的魂魄，完成了對這場國難的獻祭……

戰爭還在繼續。第二年，蜀郡太守張若帶著蜀地兵馬來到前線，跟白起的部隊合力掃蕩楚國西部山區的殘餘領土，平定了巫郡、黔中郡等地。到這時為止，秦軍轉了一個大圈，把楚國西部整個圈起來，硬生生吞掉，不留一點殘渣，態度極其堅決。秦軍在楚國土地上除了屠殺和驅趕民眾，也大量從本國向新佔領地區移民，以完成對這些地區的改造，把這些地區永久變成

秦國的土地，從而實現了秦昭襄王以來最大規模的一次領土擴張。

楚頃襄王逃到東部的陳國舊地，在那裏重新建立政府，又派春申君去跟秦昭襄王講和。秦昭襄王同意了他的休兵請求，這次大規模的戰略打擊才終於結束。

但楚國只剩下半壁河山，在國際事務中幾乎已經沒有影響力，只能苟延殘喘了。

於是在齊國灰飛煙滅之後，楚國也墜入深淵，東方兩大國同時在深淵中苦苦掙扎。相對的，秦國挾著空前強盛的國力，正虎視眈眈地注視著面前的六隻獵物。

山東六國這時終於明白過來了。這些年來，他們一直相互爭鬥，在纏抱扭打中耗盡了國力，而給了秦國各個擊破的機會，以至於帶來這樣空前的災難。這一切的根源都在於他們自己。

但這能怪誰呢？人性的貪婪和短視往往是自身墮落的根源，可惜等明白過來的時候已經太遲了。

事到如今，還有誰能挽救山東六國呢？天下人的目光都聚集到了遠處的趙國身上。

只有趙國，躲過了大多數毫無意義的爭鬥；只有趙國，依然擁有完整的山河。

北方，黃沙漠漠的塞上，濁浪奔騰的黃河岸邊，穿著緊身窄袖的胡服，在馬背上縱橫來去的趙國人，依然生機勃勃。戈壁灘上長大的北方男兒，喝著最烈的酒，追逐荒原上的野狼，彎弓射天空的大雁，英姿勃發，豪氣干雲，他們是天下人最後的屏障。

第十四章　最後的屏障

下一個打擊目標

這些年，南方各國在撕扯打鬥中一同滾下了懸崖，只有趙國很少參與他們的糾葛，因此躲過一輪又一輪風暴，依然保持著穩步上升的勢頭。

秦國早已注意到了這一點，打壓趙國的計劃早就擺到了他們的日程表上。當初五國攻齊，打下濟西以後，秦、趙兩國馬上撤軍，其實就是因為雙方都知道必有一戰，要趕緊回去準備戰爭。秦國的打擊果然很快就來了。

公元前 282 年，五國攻齊後一年，秦王派白起進攻趙國，打下趙國的祁和茲氏兩座城，第二年又打下藺和離石兩座城，第三年再打下代和光狼城。一年兩城，非常穩定的蠶食策略。

秦國這些年一刻不停地發動戰爭，自身實力也損耗嚴重，特別是當前的主戰場在楚國那邊，暫時還沒有能力對趙國發動全面戰爭，只能鈍刀子割肉。

所以秦昭襄王想用對付韓、魏的方法，一步步地蠶食趙國領土。對於秦國的步步緊逼，趙惠文王採取了比較務實的做法。他並不跟秦國死磕，而是轉頭攻打魏國和齊國。失之東隅收之桑榆，被秦國割佔的土地就從其他國家身上撈回來，反正那些領土我不搶也會被秦國搶去，不如自己先下手。

所以這幾年趙國也在不停地從魏國和齊國那邊搶地，基本保持了自身領土不縮水。

在這期間，趙國出現了一位天才將領——廉頗。

樂毅攻打齊國的同時，廉頗也帶兵攻入齊國，奪下齊國南方重鎮陽晉（當時齊國剛剛被五國聯軍打敗，大多數城池還沒有被燕國佔領），威震列國，這是他的成名戰，隨後便開啟了他一生無往而不利的征戰生涯。

不過後人最津津樂道的卻是他跟藺相如的一些趣事。

完璧歸趙

趙國有和氏璧，是天下至寶，大約在公元前 282 年，秦昭襄王忽然派使者到趙國，提出用十五座城池換這件寶物。

趙惠文王召下屬商議，大家都覺得很為難，給吧，怎麼能相信秦國的許諾？不給吧，秦國正好用這個藉口發動戰爭。

最後決定先讓人去秦國回覆他們，拖一拖。但派誰去呢？趙惠文王手下的宦官繆賢，向惠文王舉薦了自己的一個門客——藺相如。

藺相如是一個很有見識的人。有一次繆賢得罪了趙惠文王，暗地裏計劃逃到燕國去。藺相如問他為甚麼去燕國，他說：「以前我參加跟燕國的會盟，燕王拉著我的手熱情地說『以後有甚麼事情可以來找我』。」

藺相如勸他說：「當時您是大王跟前的紅人，燕王當然對您客氣。他看重的不是您，而是您背後的趙國。現在您背叛了趙國，燕王怎麼會理睬您呢？不如主動向大王請罪，或許還能得到原諒。」

繆賢聽從了他的建議，去向趙惠文王請罪，真的得到趙王的寬恕，才有了現在的地位。

繆賢向趙惠文王講述了這事，趙惠文王聽了很感興趣，讓他把藺相如叫來。藺相如來了以後，趙惠文王跟他一攀談，果然見識過人，就跟他說起和氏璧的事。

藺相如想了想說：「微臣覺得還是應該答應秦王的請求。如果拒絕秦王，是趙國理虧。如果秦王拿了和氏璧卻不給城池，就是秦國理虧，我們寧願讓他們理虧。」

那麼如果秦王當真不給城池呢？藺相如說，那微臣一定保證「完璧歸趙」。

於是藺相如便帶著和氏璧出發了。來到咸陽的章台宮，秦昭襄王召他進去，要求先看看和氏璧。

藺相如把和氏璧奉上，秦昭襄王接過玉璧，左右端詳，讚歎不已，又讓周圍的愛姬和大臣們圍過來看，大家都讚不絕口，把藺相如晾在一邊。

藺相如很誠懇地說：「這玉璧上有一處瑕疵，請讓外臣指給大王看。」

接過和氏璧後，藺相如望著秦昭襄王，靠著柱子，高舉和氏璧，朗聲說道：「和氏璧乃天下至寶，趙王送璧之前，沐浴熏香、齋戒五日，才把此璧交到外臣手上。外臣勸說，秦國未必可信。趙王卻言道，布衣之交尚不相欺，何況大國之間。因此讓外臣把玉璧送來。現在看大王如此態度，絕口不提割地之事，難道秦國如此大國也要貪我們的玉璧嗎？若果真如此，外臣之頭將與玉璧共碎於此柱！」說著就要向旁邊的柱子撞過去。

秦昭襄王趕忙讓人拉住他，好說歹說，勸他放下了和氏璧，然後讓人取來地圖，裝模作樣地指了十五座城說：「這是給你們的城池。」

藺相如說：「趙王送璧之前曾經齋戒五日，現在大王取璧也需要齋戒五日，五日後外臣定將把玉璧奉上。」

秦昭襄王沒辦法，只好假意答應五天以後再召見他。藺相如回到旅舍以後馬上寫信給趙惠文王說，他認為秦王肯定不會割讓城池，和氏璧也不必獻給秦國了，然後讓隨從揣著和氏璧從小路偷偷返回了趙國。

五天的期限到了，秦昭襄王按照約定，在大殿上安排九賓大典，讓藺相如來獻璧。

藺相如不疾不徐地走來，行了個禮，高昂著頭說：「和氏璧已經送回趙國了。當初大王說要和氏璧，趙王馬上派我把璧帶來，已經表明了我們的誠意，現在還請大王先割讓十五座城池，之後趙國一定會把和氏璧奉上。秦強而趙弱，趙國絕對不敢欺騙秦國。外臣知道欺瞞大王是死罪，請大王現在就把外臣扔進油鍋，外臣不敢有絲毫怨言。」秦昭襄王沒想到他真有這麼大膽量，跟大臣們你看看我，我看看你，心想真的殺了藺相如也沒甚麼好處，白白落下罵名，這事也就只好算了。

藺相如成功完成了「完璧歸趙」的許諾，回到趙國，趙惠文王大喜，當即拜他為上大夫。

最後秦國沒割讓城池，趙國也沒獻和氏璧。史書上的記載有許多屬文學創作的結果，當然不能全信，但從其中不難找出一些接近事實的線索 ——「完璧歸趙」事件本質上是秦國在主動試探趙國，試探甚麼呢？試探

他們戰鬥的決心。

和氏璧雖然珍貴，但對於這時的趙國來說，生存才是第一位的，一塊玉璧算甚麼。對於秦國來說，當然也不可能當真用城池去換一塊玉璧，那些城池可是前線的將士們拋頭顱灑熱血換來的，即使秦昭襄王想換也得問三軍將士答不答應。

所以從一開始，雙方就知道這筆交易是談不成的。秦國的態度是說：我給出這麼扯淡的一個要求，你敢不敢拒絕？拒絕到甚麼程度？你能表現得多強硬？

態度背後是實力在支撐，趙國強硬的程度反映了他們擁有的實力。所以秦昭襄王是想藉此事間接窺測一下趙國到底有多大的實力。

而趙國那邊，則要儘量虛張聲勢，表明：我有足夠的底氣，我不怕你。但又不能裝過頭了，真的惹火秦國招來打擊。這個「度」是很難把握的，這才是交給藺相如的真正的任務。他完成得很出色，因此得以青史留名。

秦國的測試不止一次，「完璧歸趙」以後，他們又再一次試探趙國。

澠池會

「完璧歸趙」過後，秦國接連打下趙國幾座城池，然後派使者去見趙惠文王，約他在澠池相會。

澠池是秦國邊境上的一座小城。現在兩國明明是敵對關係，而且秦國咄咄逼人，趙惠文王去秦國跟他們相會，萬一被扣留怎麼辦？楚懷王的前車之鑒早就擺在那裏了。

這又是一次艱難的抉擇，多數大臣都勸趙惠文王不要去。廉頗和藺相如兩人卻覺得，大王要是不去就擺明了怕秦國，秦國會更加肆無忌憚，所以勸說趙惠文王前去澠池相會。趙惠文王是餓死過自己親爹的人，並不是膽小怕事的人，最終決定帶著藺相如親赴龍潭虎穴。趙國朝廷上下都捏了

一把汗，送別趙惠文王的時候，廉頗向他說道：「大王這次來回一趟大約要三十天時間，如果三十天以後大王還沒回來，請允許下臣自作主張，立太子為王。」

這是效仿當年楚國的做法，徹底斷絕秦國敲竹槓的念頭。趙惠文王很乾脆地答應了。

來到澠池後，雙方互相見過禮，攜手登入大殿，四周鼓樂齊鳴，大家都儘量露出友好的笑容。

趙國的隨從們心裏都特別緊張。只有藺相如面色如常，沒有表現出任何情緒，只是寸步不離地守在趙惠文王身邊。

酒宴開始了，雙方推杯換盞。秦昭襄王很熱情地勸酒，酒至半酣，醉醺醺地問趙惠文王：「聽說趙王精通音律，請奏瑟來聽聽？」

手下人馬上抬出來一把早就準備好的瑟，擺到趙惠文王面前，冷冷地說：「請！」

趙惠文王尷尬地看看藺相如，藺相如點點頭，趙王只好紅著臉勉強彈了一曲。

秦國大臣馬上叫出來一個史官，讓他在竹簡上記下：「某年某月某日，趙王為秦王鼓瑟。」

過了一會兒，藺相如手捧一隻瓦盆，跪到秦昭襄王面前說：「聽說秦王也懂音樂，請擊缶來給大家娛樂。」

秦王的隨從們全都跳起來大罵，準備上來把藺相如拖走。藺相如舉著瓦盆，瞪著四周的人大喝：「都退下！五步之內，藺相如敢以頸血濺大王！」說著就要撲向秦昭襄王。

四周的人們都不敢上前了，秦昭襄王沒辦法，臉上紅一陣白一陣的，只好拿根筷子在瓦盆上隨便敲了幾下。

藺相如也叫出趙國史官，讓他在竹簡上記下：「某年某月某日，秦王為趙王擊缶。」

秦國那邊隨即有人喊：「請趙國割十五座城池為秦王獻禮！」藺相如馬上高聲回答：「請秦國割咸陽為趙王獻禮！」雙方劍拔弩張，秦國用盡各種

辦法，始終壓不下趙國的勢頭，酒宴只好在極度緊張的氣氛中結束了。

趙國已經在邊境上佈好了大軍，隨時準備開戰。而楚國那邊，秦楚鄢郢之戰已經開打，這時並沒做好跟趙國決戰的準備。看到趙國這副拚命的勢頭，秦王只好作罷，跟趙國代表團握手言和，各自回家去了。雙方後來幾年都暫時保持著和平局面。

藺相如在外交場合據理力爭，兩次贏得了心理戰，這對趙國太重要了，趙惠文王回國以後就封他為上卿。

當時齊國剛剛倒下，秦國正在尋找下一個目標，他們的策略很清楚：先找弱的打，以最小的代價擴張領土，然後再去收拾強的那一個。他們面前有兩個選擇：趙國和楚國。應該先打哪一個呢？秦國朝堂上一定進行過激烈的爭辯，所以才有了對趙國的這兩次試探。

試探的結果，秦昭襄王覺得趙國的底氣還是更足一些。像楚國那幫慫貨，天天覥著臉貼上來，搖尾乞憐，一看就是欠收拾的，所以最終把他們選定為第一目標，於是有了慘烈的鄢郢之戰。

事實證明秦國的判斷是正確的。至於趙國，秦國對他們採取了持續壓制的策略。每年取兩座城，日削月割，防止他們坐大。但又避免跟他們大決戰，甚至在趙國反擊的時候，秦國還會有所退讓，例如大梁被圍的時候，燕、趙聯手救援，秦軍就退走了。

「完璧歸趙」和「澠池會」為趙國爭來了二十年的寶貴發展時間，使他們能够暫時避免亡國的命運，繼續積攢力量，迎接一定會到來的大決戰，萬一那時真能創造奇跡呢？

所以才說，藺相如兩次在關鍵時刻救場，確實挽救了趙國的命運，因此也就不難理解為甚麼他以門客的身份，火箭似地躥升，迅速來到了上卿的位置。

當然，並不是每個人都能馬上看清這一點，所以才有了「負荊請罪」的故事。

負荊請罪

廉頗這幾年四處征戰，為趙國打下許多土地，在所有武將當中位列第一。但藺相如卻後來居上，在朝廷上的地位超過了廉頗。廉頗私底下很是憤憤不平。

他對人說：「老夫為國立下汗馬功勞，藺相如那個小兒，本是家奴出身，就靠著逞口舌之利，竟然位居老夫之上，實在讓人氣憤不過。」

並對手下的門客們說：「老夫下次見到藺相如，一定要給他點顏色看看！」

藺相如聽說以後，一直躲著不見廉頗，上朝的時候也都常常稱病不去。

有一次藺相如的車隊出門，遠遠看到廉頗的車馬過來了，馬上命令手下掉轉馬頭，避開他們。藺相如的門客們因此意見很大，都對他說：「您這樣怕廉頗，不覺得丟人嗎？我們跟著您還有甚麼意思？不如大家散了吧。」

藺相如問他們：「廉頗跟秦王誰更有威嚴？」大家都說當然是秦王。

藺相如便說：「我敢面斥秦王，怎麼會怕廉頗？但將相不合國家怎能穩定？我是不願意因為跟他鬥氣，而影響國家利益呀。」

門客們這才明白了他的苦心，欽佩不已。

消息傳到廉頗耳朵裏，他才醒悟過來，知道藺相如的氣度和見識遠遠超過自己。於是便按照傳統的請罪方式，赤裸上身，背上綁一根荊條，親自上藺相如家裏請罪。

藺相如趕忙扶起廉頗，兩人言歸於好，從此一心一意輔佐君王，被後世傳為佳話。

燕趙有義士

這一代趙國人出了許多智勇雙全的忠臣義士，所以趙國才能在秦國的強大壓力下支撐下來，始終沒有被打垮。

除了廉頗、藺相如以外，趙奢也是朝廷裏一個重要人物。他本來是一個徵收租稅的小官，平原君家不肯納稅，趙奢就展現出鐵面無私的做派，按照趙國法律，殺了平原君家九個管事的人。

平原君趙勝是趙惠文王的弟弟，也是以禮賢下士著名的人物，在朝廷裏具有極高的地位，他聽說一個小小的稅官竟敢來捋虎鬚，頓時大發雷霆，想要處死趙奢。

趙奢找到平原君解釋：「您是國家的貴公子，如果您都縱容家人犯法，趙國的法令還能服眾嗎？趙國一旦衰弱，敵人必定來進攻，國家亡了，您的榮華富貴又怎麼保證呢？」

平原君聽他說得有禮有節，就寬恕了他，並且約束自己的家人不再逃稅，還向趙惠文王推薦趙奢。

趙惠文王便提拔趙奢管理國家的財稅，果然很快把國家財政整理得井井有條，沒人敢不服。

不過趙奢最大的才能是在軍事方面，廉頗四處出擊的那些年，趙奢也是東征西討，接連取得大勝，甚至在公元前 269 年的閼與之戰中，取得了斬首八萬秦軍的驚人戰績。他是戰國末年為數不多的幾個可以打敗秦國的將領之一。

有這些才識過人的將相在，趙國朝堂上一時間人才濟濟，讓秦國長期不敢侵犯。

很快又傳來另一條好消息 —— 名滿天下的大將樂毅也回到趙國來了，因為燕國已經出現重大變故……

齊人的抗爭

燕國攻打齊國的戰爭，一開始戰績輝煌。但燕國自身的實力還是不夠，開始純粹是借著五國聯軍的勢頭。另外四國一撤走，燕國的攻勢就沒那麼凌厲了。這時候齊國剩下兩座特別堅固的城池，怎麼都打不下來。一是莒

城，齊潛王被殺以後，手下官員們還留在那裏，所以那邊的民眾的凝聚力特別強；另一座是即墨，那裏有田單在防守。

先說莒城的事。當年淖齒虐殺齊潛王，在齊人中引起公憤。

齊國宗室裏面有個叫王孫賈的人，多年來一直在齊潛王左右伺候。潛王被淖齒綁走以後，他到處都找不到，只好回家去。

他母親聽他說了，很不滿意地說：「你每天早上出門，到晚上我都會倚著家門盼你回來；如果你晚上出門，我就會倚著外面巷子口的門盼你回來。如今你的君王不見了，你沒找到他就回家來了嗎？」

王孫賈聽了覺得很慚愧，於是再次出門去找潛王，過了很久，終於發現了淖齒殺害潛王的真相。他悲憤莫名，衝到大街上對人們說：「淖齒殺害了我們大王，有要跟我一起去誅殺淖齒的，袒露右肩！」

街上的人們紛紛聚集起來，支持王孫賈。很快就集結起數百人，消息傳遍全城，人人憤慨，家家戶戶拿起武器加入王孫賈的隊伍，莒城的齊人暴動了！

狂暴的人群衝到淖齒的住處，拚死進攻，終於殺掉淖齒，重新奪回了莒城的控制權。

齊人急需一個領袖，最合適的人選是太子法章，但現在卻不知道他在哪裏，大家只好分頭去找。

他們沒料到，法章早就不在城裏了。那天晚上，齊潛王遭遇慘禍的消息傳回宮以後，齊國貴族們嚇得四散奔逃。太子法章隻身一人逃進城陽山裏，隱姓埋名，在當地一個地主家裏做傭人，替他家澆菜園。

地主的女兒正值豆蔻年華，見法章氣度不凡，隱隱約約猜到他是落難的貴族，就瞞著父母跟法章私訂終身，兩人在亂世中互相扶持，共同生活著。

法章經歷了國破家亡的慘劇，對外面的世界戒心很重，一直不敢拋頭露面，更不敢公開自己的身份。所以齊國大臣們一連找了很久，卻始終沒有結果。

終於有一天，法章鼓起勇氣向周圍的人們說明了自己的身份。消息傳

回城裏，齊國的流亡大臣們急忙趕到山裏來辨認，認出他果然是太子殿下，
莒城的人們狂喜，蜂擁到山裏拜見太子。

　　法章就在城陽山中接受眾人擁戴，登基為王，是為齊襄王，然後通告
整個齊國：「新王在莒！」戰火中苦苦掙扎的齊人終於有了精神寄托，開始
行動起來，反抗燕國的侵略。

　　再說即墨那邊的事。莒城在襄王的帶領下抵抗侵略者的同時，即墨也
在田單的指揮下進行著抗爭。

田單復齊

　　田單本來是臨淄城裏一個管市場的小官，雖然他也是齊國王族的後
裔，但親緣關係太遠，屬沒落貴族。

　　當初臨淄被攻破的時候，田單先帶著全族老小逃到安平，隨後安平也
被攻破，他們只好再次逃亡。

　　田單特別會動腦筋。在安平城裏休息的時候，他讓族人們把車軸兩頭
截短，用鐵皮包上。後來安平城破的時候，城裏的人們一擁而出，無數車子
在路上亂撞，大多數人的車軸都被撞壞了，困在半路走不了，被趕上來的燕
軍活捉。只有田單他們家族的車子比別人都堅固，全都成功逃脫了。

　　這件事在難民中廣為流傳，為田單積累了很高的名望。他們逃到即
墨，在城裏堅守，繼續抵抗燕軍。即墨大夫戰死以後，當地人共同擁護田單
當臨時首領，主持抵抗事宜。燕軍打到即墨的時候已經是強弩之末，即墨人
又受到莒城那邊新王初立的鼓舞，所以燕軍包圍即墨五年都沒能打下來（同
一時期秦國正在圍攻魏國的大梁，燕、趙都派兵去救援，也間接導致了燕國
兵力短缺）。

　　這時候勵精圖治的燕昭王過世了，燕惠王繼位。燕惠王當太子的時候
就跟樂毅有矛盾，田單便利用這一點挑撥離間，讓人散佈謠言，說：「齊國
就剩兩座城怎麼會一直打不下來？因為樂毅留了一手，他想藉助齊人的力

量，在齊國自立為王。」

燕惠王本來就很擔心樂毅擁兵自重，聽到這些謠言後更加心慌了，趕緊派另一個將領騎劫去前線，換下樂毅。

樂毅知道燕惠王猜疑自己，繼續在燕國待下去難免有禍患，他本來就兼任燕、趙兩國的國相，心想不如乾脆就去趙國吧，便投靠到了趙惠文王手下。

趙惠文王大喜過望，立即封樂毅為望諸君，給予重用。這幾年都是樂毅在帶著燕國軍隊打仗，他一走，燕國將士們難免人心惶惶，新上任的騎劫很難服得住他們。

田單又告訴城裏百姓：「每次吃飯前都要先祭祖，要灑一些穀物在庭院裏。」這樣周圍的鳥兒都飛到即墨來覓食，城市上空常常有鳥群飛來飛去。田單又讓人四處宣揚：「有神人在幫助我們。」還找個小兵裝扮起來，號稱「神師」，時常帶著這個「神師」招搖過市，城裏百姓信以為真，士氣大振。

田單還在城裏大肆宣傳燕國士兵在城外掘齊人的祖墳、燒先人的骸骨，還說燕國人抓住齊人都會割掉鼻子……四處散佈的謠言，讓城裏百姓對燕人又恨又怕。

但在面對敵人的時候，田單卻故意示弱，把精銳兵力都藏起來，讓老弱殘兵守城，還讓人假扮逃出即墨的富豪，送給燕軍一些金銀財寶，請求：「城破的時候別殺我們。」

燕軍以為城裏已經快支撐不下去了，就漸漸鬆懈了下來。田單最大的發明是「火牛陣」。他把全城能找到的牛都搜集起來，給牛角綁上尖刀，牛身塗上油彩，再披上五顏六色的布帛，牛尾巴綁上稻草，灌上油脂。

等一切都準備停當以後，反攻開始。一天夜裏，五千名齊國士兵驅趕著這些牛到城牆邊，把牛尾巴點燃，全城擂鼓吶喊，牛被嚇到了，拚命往前衝，一時地動山搖。燕軍正在營帳裏睡覺，驀然聽到外面一片轟鳴，出來一看，無數怪獸帶著遍地火光衝了過來，士兵們從來從沒見過這種陣勢，都驚恐不已，拔腿就跑，將領禁止不住，燕軍的陣營瞬間崩潰。

即墨城裏的守軍全體殺出，一路追殺燕軍，燕軍大敗而逃，騎劫也被殺死在亂軍中，即墨之圍成功解除！

田單隨後帶領即墨的兵馬繼續攻打燕軍，那些被佔領的城池聽說了這裏的勝利，都紛紛起來響應，齊國土地上頓時烽火四起，燕軍再也鎮壓不住。

田單的軍馬每到一個地方，當地民眾都簞食壺漿來犒勞他們，有力氣作戰的都加入他們，所以他們的隊伍越來越壯大，終於成為一支浩蕩的大軍。

另一方面，燕國本身是個小國，兵力不足以壓制齊國這樣一個人口眾多的大國，一旦齊人全體起來反抗，僅有的一點燕軍立即淪入人人喊打的局面。而且他們的主帥一開始就被殺死，群龍無首，當然就更抵擋不了齊人的反撲。

田單的隊伍一路橫掃，飛速推進，一座又一座的城池被收服。沒過多久，齊國七十多座城池全部光復，齊人把侵略者徹底趕出了齊國領土。

公元前 279 年，田單親自帶領人馬到莒城迎接齊襄王。齊人專門修了一座棧道深入城陽山，以盛大的儀式，把襄王夫婦接回臨淄，齊國正式復國。

田單隨後被封為安平君（他是從安平成名的），成為齊國朝堂上炙手可熱的人物，他也因為恢復齊國的巨大功勳而名垂青史。

襄王很感激地主家女兒對自己的照顧，把她立為王后，史稱君王后。不過君王后的父親，也就是當初收留襄王的那個地主，對自己女兒不聽從「父母之命，媒妁之言」，私自找男友的事情始終耿耿於懷，終生不再見這個女兒，也不去拜見那個國君女婿。

君王后一直受到襄王的敬愛。她是一位很有想法的女人，後來當了太后，對齊國的內政外交有很大影響。

據說有一次秦王送給她一副玉連環，說：「你們齊國人那麼聰明，一定能解開這個吧？」君王后把玉連環拿到朝堂上，讓大臣們來解，大家想破腦袋都解不開。最後君王后讓人拿來一把錘子，一錘下去，把玉連環砸得粉碎，然後叫秦國使者回去覆命：「已經解開了。」

這就是她的做派。

再說齊國，遭受這次滅國之災以後，國力嚴重受損，雖然復國，但再也無力對外擴張了。而且這一代齊人，從國君到平民都親身經歷了慘烈的滅

國之戰，對於戰爭有極度的厭惡心理。在往後的日子裏，齊國的對外政策只剩下一個目標——避免戰爭。

他們竭盡全力地避免捲入任何紛爭之中。不管秦國侵吞天下的戰爭打得如何激烈，他們一概視而不見，即使趙國時不時來佔一些領土，他們也只唯唯諾諾地勉強抵抗一下⋯⋯

這是一個被打斷了脊樑骨的國家，從今往後，國際上再也見不到當年那個稱霸一方的齊國了。

有一個絕頂聰明的人最早注意到這一點，針對這種局面專門為秦國提出一套新的策略：遠交近攻。

第十五章

秦趙大決戰

小人物的發跡史

魏國在整個戰國時代都是人才輸出地，范雎也是魏國人。跟商鞅、張儀那些前輩一樣，他也胸懷安邦定國之才，一直想有一番作為。

但他出身貧寒，沒有機會得到當權者的賞識，只好投靠到中大夫須賈手下，當了一名門客。

有一次魏昭王派須賈出使齊國，范雎也跟著去了。這次出使沒辦成甚麼事，但范雎的才華卻給齊襄王留下了深刻印象——大概懷才不遇的他太希望表現自己了吧，鋒芒畢露。襄王正在招攬賢才，就送給了范雎很多黃金、酒肉之類的禮物，滿滿裝了一車。這是在暗示他留在齊國輔佐自己。

但這時的范雎還有些單純，他不想留在齊國，又不知道該不該收禮物，就把這件事情直接告訴了須賈。須賈氣得七竅生煙，他在齊國辛苦跑腿幾個月，到處受人白眼，粗茶淡飯都沒一口，手下的奴才卻得到齊王親自賞賜，這奴才是要翻天了嗎？

他不動聲色地告訴范雎：「人家送我們禮物是尊重我們，不收不太好。黃金就算了，退給別人，就把酒肉收下吧。」范雎便照著做了。

等回到魏國以後，須賈找到相國魏齊，報告他：「范雎這狗奴才裏通外國，不知道把甚麼情報出賣給齊國了，竟然得到齊王的賞賜。」魏齊大怒，馬上讓人把范雎抓到府裏來，嚴刑拷打，逼問他賣了甚麼情報。

魏齊是魏昭王的兄弟之一，殺個人也不算事，那些家丁們下手非常重。范雎當然知道現在絕對不能承認出賣國家，承認了就是死，所以不管別人怎麼打，一口咬定：沒幹賣國的事。最後被打成重傷，肋骨都斷了幾根，昏死過去。

魏齊看到這情形，估計也問不出甚麼，只好讓下人把奄奄一息的范雎拿個破席子裹了，扔進廁所，讓他自生自滅。

范雎只能裝死等待機會，來魏齊家裏喝酒的賓客們紛紛尿在他身上，他也不敢動一下。直到賓客們都走了以後，他才悄悄向看守他的人說：「你如果放我出去，以後一定重謝。」

看守的人就假稱范雎已經死了，報告給魏齊，魏齊正喝得醉醺醺的，也沒在意這種小事，揮揮手說：「那就扔出去吧。」范雎因此從鬼門關撿回一條命。

朝廷裏有個小官叫鄭安平，很同情范雎的遭遇，他偷偷把范雎藏起來。范雎從此改名「張祿」，在鄭安平家裏躲著，晝伏夜出。

魏國待不下去了，「張祿」謀劃逃到國外去，最安全的地方當然就是秦國。正好這時候秦昭襄王派大臣王稽出使魏國，鄭安平爭取到了接待他的機會，跟王稽私下交談的時候，鄭安平故意提到自己認識一個叫「張祿」的人，有經天緯地之才，建議王稽把這人帶回秦國，推薦給秦王，以後萬一他發達了，肯定會報答王稽的。

王稽聽了很感興趣。不久後，鄭安平把「張祿」找來，跟王稽談了一會，見他果然口若懸河，對國際形勢有深刻見解。王稽被他的才華震驚了，當即決定偷偷把他帶回秦國去。

回到咸陽以後，王稽把「張祿」安頓好，就去跟秦昭襄王說：「下臣在魏國找到一個奇人，聲稱『秦國已經危如累卵，只有得到我才能安定』，所以下臣把他帶回來了，大王要不要見見呢？」

這些年秦國都是暴力開疆，對於遊士說客們「合縱連橫」的把戲早就不感興趣了，而且來秦王跟前獻計獻策的人，一年到頭絡繹不絕，秦昭襄王哪有工夫挨個接見他們，所以聽了這話並沒有甚麼反應。

王稽沒辦法，只好回來說：「兄弟要不先在這邊住著，興許哪天大王一高興就見您呢？」然後把「張祿」送去客棧，略微給他點生活費，就讓他這樣在咸陽住著。

這一住就是一年。這是「張祿」一生中最焦慮的時期：舉目無親，前途未卜，空有滿腹治國平天下的策略，卻找不到賞識自己的人。難道以謀略定天下的時代真的已經過去了嗎？難道這個世界真的沒有他的用武之地了？

他在客棧裏苦苦思索，甚麼政策才是當前的秦國最需要的，怎樣的言論才能打動秦王的心。

直到一年之後的一天，他在街上聽到一個消息，突然豁然開朗，急忙

跑回客棧，一揮而就，寫成一封奏摺，又想盡辦法託關係，讓人把這封奏摺遞到秦昭襄王手裏。

秦昭襄王看完這封奏摺，拍案叫絕，當即下令：「宣張祿進見。」

秦昭襄王的煩心事

「張祿」住在館舍中的時候，秦國發生了一件讓秦昭襄王不太愉快的事。魏冉是宣太后手下的黨徒之一，也是秦國朝廷裏一等一的紅人。前些年齊國被圍攻的時候，魏冉從他們那邊搶到了陶邑。這裏本來是宋國苦心經營的經濟中心，交通極為便利，商業高度發達，是天下最富庶的地區，號稱「天下之中」，也因此受到天下各國的垂涎。最後齊國消滅宋國，搶到陶邑，隨後又被魏冉奪走。

魏冉請求宣太后把陶邑賜給自己做封邑 —— 他本來已經有穰地做封邑了，但還不滿足。宣太后答應了，從此他每年從陶邑拿到巨額稅收，成為富可敵國的超級土豪。

從那以後，魏冉的心思就不在正事上了，整天想著怎麼經營自己的封地，收到的錢財也都進了自己的私囊。陶邑挨著齊國，離秦國遠得很，魏冉為了自己的個人利益，不斷地派兵攻打齊國，把搶來的領土都並入陶邑。相當於他自己成了一個小諸侯，並駕著秦國這輛戰車替自己開疆拓土。

公元前 271 年，魏冉再次發兵攻打齊國，打下剛、壽兩座城池，把它們也併入了陶邑。陶邑因此進一步擴張了，秦國卻沒有得到任何好處，白白勞民傷財。

魏冉如此明目張膽地拿國家機器謀私利，朝廷裏很多人都看不慣，但沒人敢說。一來魏冉確實功勞很大，二來，也是更重要的，他有宣太后這座大靠山，誰敢對他表示不滿？

宣太后是奉行極端利己主義的人，她喜歡的人，不管三七二十一，一律給予重用。她最寵愛的魏冉、羋戎、涇陽君、高陵君四人，號稱「四貴」。

他們拿著雞毛當令箭，在朝廷裏橫衝直撞，無人能擋，秦國朝廷儼然成了他們這幫人的私家財產。就連秦昭襄王都不太敢說他們甚麼，雖然心裏早已不耐煩了。

「張祿」看出了秦昭襄王的心事，就拿這一點做文章。他的那封奏摺裏說的，就是魏冉專權的事。秦昭襄王召見他的那天，他來到王宮的內廷，假裝不懂禮節，直接往裏走。

這時有宦官大喊：「大王來了！」要趕「張祿」走。

「張祿」搖晃著腦袋說：「甚麼大王？我只聽說秦國有太后跟穰侯（魏冉），沒聽說有大王。」

秦昭襄王正好聽到這句話，馬上明白了「張祿」的意思，於是走過來對他拱手說：「失敬！寡人早該聆聽先生的教誨了，因為最近一直在操心義渠國那邊的戰爭，所以冷落了先生，還請先生勿怪。」

「張祿」趕忙回禮，與秦昭襄王攜手進入內廷。秦昭襄王問起他對國家大事的看法，「張祿」便坦然說了自己的觀點。

遠交近攻

「張祿」知道秦國內部的權力鬥爭是個敏感話題，先不能碰，於是先說對外政策。

他明確反對魏冉攻打齊國，他舉出齊湣王為例。

齊湣王前些年帶領韓、魏攻打楚國，取得大勝，搶到大片土地。但這些土地都遠離齊國本土，只挨著韓、魏，所以最終結果是齊國出力，韓、魏得地，這就是所謂「借賊兵而齎盜糧」。

齊國在連年的對外戰爭中耗盡了國力，這才讓諸侯們得到了機會，聯合起來一舉把齊國打垮。

所以齊國失敗的根源就在於採取了「遠攻近交」的政策。現在秦國也在犯同樣的錯。越過韓、魏攻打遙遠的齊國，打下來的土地都讓韓、魏佔

了 —— 其實是讓魏冉的陶邑佔了，「張祿」不好直說 —— 這樣下去，秦國也會走上齊國的老路，這是極度危險的。

所以秦國的正確做法應該是「遠交近攻」，穩住遠處的齊、楚、趙，對身邊的韓、魏大開殺戒。這兩個國家處在天下的中心，戰略意義重大，又跟秦國接壤，搶得一寸土地，秦國領土就擴大一寸，這樣步步推進，然後再威逼楚、趙，才是最好的方案。

而韓、魏兩國對比，應該先打韓國。韓國的領土形狀奇特，呈「了」型，分成三個主要部分，中間有兩個連接通道，那裏是韓國最薄弱的兩處：一個是太行山西麓的通道。佔領這裏，可以把韓國北部的上黨郡與南部的三川郡割斷。另一處是滎陽。佔領滎陽，可以割斷三川郡跟東部新鄭的聯繫。這樣就可以把韓國領土分割成三段，那麼消滅韓國則指日可待。

除了遠交近攻，「張祿」還提出：要征服一個國家，不僅要「攻地」，還要「攻人」—— 也就是向對方的統治者施壓，逼迫他們屈服。

他說，魏冉攻打魏國那麼多次，卻沒能成功削弱魏國，是甚麼原因呢？因為他只攻打土地，不跟敵人談判。正確的做法是武力威逼與和平談判並用，讓敵人乖乖交出土地，交完再打，打完又談，相當於無限制地勒索。

後來秦國對韓國果然就用上了這套方案。他們先打韓國的重要城市，逼迫韓國談判，交出其他不重要的地區，換來秦國退兵，稱為「馳割」。但韓國一旦交出土地，秦國馬上又去打他們的重要城市，逼迫他們再次割地。

秦昭襄王聽完「張祿」的言論，大喜過望。「張祿」已經把吞併天下的一整套方案都給出來了，這正是秦昭襄王夢寐以求的。秦昭襄王當即拜他為相，封為「應侯」，讓他全權負責秦國的內政外交。

「張祿」從此得到秦昭襄王的極大信任，一舉成為秦國朝廷裏最重要的人物。秦國也開始正式實施遠交近攻的對外戰略，吞併天下的步伐驟然加速。

等位置穩固以後，「張祿」終於可以把剩下的一半話也說出來了，就是關於秦國內政的問題。

他認為宣太后那夥人已經嚴重威脅到了秦國的利益，不得不除，勸說

秦昭襄王儘快下手。

秦昭襄王其實早已經在這樣想了。他很清楚自己那個老媽是怎樣一種人。前段時間，他們母子剛剛合謀幹掉了義渠王，然後順勢滅了義渠國。這是秦國的重大勝利，從此以後，秦國後方再也沒有威脅了，可以毫無顧慮地出兵東部。

但秦昭襄王內心卻是五味雜陳：宣太后對跟自己恩愛了三十多年的老情人都能痛下殺手，這樣狠辣的手段讓秦昭襄王心裏發涼。

世人都知道，宣太后最寵愛自己的兩個小兒子，尤其是涇陽君公子芾。當年要不是趙武靈王一力主持，她就立涇陽君為秦王了。

現在宣太后一夥人已經囂張到了無法無天的程度，涇陽君的權力也日益膨脹，繼續這樣下去，萬一哪天他們聯合起來奪權，秦昭襄王擋得住嗎？

就算秦昭襄王自己沒事，但能保證以後能把權力順利交給自己的兒子嗎？畢竟他的王位就是從自己哥哥手上繼承的。現在他年紀也大了，必須要考慮身後事了，有宣太后這夥人在，他怎麼放心得下？

他縱橫天下一輩子，絕不能在這件事情上翻船！他早就想謀劃除掉這夥人，但苦於沒有心腹大臣跟自己配合。朝廷裏那些人都畏懼宣太后的勢力，個個心懷鬼胎，找他們商議的話，說不定一轉身把自己給出賣了，反倒打草驚蛇。現在「張祿」主動挑明這件事，正是送上門的幫手。

所以秦昭襄王一聽這話，馬上舉雙手支持：「此言甚得我心，先生有何高見？請進一步言明。」

「張祿」俯身過來：「如此這般……」兩人私下一合計，制訂了一套扳倒宣太后集團的計劃。

公元前 266 年的一天，秦昭襄王突然發動政變，廢掉宣太后，將她軟禁在後宮，再把魏冉為首的「四貴」全部趕出咸陽，自己完全掌握了朝政大權。

魏冉被奪權以後，帶著一千多車金銀財寶回到陶邑，過了幾年擔驚受怕的日子以後，躺在他的金銀財寶上鬱鬱而終。秦昭襄王下令把陶邑收歸國有。陶邑這塊天下第一的大肥肉，連帶著魏冉攢下的巨額財富，全部落到了

秦昭襄王手裏，够支撐他發動一場大規模戰爭了。

他很感激為自己做出巨大貢獻的「張祿」，從此對「張祿」言聽計從。「張祿」在秦國朝廷裏擁有了一人之下萬人之上的崇高地位。

現在，終於可以找當年的仇人算賬了。

睚眦必報

范雎這些年一直以「張祿」的身份生活著，秦國官方也一直稱他為「張祿」，所以魏國那邊的人們都以為那個「范雎」已經死了。

「遠交近攻」的政策實行以後，韓、魏馬上感受到巨大的壓力，魏安釐王（這時候魏昭王已經過世，魏安釐王是魏昭王的兒子）趕緊派須賈去秦國求和。

范雎聽說須賈來秦國，心想：「可等到你了！」真是天堂有路你不走，地獄無門你闖進來。於是故意穿上一身破舊衣服，一個人到須賈住的客棧去找他。

須賈見到他，大吃一驚，半天才憋出一句：「原來你……在秦國？」

范雎笑笑說：「是呀。」

須賈問道：「你不會是在這邊當說客吧？」

范雎冷笑著說：「我是魏國的罪人，是被大人您趕出來的，哪個國君肯聽我遊說啊？」

須賈不好意思地問：「那你在秦國做甚麼？」

范雎淡淡地說：「沒甚麼，衙門裏隨便給人跑腿而已。」

須賈便留他吃飯，見他衣著寒酸，在風中瑟瑟發抖，不禁有些憐憫，便又找來一件錦袍給他披上。

范雎略微道聲謝，不動神色地吃著飯，也不抬頭看須賈。

須賈只好有一搭沒一搭地扯些閒話，無意中談到「張祿」，說：「你知道現在秦王跟前的紅人張相國嗎？據說秦王對他非常信賴，我這次來特別想

拜見他，要是他老人家能幫我們魏國說幾句話，那就甚麼事都好辦了。」

范雎心裏暗笑，說：「這倒巧，我家主人正好有門路可以見到張相國，要不你跟我坐車回去，我向主人通報一下。」

須賈大喜，一迭連聲道謝。范雎找來一輛大馬車，把須賈扶上去，范雎親自駕車，去他「主人」家拜訪。

馬車來到范雎的府上，范雎已經先打過招呼，不要泄露他的身份。所以下人們看到他駕車來了，也沒說甚麼，只是默默地讓開道路放他們進去，須賈摸不著頭腦，暗說「怪事」。

到了院子裏，范雎說：「容在下先進去稟報。」撂下須賈，自己走進大堂去了。

誰知他進去以後就沒消息了，須賈被晾在院子裏面，半天沒人來接他，他很奇怪地問周圍的人：「范叔呢？怎麼還沒出來？」

周圍的人回答：「甚麼范叔？剛才帶你來的是我們相爺。」

須賈感到頭頂一個霹靂炸起，嚇得魂飛天外，趕忙跳下馬車，連滾帶爬地跑到台階下，咚咚咚地磕頭，請求范雎原諒。下人進去通報，范雎換好了衣裳，這才帶著一大幫隨從，風風火火地走了出來。

須賈跪在下面磕頭如搗蒜，戰戰兢兢地說：「小的冒犯大人，自知罪孽深重，請大人發落！」

范雎大喝：「你知道你犯了甚麼罪嗎？」

須賈渾身顫抖：「罪該萬死！罪該萬死！」

范雎厲聲說：「你包藏禍心，污蔑我通敵，這是罪一；魏齊奸賊辱我於廁中，你不制止，這是罪二；便溺到我頭上，辱人太甚，這是罪三。三罪並罰，你說該怎麼處置？」

須賈伏在地上說：「請就湯鑊之刑！」

范雎覺得嚇唬得差不多了，這才說：「你本該死罪，但你見我衣衫單薄，贈我綈袍，還算有一點良心，看在這件事上，我才饒你死罪，知道了嗎？」

須賈長出一口大氣，拚命磕頭，千恩萬謝地告辭回去了。

　　范雎到宮裏跟秦昭襄王說明了情況，秦昭襄王當即表示支持他報仇，范雎說：「須賈是從犯，可以寬恕，但魏齊絕對不能饒恕。」於是在秦昭襄王的支持下，范雎命令須賈回去報告魏安釐王：立即把魏齊的人頭送來秦國，否則將派兵屠戮大梁。收到須賈的回報，魏國朝堂上炸鍋了，眾人議論紛紛，都在討論該不該答應秦國的要求。魏齊是朝廷重臣，又是魏國宗室成員，不是一般的大臣能比的。魏安釐王很想保他，但秦國是肯定不能得罪的，最後只好退一步，讓他逃到趙國去尋求庇護。現在也只有趙國敢跟秦國對抗了。

　　趙國平原君是魏安釐王的妹夫，跟魏齊關係也很好，所以魏齊就躲到了他家裏。

　　秦昭襄王和范雎馬上得到了這個情報，他們不肯善罷甘休，便命令平原君：「來秦國，當面說清楚！」

　　平原君不敢不從，只好親自到咸陽向秦昭襄王說情，但范雎堅持不饒恕魏齊，最後秦昭襄王下令將平原君扣押在咸陽，同時秦國大軍開向趙國，逼他們交人。

　　秦國態度如此強硬，不拿到魏齊絕不罷休，趙國難道要為了魏齊跟秦國火拚嗎？這時候趙國是趙孝成王當政，眼看前方告急文書不斷送來，他頂不住壓力，只好派人去平原君的府上捉拿魏齊。

　　但他顯然耍了個心眼，故意留了個缺口讓魏齊逃走了。魏齊逃到趙國的相國虞卿那裏，虞卿可能得到了趙孝成王的授意，當即扮成平民，帶著魏齊逃回魏國，把這塊燙手的山芋又扔回給了他們。

　　他們想向信陵君求助。信陵君是魏安釐王的弟弟，在魏國擁有僅次於國君的地位，在國際上也擁有非常大的勢力，現在看來也只有他敢對抗秦國。

　　信陵君是仗義的人，但他不傻，現在這樣的局面誰能保得住魏齊？不過平白招來秦國的軍事打擊，所以拒絕了兩人的投靠。走投無路的魏齊只好自刎而死。趙國隨後把他的頭顱送到秦國，秦昭襄王這才把平原君放了回去。秦國大軍也撤了回去，趙、魏兩國終於可以鬆一口氣了。

　　范雎對魏齊窮追不捨，終於報了大仇，但卻放過了須賈，讓世人看到

了他的恩怨分明。所以後人評價他「一飯之德必償，睚眥之怨必報」。

須賈因為送了一件錦袍，竟然撿回一條命，那麼真正對范雎有恩的人，得到的回報當然就相當豐厚了。范雎向秦昭襄王申請，把當年幫助過他的王稽和鄭安平都提拔為朝廷裏的高官，哪怕明知道他們沒甚麼才能也重用他們。後來他們兩人卻把范雎給坑（連累）了。

秦昭襄王對范雎報仇和報恩的行為都積極支持，不僅因為范雎是他的首席謀臣，也因為范雎這種性格很對他的胃口。秦昭襄王本人，以及秦國這個國家，都是「睚眥必報」的，對於他們的仇人，他們出手絕不留情。

東方六國可得長點心眼了，誰要敢跟秦國做對，那就走著瞧吧，秦國的軍事打擊必然會到來，而且會非常兇猛！

意外來臨的決戰

按照「遠交近攻」的構想，秦國第一個要打擊的國家是韓國，打韓國，首先要打斷「太行道」。

公元前 264 年，秦昭襄王派出白起攻打韓國的汾城、陘城，這兩座城正是太行道的薄弱處，秦國的目的很明確 —— 掐斷太行道，斷絕上黨郡跟韓國的交通，把韓國一分為二。

這是滅亡韓國的第一步。韓國人慌了，趕忙去秦國求和，許諾把太行山以南的「南陽」割讓給他們，換來太行道的平安。

不料秦國一方面收下韓國割讓的土地，一方面繼續進攻，絲毫不停，最終把南陽、汾城、陘城全部拿到手，甚至更向東推進，拿下野王，徹底斬斷了太行道。

這時候秦國大軍像一把尖刀，從西到東直插過去，把韓國砍成南北兩段，韓國已經危在旦夕了。上黨郡被分割在太行道北邊，跟韓國其餘部分斷絕了聯繫。這片土地的形狀很奇特，是一塊向東北方凸起的地帶，深深插入趙國內部，攻佔上黨郡，就可以把趙國南方領土分割成兩塊，對趙國的威脅

也就大大加強了。

所以趙國也高度緊張，密切關注著事態發展。

上黨郡守馮亭跟下屬商議：「國內現在想救我們也救不成，秦軍那麼強大，我們自己肯定擋不住的。與其被秦國吞併，不如把上黨郡獻給趙國，讓趙國去阻擋秦國。」

大家都沒得選擇，只好同意他的提議。馮亭派使者去求見趙孝成王，說了投靠的事，趙孝成王便召集大臣們來討論。

這對於趙國是一個異常艱難的抉擇。接受他們的投靠吧，是對秦國的公然挑釁，秦、趙之間的戰爭就不可避免了；不接受吧，秦國一旦消滅韓國，接下來也就該輪到趙國了，戰爭會來得遲一些，但還是免不了。

大臣們也激烈爭辯，平陽君反對接收上黨郡，平原君卻支持。接收上黨郡有一個巨大的好處：可以立即得到一大片土地作為秦、趙之間的緩衝區，使趙國有更多的騰挪空間──既然秦、趙之間的戰爭遲早都會來，改善自己的地理條件，先做好戰爭準備，看來是比較明智的做法。

反之，如果讓秦國拿下上黨郡，由於上黨郡獨特的地理位置，那麼秦國軍力就會深入趙國疆域內部，使得趙國的防守形勢大大惡化，到時候再跟秦國決戰只會更吃虧。

所以最後討論的結果，趙孝成王決定接收上黨郡。趙國人都知道秦趙大戰是一定會來的。從趙武靈王的時代開始，他們就一直在做對秦的戰爭準備，不管從軍事上還是心理上，都基本上準備好了。

所以接收上黨郡的消息傳出來以後，趙人並不驚慌，只是開始全國動員，迎接即將到來的重大考驗。

另一邊，從秦國的角度來看，趙國的做法是不可饒恕的。秦國這些年南征北戰，天下各國望風披靡，各路諸侯、公子、說客的車馬絡繹不絕地來到咸陽，獻上珍寶、賠上笑臉，只為了求秦國高抬貴手，對他們手下留情。現在趙國直接騎到老虎背上來了。

秦國花了那麼大力氣把韓國砍成兩半，眼看要收穫的時候，趙國從斜刺裏躥出來，直接搶走一半成果，他們把秦國當成甚麼了？難道威震天下的

大秦帝國是可以讓人隨便欺負的？

是可忍孰不可忍！

秦昭襄王拍案而起，立即派王齕帶領大軍殺奔上黨郡，秦趙大決戰意外來臨！

長平之戰

上黨郡這時候剛剛投靠趙國，趙國還沒來得及完全接手，秦國大軍卻已經殺到，迅速攻城略地，佔領了上黨的一些主要城池。

趙孝成王派廉頗率領趙國主力部隊，駐紮在上黨郡東邊的長平。這時候上黨郡的難民如同潮水一樣湧到，趙國把他們全部接收下來，擴充自己的實力。

秦國的軍隊隨後殺到，廉頗派兵迎戰，一交手，馬上發現雙方的實力根本無法相比，秦師的威猛遠遠超過想像。

秦國實行最嚴酷的軍功制度，按照功勞大小賞賜不同的爵位，爵位分成二十個等級，每一等爵位對應不同的田產、房產、金銀等賞賜。前線的戰士只有殺敵立功才能得到賞賜，否則就會陷入赤貧狀態，甚至被以軍法論處。

有一件事可以間接說明秦國法律之嚴酷。

長平之戰爆發前，秦國發生嚴重饑荒，很多老百姓都快要餓死了。范雎向秦昭襄王上書，請求拿王宮禁苑內產出的蔬果救濟百姓。秦昭襄王否決了這個提議，理由是：按照秦法，只有有功的人才能受賞，拿禁苑的蔬果救濟災民，會使得有功無功的老百姓都受到賞賜，法令的威嚴何在？

哪怕讓老百姓餓死，也不能讓那些「無功」的人佔到便宜，這就是秦法的嚴酷！

可以想像，前線殺敵的將士們如果長期不能立功的話，等待他們的可能不僅僅是「沒有賞賜」那麼簡單，而是能否活命的問題了。在如此殘酷的

制度下，前線將士為了生存都會拚死力戰──勝利或者死亡，沒有第三條路。在這樣如狼似虎的軍隊面前，「胡服騎射」的趙國軍隊也黯然失色。他們不是不盡力，而是確實沒有能力戰勝面前的敵人。

趙軍接連幾場戰役大敗，丟掉了許多堡壘。廉頗無可奈何，只能在丹河東岸築起高高的防禦工事，依托丹河嚴密防守，無論敵人怎樣挑釁都不出戰。廉頗是當世奇才。他組織的防禦陣線如同銅牆鐵壁，秦軍衝殺了很多回合都無法突破。戰爭陷入了膠著狀態。秦、趙雙方都知道，這是決定雙方國運的大戰，獲勝的一方將成為天下無敵的霸主，失敗的一方則將面臨亡國滅種的命運──兩國都沒有退路，只有用盡舉國之力以支持前線的戰爭。

而東方五國呢？韓、魏都被打怕了，再加上秦國通過外交手段軟硬兼施，迫使他們袖手旁觀；楚國剛剛被秦國打過，被迫割讓了夏州，正自顧不暇；燕國前兩年又剛剛被齊國打過，也是自身難保；唯一有點實力的齊國，卻不顧趙國的一再哀求，一口咬定：堅決不參與國際上的任何紛爭。

所以儘管趙國竭力向各國求助，卻得不到一點回應。只能以自身國力跟秦國硬拚。長平之戰演變成了兩大國互拚國力的消耗戰。

趙國的優勢是本土作戰，補給比較容易。

秦國那邊，國內已經推廣了牛耕，糧食產量遠遠超過趙國。但這時秦國正在鬧饑荒，可秦昭襄王把心一橫：寧願餓死老百姓，也要保證前線物資供應！

另外，秦國早已打通了渭河到黃河、洛河的漕運，後方的糧食可以源源不斷地運往前線，抵消補給線太長的劣勢。

秦軍高層很清楚，現在拚的就是兩國的經濟承受能力，必須壓垮趙國才能獲勝。他們改變策略，把主要精力用來攔截趙國的後勤補給，同時在國內發起全民總動員，徵召整個國家的男性壓向長平。

秦國已經賭上了國運，只許勝，不許敗！趙國也咬緊牙關苦苦支撐。從「胡服騎射」開始積攢的國力全部押上桌子了。民眾在飢餓中勒緊腰帶，從牙縫中省出口糧送到前線。運送補給和接收傷兵的車隊絡繹不絕。從宮廷到民間，人人都在密切關注著長平的戰況。前線彙報軍情的快馬一到邯鄲，

立即被人們團團圍住，人們談論的唯一話題就是：「我們挺得過去嗎？」

雙方的對峙持續了一年（從秦國攻打上黨郡算起，長平之戰持續三年）。

趙孝成王承受著極大的壓力。國庫已經空了，農忙季節又已經來到，國內勞動力嚴重短缺，農田大片地荒蕪，眼看一場全民大饑荒即將上演，可前線軍隊卻依然按兵不動。他不停地逼問前線的廉頗：「還要相持到甚麼時候？」

廉頗的回答永遠是：「再給我一些時間。」

廉頗同樣承受著無法想像的壓力。他很清楚：目前的趙軍沒有能力打退四周重重包圍的秦軍，一旦出擊就是自尋死路。趙軍唯一能做的就是等待，秦國國內也面臨著大饑荒，趙國只有拖得更久一些，拖到秦國自己扛不住，軍心渙散的時候，趙國才有一點點的機會。

但趙國自己先扛不住了。趙國的國民經濟瀕臨崩潰，國內謠言蜂起，人們都在傳說廉頗治軍無能，一直龜縮不出，眼看要拖垮整個國家了，趙國需要一位年輕有為的將領。

朝堂上，趙孝成王焦躁不安，一次又一次地召集群臣討論，是否要撤換廉頗成了大家的主要議題。

趙國君臣都感到實在不能再這樣僵持下去了。如果廉頗繼續堅持己見，就只能把他換掉。

如果要換下廉頗，誰又能夠頂替他呢？趙國的另一位名將李牧，此時正在北方邊境防範匈奴，無法抽身；樂毅又是燕國投奔過來的將領，很難得到士兵的信服，而趙奢已經病故。

大多數人都看好趙奢的兒子趙括。他是目前趙國最炙手可熱的新星，擁有廉頗不具備的朝氣和銳氣。人們都傳說，他自小熟讀兵書，跟自己的父親討論兵法也能說得頭頭是道，換他上場也許能打破目前的僵局？

趙括的母親聽說朝廷裏在考慮換自己兒子去前線，大驚失色，急忙上書給趙孝成王：「此事萬萬不可！當年趙括跟他父親談兵，他父親都說不過他，然而心裏卻並不滿意，私下跟我說『兵者，死地也，是需要萬般謹慎的事。這孩子看得太輕率了，以後趙國不用他領兵還好，一旦用他，必有大

患』，還請大王收回成命。」

趙孝成王不聽，趙括的母親只好又說：「如果趙括出現差錯，還請大王饒恕老身的性命。」趙孝成王便答應了下來。

藺相如也不看好趙括，竭力勸阻，但趙國君臣討論的最終結果，還是決定讓趙括替下廉頗。

廉頗悲憤莫名，但君命難違，只好交出兵權，回家養老去了。趙括年輕氣盛，一上來便開始大刀闊斧地改革，換上一大批新人，趙國軍營裏看起來氣象一新，士氣似乎比以前更加振作了。

秦國高層聽說了趙國換帥的事，不由得大喜，暗地裏派白起到前線接下了王齕的主帥位置。但對此事嚴格保密，對外仍然宣稱王齕是主帥。他們的想法是以老打新，依靠白起豐富的經驗碾壓趙括。

趙括來到前線就是為了打破僵局。整頓軍紀以後，他立即發起主動進攻，帶領趙軍主力衝出廉頗精心構築的堡壘。

白起是老狐狸，看到這群初生牛犢不怕虎的年輕人，他很配合，假裝敗退，把趙括的軍隊引到早已築好的秦國營壘前。這些營壘，秦軍花了兩年之久方才修成，堅固無比。

趙括帶領軍隊攻打秦國的營壘，這才發覺敵人戒備非常嚴密，根本毫無破綻；他想要撤退，卻發現後方道路已經被兩萬五千人的秦軍大部隊截斷。趙括大驚，趕忙指揮軍士衝鋒，可是秦軍已經層層疊疊地包圍上來，哪裏還能衝得出去？

後方趙軍基地的軍隊也在拚命衝過來救援。但白起早已派人前去攔截，那裏的趙軍面對秦軍的銅牆鐵壁也是束手無策，只能眼睜睜地看著前方軍隊被困死在包圍圈中。

趙國上下轟然震動。前線士兵的父母妻兒們哭喊著請求政府儘快打破包圍圈，趙孝成王不停地調集軍馬加入救援行列，後方的人員和物資潮水般湧向前線，整個國家都拚了！

秦國也把能調集的人員全部調集到長平，阻擋趙國的援軍。秦昭襄王甚至親自來到長平附近的河內郡，宣佈：當地所有人都加封爵位一等，十五

歲以上男丁全部上戰場,秦人要親手捏死這一代趙國人!

長平戰場上,厮殺一刻也沒有停止。被圍困的趙國部隊發起一波又一波的衝鋒,但每一輪衝鋒都遭遇到慘烈屠殺,人員十不存一。包圍圈越收越緊,糧草很快就斷絕了。趙國的士兵開始吃馬肉,吃屍體,甚至殺掉傷兵來吃。

數十萬趙軍在絕境中苦苦支撐了四十六天,拚死掙扎,竭力求生,一人倒下,立即有一人補上,再倒下,再補上⋯⋯援軍卻始終沒有到來 —— 他們的祖國也已經盡力了,無力回天。

四十六天的煉獄生活終於磨盡了這群熱血男兒的意志。他們的防線一點點收縮,終於被壓縮到極限,極度疲憊的趙軍,再也看不到突圍的希望。

最後時刻已經來臨,趙括帶領一群精壯士兵發起自殺式衝鋒,飛蛾撲火一樣衝向敵人的陣營。

秦軍毫不猶豫地揮起屠刀,趙括和他的士兵都倒在了血泊裏。

主帥陣亡,睥睨天下的趙國男兒終於崩潰了,四十多萬趙軍放下兵器(這個數字有很大爭議),向秦軍投降,天下第二的精銳之師自此灰飛煙滅。長平之戰,以秦國的慘勝告終。秦國付出了幾十萬人傷亡的代價,徹底把趙國打下了懸崖,獨自佔據了天下第一的高峰!

大屠殺

如何處理趙國的四十萬降卒?這是個棘手的問題。

白起的想法很直接:這些人不可能聽命於秦國,殺!得到秦昭襄王的默許後,他先把趙國降卒分割為許多支小分隊,騙他們說可以放他們回去或者帶他們回秦國。然後把這些人領到一處幽深的山谷中,這裏有許多天然的巨坑,正是埋人的好地方⋯⋯

那天夜晚,神鬼震恐,天地變色,中國古代歷史上最大規模的屠殺開始了!

秦國士兵刀砍，斧剁，弓箭射，匕首刺……用盡一切殺人方式，對手無寸鐵的趙國降卒展開屠殺。

山谷中慘叫聲連續不斷，匯聚成一種駭人的尖嘯，排山倒海撲面而來，似乎要把一切生靈拖入深淵，大地在劇烈顫抖中被撕裂，哀怨之氣直衝天際，連天空的雲朵都抹上了一層詭異的殷紅色……

天色濛濛亮，山谷中的慘叫聲終於平息了，四周魅影憧憧，四座幽暗的山峰彷彿四隻巨魔，帶著詭秘的笑容俯瞰著中央鮮紅的血池，整個世界在迷離中墮入鬼域，似夢似幻，人鬼難分，這裏從此被稱為「殺谷」。

一個國家的成年男性全體喋血於此，屍山血海堆成了戰國時代最壯烈的祭壇，作為對這個恐怖時代的最後的獻祭。

因為這次屠殺，這片土地永久沾上了死亡的氣息，周圍的山峰叫作「頭顱山」，山下有「骷髏廟」，廟前是白起用人頭堆成的「白起台」。在兩千多年的時間裏，這裏不斷挖掘出人骨，到今天仍然挖不盡。

這是秦國永遠不會被饒恕的罪行！天下人終有復仇的一天！

長平大屠殺的消息傳回趙國，趙國人的精神崩潰了，家家哀慟，戶戶悲鳴，哭喊聲響徹每一條街道。三年戰爭期間，趙國有四十五萬士兵被殺，幾乎全國的青壯年男性都陣亡在前線。這是一場滅族之災，雄冠天下的趙國從此香火斷絕，再也不能復興。

趙國徹底失去了防衛能力。秦國大軍一旦殺過來，毫無疑問會立即滅國。但趙人已經無所謂了，連死亡都已經不再能讓他們感到恐懼，他們只剩下空洞無助的眼神，呆呆地望著遠方的地平線，等待著命運最後的裁決……

第十六章　英雄傳奇

趙國的命運

長平之戰過後，趙國的生死存亡完全掌握在秦國人手上。趙孝成王只好親自到咸陽，卑躬屈膝，請求秦昭襄王饒命。天下人都在密切關注這次談判的結果，期待著奇跡的出現。

前線的白起絲毫不為所動，佔領上黨以後，準備繼續推進下一步的攻勢，一舉拿下邯鄲，滅亡趙國。但這時候他卻收到了秦昭襄王要求他撤軍的命令。

史書上說，趙國派出說客去遊說范雎，告訴他：「白起的功勞已經太大了，再讓他滅亡趙國，他必定會位列三公，到時候您只能屈居於他之下。」范雎怕白起超過自己，就藉口說秦國士卒疲敝，不能繼續征戰了，成功說服秦昭襄王退兵。

這段記載顯然不可信，是否要滅亡趙國是關係到秦國命運的大事，不可能因為范雎一句話就決定了，甚至秦昭襄王自己都決定不了。秦國退兵的唯一原因只能是——他們有一些嚴重的顧慮。

三年的長平之戰不僅對趙國是毀滅性的打擊，對秦國也造成了嚴重傷害。長平之戰前秦國就出現了大規模的饑荒，他們硬是餓著肚子挺了下來，但戰後的國民經濟已經瀕臨崩潰了。而且戰爭中秦國士兵也承受了巨大的傷亡，人員損失慘重，百姓嚴重不滿，如果繼續發動戰爭，即使打下趙國，也難保國內不出現變亂。

更重要的是，秦國已經連續發動戰爭超過四十年了。從攻打楚國的垂沙之戰開始，秦國的對外征伐就一刻也沒有停過。雖然秦國的攻勢壓得山東六國喘不過氣，但自己的國力也遭到嚴重損耗。現在秦國的國力已經沒法跟當年相比，在接下來的滅趙戰爭中，一旦有甚麼閃失，暴露出自己虛弱的一面，東方五國難保不趁火打劫——尤其是齊國，這些年一直坐山觀虎鬥，實力保存得很好。到時候可能出現二虎相爭，一死一傷的結局，反而讓東方五國來給兩大國收屍。

這是秦國絕對不願看到的情況。所以秦昭襄王只能選擇退兵，先修養

一段時間，緩一緩再說。但現在退兵，對於白起卻是非常大的傷害。白起認為現在是消滅趙國的最好時機。錯過這個時機，秦國再要滅亡趙國只怕要等很多年了。

消滅趙國將會開啟秦國吞併天下的偉大征程，白起的夢想就是由自己親手完成這個壯舉，成為將來的秦王朝最重要的一個締造者，由此名垂青史。現在，他一生最輝煌的功業即將展開的時候，卻被強行喝止。他只是殺了許多人，還沒能替秦國消滅任何一個國家，以後的史書上只會記載他是一個殘暴的屠夫，而不是開啟大一統王朝的傳奇人物，他對秦國的巨大貢獻將會被記到別人頭上，這是他絕對不能接受的。

白起極度憤懣。但君命難違，他只能依依不捨地告別前線，告別自己戰鬥了一生的疆場，鬱鬱寡歡地回到咸陽。他不敢直接對秦王表示憤怒，只好把所有矛頭都對準范雎，認為是范雎挑撥離間壞了自己的事業，兩人從此結下深仇。

秦昭襄王向趙孝成王提出撤軍的條件：割讓六座城池。趙孝成王毫不猶豫地答應了，隨即被放回趙國籌備割地事宜。秦昭襄王也找到了台階，三年的戰爭以這種方式暫告結束。

趙孝成王回國以後痛定思痛，帶領趙人積極備戰，防備一定會到來的下一波打擊。

趙人已經失去了一切，無所畏懼，全國上下萬眾一心，勵精圖治，民眾紛紛自發加入重建工作，半年時間內就構築起了新的防線。

楚、魏等國也意識到再不幫助趙國就晚了，態度也稍稍有些改變。緩過氣來以後，趙孝成王開始跟屬下商量割地的事情，正好秦國使者來討要城池，大臣虞卿極力勸阻，說：「王之地有盡而秦之求無已。」割一次地只換得片刻安寧，你有多少地可以割呢？

趙孝成王思前想後，決定毀約翻臉，通知秦國，拒絕割地。

消息傳到咸陽，秦昭襄王暴跳如雷，命令軍隊立即殺向邯鄲，邯鄲將再次面對秦師的刀鋒（長平之戰過後趙國西部大片領土淪喪，秦趙邊境線已經離邯鄲不遠）。

白起的末日

公元前 259 年 10 月，秦國軍隊在王陵率領下撲向邯鄲，準備一舉滅掉趙國。

出乎秦昭襄王意料的是，這次戰爭打得並不順利。儘管後方連續增派援軍，前方戰事卻一直沒有進展，反而折了不少兵將。

秦昭襄王只好傳喚白起進宮，命令他去接替王陵的帥位。白起從半年前被撤回來以後就「病了」，一直不肯見人，聽到秦昭襄王的召喚，他很明確地表示拒絕：「現在打趙國不合適。」

他認為消滅趙國的最佳時機已經過去了。趙國這半年一直在全力備戰，準備很充分，趙人同仇敵愾，凝聚力非常強。而秦國經過連年戰爭，實力明顯削弱，現在長途跋涉去打趙國難免又是一場消耗戰，鹿死誰手難以預料。另外，趙國最近一直在卑躬屈膝地巴結東方各國，齊、楚、燕、魏等國已經有跟趙國合縱的趨勢，一旦各國聯合起來，秦軍前方攻城不下，後方被諸侯援軍包抄，只怕會有大麻煩。

白起的戰爭經驗是當時天下第一，他的判斷非常準確。但秦昭襄王聽來卻不是滋味——這不是在暗諷他半年前撤軍是錯的嗎？而且前幾年鬧饑荒的時候白起都堅持打趙國，現在卻反過來說不能打趙國，這不是明顯鬼扯嗎？

秦昭襄王覺得白起就是在賭氣，完全不顧國家利益和他作為君王的臉面，只顧著耍自己那點脾氣。

但是白起一口咬定身體不適，無論如何都不出征，秦昭襄王只好讓范雎直接上白起府第數落他。白起還是不從。

秦昭襄王勃然大怒：「難道離了你我就真打不下趙國了？」馬上派出更多軍隊，讓王齕替下王陵，更加兇猛地攻打邯鄲。

邯鄲那邊，趙國軍民上下一心，正在全力抗擊侵略者。長平之戰趙國失敗的關鍵原因是糧道被截斷，現在在自己家裏抗敵，沒有保護糧道的壓力。反倒是秦軍戰線太長，後方大片土地都是原來的趙、韓領土，面臨被切

斷補給線的危險。

趙國統帥看到這一點，派出輕騎兵不停襲擾秦軍後方，給秦軍帶來很大麻煩。

白起在國內聽到前方戰況不利，冷笑道：「不聽我的吧？現在怎麼樣？」秦昭襄王臉上掛不住了，親自闖進白起家裏，把他拎起來：「你就是躺在那邊給我指揮軍隊都行！你要再不去，我絕不饒你！」

白起跪在地上連連磕頭：「大王請聽臣這一次！現在放過趙國，勤修國政，等國力恢復再出征，可以一舉而定天下。何必一定咬著趙國不放呢？大王如果一定要跟我鬥氣，拚盡國力拿下趙國，損害的是秦國的利益。大王勝了我卻輸了天下，何苦呢？臣為國家考慮，寧死不能接受大王的命令！」

秦昭襄王默然無語，轉身離開了。不久以後，秦昭襄王的命令來了——廢去白起的爵位，降為士卒。又過了一段時間，前方戰況不利的報告接連傳來，秦昭襄王再發佈一道命令——驅逐白起，令他即刻啟程離開咸陽。

戰爭失敗的責任總得有人擔，君王是絕對不可能錯的，所以錯的只能是白起。病榻上的白起被提起來強行趕出咸陽，一個人踽踽獨行，走出咸陽西門往陰密去了。

剛走到杜郵，使者的快馬又追了上來，宣佈最新的命令：「白起快快不服，有怨言，特賜寶劍一柄，令自裁！」

白起仰天長呼：「我何罪於天？」過了片刻，又歎息說，「我在長平殺孽過重，當受天譴。」於是伏劍自盡。

秦人都知道白起是被冤殺的，非常同情他，民間香火不絕，世代祭祀。人們心裏很清楚，白起是秦滅六國的頭號功臣，他以一生百戰百勝的恐怖戰績為秦國打通了一統天下的康莊大道。

但他在長平的罪行永遠不會被世人遺忘，永遠只能以「人屠」的惡名留在史書上。

白起被殺，范雎是最大的受益者，現在他不用擔心位置不穩了。但范雎萬萬沒想到，自己的麻煩也即將來臨。

毛遂自薦

邯鄲城下的戰鬥還在激烈進行著。秦國大軍圍城已經接近兩年，儘管趙國軍民無數次打退他們的進攻，秦人仍然不肯退卻，反而源源不斷地派軍前來增援。城內的糧食已經吃完，眼看要全面告急了，現在唯一的期望就是楚、魏兩國的援軍儘快到來。

平原君是趙孝成王的叔叔，長期參與趙國的內政外交，是國際上響噹噹的實權人物。邯鄲保衛戰剛剛打響的時候，平原君就奉命向楚、魏兩國請求援助。魏安釐王已經派晉鄙帶兵在趕來的路上了，看來問題不大。但楚國那邊很麻煩。楚考烈王一直推三阻四，明顯不太想出力，平原君只好親自去走一遭，不管用甚麼手段，都得說服楚考烈王派兵。

平原君把家裏的幾千個門客召集起來，準備從他們中間挑二十個智勇雙全的人物，跟自己一起去楚國。這趟行程極為兇險，必須要做好以命相搏的打算，帶去的人必須極度可靠才行。

但選來選去，只挑中十九個人，再也找不到合適的了。門客裏面忽然走出一人，向平原君行禮說：「在下毛遂，願跟公子同行。」平原君一打量他，完全陌生，很奇怪地問他：「你到我這邊幾年了？」

毛遂回答：「三年了。」平原君有點不屑地說：「真正有才能的人，如同錐子插在囊中，一眼就能看得出來。先生在寒舍住了三年我也沒有聽說過您，您的才能恐怕並不出眾吧？還是留下算了。」

旁邊的十九個人聽到這話都開始起哄，嘲笑毛遂不自量力。

毛遂說：「公子現在才把我放入囊中啊。只要給我機會，一定會脫穎而出，公子不妨試試。」

平原君見他這麼熱忱，有些動心，再加上確實找不到合適的人，只好同意了他的請求。

於是平原君就帶著這二十個隨從出發了。到了楚國，他們直接找楚考烈王談判。

這時候秦國「遠交近攻」的策略已經發揮作用。楚國最近幾年都奉行

「親秦」的外交政策，對於趙國的求助，他們並不太熱心。

　　雙方從當天早上開始談判，一直談到中午都沒有結果，平原君的二十個門客一直在台下觀望，這時另外十九個人就一起慫恿毛遂上台去幫忙。

　　毛遂徑直上台，大聲喝問：「合縱的利害兩句話就能說清楚，怎麼談了這麼久呢？」

　　楚考烈王很不高興地斥責他：「你是甚麼人，誰讓你來的？」

　　平原君趕忙打圓場：「這是在下的隨從，不懂規矩，還請大王不要怪罪。」

　　楚考烈王更加生氣：「滾下去！我跟你主人談，哪輪到你說話？」

　　毛遂一手握著腰間的劍柄，逼近楚考烈王說：「大王仗著楚國勢大就呵斥我，現在十步之內沒人能幫您，您還能倚仗誰？我的主人就在旁邊，哪輪到您來呵斥我？」

　　楚考烈王一愣，沒想到他竟然這麼大膽，一時間說不出話來。周圍的侍衛們不清楚發生了甚麼情況，又沒接到命令，也不敢擅自圍上來。

　　毛遂繼續說：「當初商湯憑藉七十里的土地就能稱王於天下，文王以百里的土地降服諸侯。現在楚國地方五千里，持戟之士百萬，卻不敢奮起抗敵，反而受白起豎子的羞辱：一戰而失鄢、郢，二戰而丟夷陵，三戰連先王陵墓都被焚毀。這是祖宗之羞、百世之仇！大王卻絲毫不放在心上，還以為是趙國求著楚國要合縱，不敢找仇人算賬，只敢把威風發在我這種小人身上——不必大王發威，我主人在那邊，問他怎麼處置我？」

　　一席話說得楚考烈王臉上紅一陣白一陣的。平原君趕忙上來賠禮，一邊假裝呵斥毛遂：「快下去！這人沒受過調教，不懂規矩，請大王千萬別怪罪。」

　　楚考烈王一擺手：「罷了，我不跟他一般見識。叫人來開始結盟吧。」

　　毛遂向台下的隨從們喊道：「取雞血、狗血、馬血來。」下人立即把盛血的銅盤捧上來，毛遂雙手接過銅盤，跪著向前遞給楚考烈王說：「請大王先歃血。」

　　於是楚考烈王第一個歃血，然後平原君和毛遂依次歃血，再是台下的

十九個隨從，然後訂立盟約、相互交換文書，終於完成了結盟儀式。

兩國合縱由此艱難達成。回到趙國後，平原君一再拜謝毛遂，說：「趙勝以後再也不敢品評天下名士了。毛先生以三寸不爛之舌，強於百萬之師，趙勝竟然一直沒有看出先生的大才，今後還有甚麼臉面招賢納士？」從此給予毛遂極高的禮遇。

趙國上下都非常感激毛遂，也都鬆了一口氣，有楚、魏聯軍援助，看來勝利的曙光已經在不遠處了。

不料這時候卻傳來一個噩耗 —— 魏國翻臉，停止發兵。趙國人全都驚呆了，這件事情非常嚴重。魏國處在趙國和楚國之間，魏國不肯援助趙國，意味著楚國的援軍也過不來。說好的三國合縱瞬間成為泡影，難道趙國還要繼續獨自忍受秦軍的圍困？

趙孝成王緊急召集群臣商議，平原君再度自告奮勇，聲稱願用盡一切辦法說服魏國派兵前來。

但魏國的情況更加複雜，這次的任務比說服楚國要困難得多。

義不帝秦

魏國派出晉鄙援助趙國之後不久，秦國的威脅就來了。秦昭襄王派人惡狠狠地警告魏安釐王：誰敢援助趙國，秦國打下趙國以後馬上就去打他！

魏安釐王怕了，緊急命令晉鄙停止進軍，十萬大軍駐紮在蕩陰，靜觀事態的發展。

魏安釐王派大將新垣衍到趙國說明情況，並且告訴他們：「秦國的目標並不是打下邯鄲，他們是想稱帝。以前他們曾經跟齊國共同稱帝，現在齊國衰落了，秦國想單獨稱帝，你們只要派人去尊秦昭襄王為帝，他肯定就會撤走軍隊了。」

趙孝成王猶豫不決，找平原君商議，平原君也拿不定主意。這時候齊國人魯仲連正在趙國，聽說這事，就請求平原君帶自己去見新垣衍。

見到新垣衍以後，魯仲連很堅決地表示：秦國是靠奴役人民而發達的暴虐國家，自己就算跳入東海，也絕不接受「暴秦」的統治。

他舉了歷史上許多暴君凌虐屬下的例子，告訴新垣衍，魏國想通過投降秦國來換取暫時的安寧是根本不可能的，只能使自己變成暴政的犧牲品，到時候魏國君臣獲得的不是秦國的保護，而是奴役。

這段「義不帝秦」的演說成為戰國時代忠勇之氣的象徵，流傳千古，魯仲連也因此被後人奉為不屈服於暴政的英雄。

新垣衍被說服了，回去報告魏安釐王：趙國人絕不會被暴秦嚇倒，只會戰鬥到最後一刻！

這時魏國國內也發生了一起驚天動地的事件，徹底扭轉了天下局勢。

竊符救趙

魏安釐王剛登基的時候就封自己弟弟公子無忌為信陵君。

信陵君跟當年的孟嘗君一樣熱情好客，把四方賢才都招納到自己手下，門客有三千之眾，形成一股重要的政治勢力，作為對政府力量的補充，配合魏安釐王管理國家。

信陵君對人寬容忍讓，又十分仗義，無論是王公貴族，還是販夫走卒，他一概平等相待，絲毫沒有貴公子的驕矜之氣。

其中最有名的就是他禮遇侯嬴的故事。侯嬴是大梁城東門守門的老頭，已經七十歲了，過著普通貧苦百姓的生活。但大家都傳說他其實是個隱士，所謂「大隱隱於市」，真人不露相而已。

信陵君聽說以後，派人帶著大量錢財去拜訪侯嬴，想招納他到自己門下。但侯嬴冷冷地拒絕了。信陵君認為他是嫌排場不夠，就大擺宴席，邀請許多好友赴宴，等賓客們來齊以後，自己帶著大隊人馬去東門延請侯嬴。這次侯嬴沒有拒絕。他穿得破破爛爛的，只略微整理一下衣冠，也不打招呼，默默上車，坐到信陵君左邊，那是尊位。然後信陵君親自駕車載著侯嬴回自

己府上。

大梁城轟動了。人們全部湧到街上，都想看看甚麼人能讓信陵君為他當車夫。

走到鬧市區，侯嬴說：「在下有一位當屠夫的朋友，就在不遠處的市場上，請公子駕車過去，我去看看他。」

信陵君恭恭敬敬地說：「謹遵君命。」就把馬車駕到菜市場那邊去了。侯嬴在眾人的圍觀中下車，找到自己那個朋友。那人叫朱亥，是個莽漢。兩人就站在信陵君的車前，在眾目睽睽之下攀談了半天，然後侯嬴才跟他告別，慢吞吞地上了信陵君的車子，到信陵君府上去了。

信陵君府上那些賓客早都等得不耐煩了，以為侯嬴是個甚麼仙風道骨的高人，結果一看，來人只是個乾瘦老頭而已，都覺得很詫異，不懂為甚麼信陵君會這樣對他。

信陵君卻很開心，把侯嬴介紹給眾人認識，然後把他留在自己府裏，拜為上賓。

其實這是侯嬴跟信陵君出的主意。侯嬴故意表現得很傲慢，信陵君配合演出，在鬧市區晃一圈回來，讓全大梁的人都知道：我們的公子對一個普通的門衛都如此殷勤，可見他多麼的平易近人呀！

從此以後，信陵君「禮賢下士」的名聲就更響亮了。魏國的百姓都特別敬愛他，在魏國百姓的心目中，信陵君是比魏王更加親民的一個領袖。又因為手上掌握著三教九流各種階層的人脈資源，信陵君的觸角得以伸展到社會的各個角落。他的情報網遍佈天下，消息甚至比國君還靈通。

據說有一次信陵君在王宮裏和魏安釐王下棋，忽然有哨兵來報：「北方邊境有趙國軍隊入侵！」

魏安釐王大驚失色，跳起來準備去召集大臣商議，信陵君拉住他說：「王兄不用怕，不是趙國入侵，是趙王在邊境田獵而已。我們繼續下棋。」

魏安釐王將信將疑地坐下，過了一會兒，果然又有下人來報：「已經探明，是誤報，只是趙王田獵而已。」

魏安釐王很奇怪，問信陵君：「你怎麼知道的？」信陵君回答：「我在

趙王身邊有臥底，趙王的行動我清楚得很。」魏安釐王佩服不已，連連稱讚，內心卻對這個弟弟又敬又怕，暗暗起了防備之心。

長平之戰過後，邯鄲被圍困，趙國的求救文書雪片般飛來，趙國人不僅求魏安釐王，也求信陵君，所以到信陵君府上遊說的人也是絡繹不絕。

信陵君很清楚，趙國一旦倒下，魏國的亡國之禍也就不遠了，救趙國就是在保魏國自己。因此他是堅決支持救趙的，他積極奔走，呼籲魏國人立即行動起來幫助趙國。

一開始魏安釐王也是答應救援趙國的，但突然收到秦國的威脅，又被嚇到了，命令前方軍隊停止行動。

信陵君很著急，三番五次地進宮去勸說自己的哥哥，但都沒用，魏安釐王始終堅持「看看情況再說」。

趙國那邊心急火燎的，信陵君的姐姐（也是魏安釐王的姐妹）是平原君的夫人，不斷地寫信請求信陵君儘快推動救趙行動，平原君也不斷派使者來求信陵君。

到最後，平原君甚至拋出狠話：「不是都說你能急人之困嗎？現在怎麼眼睜睜看著我們墜入火坑？就算你看不起我這個姐夫，你也不想想，邯鄲一旦被攻破，你姐姐怎麼辦呢？」

信陵君被噎得說不出話來，他心裏不比平原君好受，但魏王那邊他實在推不動了，最後只好把心一橫：「我去跟你們一起死！」他準備好車隊，帶上自己的一幫門客，就想衝到邯鄲去跟秦國人拚命。

他們的車隊經過大梁東門的時候，正好看到侯嬴在那邊，信陵君簡單地跟他說了自己要帶人去拚命的事，侯嬴只是面無表情地「哦」了一聲。信陵君見他沒說甚麼挽留的話，也懶得多說甚麼，帶著自己的人就出城門了。

走了一段，越想越覺得心裏憋得慌，侯嬴這人怎麼這樣呢？我當初怎麼對他的？他現在看到我要送死，竟然一句安慰的話都沒有！信陵君實在氣不過，一定要問個清楚，撥轉馬頭，回去找侯嬴。

侯嬴見他回來，微笑著說：「我就知道公子會回來找我的。」

信陵君跟他說起自己的不滿，侯嬴說：「公子這一去，好比以肥羊投惡

虎，除了白白犧牲，能有甚麼用呢？公子好客之名天下皆知，現在正是用我們這些門客的時候了。」

信陵君聽他這話不簡單，趕忙追問。侯嬴把他帶到僻靜處，小聲說：「公子可還記得如姬？」信陵君當然記得。如姬是當下最受魏王寵愛的姬妾。當年她父親被人殺害，魏王懸賞三年都找不到兇手，還是信陵君找人替她把兇手殺了，又把人頭送進宮去給她，當時如姬再三拜謝，說以後一定要報答公子的大恩大德。

侯嬴接著說：「真要救援邯鄲，還得靠晉鄙的十萬大軍才行。現在這批軍隊停在邯鄲以南八十里的鄴城，等著大王的命令。我聽說大王的虎符放在寢宮內，只有大王和如姬才能接觸到。公子可以找如姬幫忙盜出虎符，然後拿虎符去命令晉鄙的軍隊出擊，如此邯鄲方能得救！」

這樣一來，如姬必定獲罪。但國家利益當前，人人都應當犧牲。信陵君決定按照侯嬴的計謀去做。

他讓人秘密聯繫如姬，如姬毫不猶豫地答應下來，趁著魏安釐王不注意，她把半隻虎符偷出來送到了信陵君手上。

虎符是虎形的兵符，從中間分為兩半，兩半的形狀剛好對稱。君王手裏保存著右邊一半，左邊一半在前線的將領那裏，發佈重大軍令的時候，只有把君王的虎符拿到將領那邊去，兩隻虎符嚴絲合縫，才能證明這個命令是合法的。

幾天以後，信陵君帶著虎符，又一次領著手下人前往邯鄲。出行前，侯嬴對他說：「將在外，君命有所不受。晉鄙是謹慎的人，就算公子拿著虎符去，萬一他還是不同意出擊怎麼辦？臣的好友朱亥是個仗義的人，力大無比，公子可以帶他一起去。晉鄙要是聽話還好，一旦不聽話，可以讓朱亥殺掉他，公子自己統領軍隊。」

上次在鬧市中，跟著侯嬴見過朱亥後，信陵君就對這個鐵塔般的壯漢印象深刻。他曾多次派人拜訪這個壯士，又不停地送錢送物，但朱亥只是默默收下禮物，並沒說甚麼感謝或願意為他效命的話。

現在朱亥聽說要讓他去完成一件重大任務，大笑著說：「小人早在心中

感激公子的恩德了，只是因為小禮無所用，才沒有說出來。現在公子用得著小人，小人焉敢不從？」當即加入出行的隊伍。

侯嬴給他們送行，牽著信陵君的手說：「微臣老了，不能跟著公子出行。但微臣會算好日子，等公子到達晉鄙軍中的那天，微臣在這裏向北自刎，以祈禱公子成功！」兩人灑淚而別。

信陵君讓朱亥在衣袖裏暗藏一把四十斤重的大鐵錘，假扮侍衛，跟在自己身邊。

一行人來到前線晉鄙的軍營裏，亮出虎符，聲稱是奉王命而來，命令軍隊立即開往邯鄲。

不出侯嬴所料，晉鄙果然是個非常謹慎的人，他拿著合在一起的虎符，想了一會兒，對信陵君拱手說：「十萬大軍開赴前線，此乃國家大事，為何僅僅公子隻身前來發佈命令？請恕臣不能相從。」

說時遲那時快，信陵君身後閃出一人，正是勁裝結束的朱亥，他手裏早已暗暗提著大鐵錘，不待信陵君發話，便直接掄錘砸向晉鄙。

晉鄙萬萬想不到信陵君會痛下殺手，一時反應不及，當即被朱亥砸死。晉鄙的手下們聽到聲響，迅速闖了進來，信陵君非常平靜地對他們說道：「晉鄙違抗王命，已被執行軍法。從即刻起，軍隊由我直接統帥。」事已至此，這些手下也沒人再敢多說甚麼。

信陵君拿著虎符，親自向軍隊發佈命令：「立即開往邯鄲，救趙！」

大反攻

鄴城兵變的消息傳回國內，魏安釐王氣得半死。但現在軍隊控制在信陵君手上，他不敢亂來，只好就坡趕驢啟動救趙行動。魏國的道路總算打通了。

春申君也帶著楚國軍隊趕赴邯鄲，加入救趙的行列。

邯鄲的戰況已經白熱化。趙國軍民把所有人員都動用起來了，不分

男女老幼，趙人日夜不停地修築城防，敵人打破一尺，便修補一尺，苦苦支撐。

平原君已經搬空了自己的府邸。他把財產全部分發給士卒們，又把家裏夫人以下的僕役姬妾們都編進軍隊幫忙，通過這種方式，他組織起了一支三千人的敢死隊。平原君親自帶領這支隊伍，在一天早上，打開城門，衝進了城外敵軍的陣營，瘋狂砍殺。

取義成仁，就在今日！煙塵滾滾，殘肢亂飛，衝鋒的勇士們倒下了一批又一批，雙方都已經殺紅了眼，勝負即將決出。這時候，遠處地平線上紅旗招展，喊聲大作，數十萬魏楚聯軍來了！

秦國的軍士都懵了，兩國援軍的到來完全出乎他們意料——魏王不是已經被嚇退了嗎？怎麼會突然改變主意？白起預言的情況發生了。秦軍長期攻城不克，士氣本就非常低落，戰場遠離本土，後方又被突如其來的援軍包抄，再加上原來的主帥白起剛剛被殺，軍心不穩，兵法上所有危險的因素同時出現，這時候秦軍哪怕有再強的戰鬥力都堅持不住了。

形勢陡然逆轉。圍城的秦軍瞬間分崩離析，掉頭狂奔，王齕約束不住，幾十萬軍隊飛奔逃向秦國方向。

被秦軍圍城兩年之後，邯鄲得救了！

平原君、信陵君、春申君，三位公子攜手登上戰車，高舉戰旗，向天下人宣佈：大反攻正式開始！

邯鄲城外山呼海嘯，刀劍縱橫。城內軍民合力打開大門，拿著鐮刀、鋤頭、棍棒等各式武器殺出城來，跟兩國援軍匯成了一股滾滾洪流，排山倒海般捲向敵軍。

大地在顫抖！積壓了五年的憤懣如同火山一樣爆發出來。趙國人都瘋狂了，從白髮老者到垂髫少年，全都加入戰鬥，見到身著秦國服裝的人就砍，不分青紅皂白，一路追殺，連屍體都剁成碎片！秦國士兵抱頭鼠竄，潰不成軍，被殲數萬人，屍體堆積如山。秦國遭遇到幾代人以來最嚴重的慘敗！三國聯軍如同風捲殘雲，迅速向秦國本土推進，各地百姓群起響應，秦國的統治如同雪崩一樣垮塌：長平、上黨、河東、太原、陶邑、衛地⋯⋯

數十年來被秦國佔領的土地被一一收服。

這是秦昭襄王晚年盲目自大、過度擴張的結果。他不聽白起的忠告，終於導致三國合縱局面的形成，硬生生把秦國一統天下的日期推遲了二十多年。

秦軍一路潰散，逃到河東的汾城才暫時安定下來。汾城是河東的首府，也是前幾年攻打邯鄲的後方指揮部，目前由王稽鎮守——范雎發跡以後把當年幫助過自己的兄弟們都封官晉爵，王稽被派到汾城當河東郡守，鄭安平則被任命為將軍，到前線跟王齕一起統領軍隊。

范雎的如意算盤是讓這兩個老夥計都拿一個「滅趙」的大功，卻不想秦軍會在邯鄲城下遭遇慘敗。

這兩人都是靠著范雎爬上去的「關係戶」，本身是酒囊飯袋的貨色，一見到敵人殺過來，臉都嚇白了。

鄭安平在逃跑中被三國聯軍追上，嚇得立馬投降，連帶著手下兩萬軍馬一起被活捉。

咸陽城內轟動了。秦國以軍功立國，人人以戰死沙場為榮，如此大規模的投降行為百年以來還是第一次，簡直是國恥！

秦昭襄王震怒，不僅下令捉拿鄭安平一家老小，還要處罰當初推薦他的人。按照秦法，有官員犯了罪，推薦他和提拔他的人也要被牽連，范雎是鄭安平的後台老闆，按律當滅三族。

范雎魂飛魄散，趕忙去向秦昭襄王請罪。秦昭襄王念著他是自己的股肱之臣，不忍心處理他，反而賜禮物撫慰他，並且頒佈命令：「誰敢議論相國的私事，治以重罪！」

秦軍的頹勢還沒有完全止住。在汾水東岸駐紮的部隊經不住三國聯軍的衝擊，大敗而逃，又被殺死兩萬人。這些殘兵敗卒退到汾水西岸，進入汾城防守。而三國聯軍也成功渡河，開始圍攻汾城。

王稽嚇得魂飛天外，準備獻城投降。結果被手下人捅出來，告了一個「裏通敵國」的罪名，全家都被捉拿入獄。

這是對范雎的又一記重擊。這回連秦昭襄王都不好保他了，他伏地請

罪，請求秦昭襄王賜死，秦昭襄王還是不忍心，范雎只好辭掉官職回家養老。從此他惶惶不可終日，不久以後憂懼而死（也可能是被賜死的）。

當初他因為兩個老夥計的幫助才得以飛黃騰達，如今又把一切都還回去了。

同一年，鄭安平在趙國憂懼而死，王稽被秦昭襄王處死，三位老哥們同赴黃泉。

大恩與大仇至此都煙消雲散，只留下好一片白茫茫的大地。逝者已矣，新一代人的恩怨情仇即將拉開帷幕。就在邯鄲城被圍的時候，城內一個大戶人家的宅院裏，一位年輕的母親正摟著懷裏的孩子瑟瑟發抖。孩子的父親剛剛花重金買通守衛逃出城去了。這位母親只好帶著剛出生不久的兒子躲在自己娘家，逃避官府的搜捕。

夫妻二人曾經商議，這孩子出生在趙國，就以「趙」為氏吧，生在正月裏，名字就叫「政」，當時他們怎麼也想不到，這個叫「趙政」的孩子，以後會有一個震爍千古的名號 ——「秦始皇」。

第十七章

英雄的黃昏

呂不韋的生意經

呂不韋是邯鄲城內最有頭腦的商人。這些年靠著四處倒賣貨物賺了一大筆錢，是當時最富有的人物之一。

但他的野心遠不止於此，他在籌劃幹一票真正的大生意。長平之戰前夕，正在邯鄲的呂不韋聽到一個消息：秦國太子的兒子異人正在邯鄲做人質。異人的身份聽著很威武，但其實很心酸。他父親安國君有二十多個兒子，他母親夏姬是個地位低賤的妃子，所以他在父親眼裏根本就可有可無，也因此才被送到趙國來當人質。

這些年趙國跟秦國打得天旋地轉，趙人恨死了秦國，把氣都撒到異人身上，他在邯鄲城內備受冷落，生活比一般的貴族還差，連基本的衣食住行都無法保證。

這樣一個落拓王孫，自然沒人去結交他。呂不韋卻看出了其中的商機。他知道安國君的正室夫人華陽夫人一直沒有子嗣。按照以往的經驗，這樣的夫人都會選一個低等妃子的兒子收為養子。如果說服華陽夫人把異人收為養子，將來再設法立他為繼承人，異人不就搖身一變成了未來的秦王了嗎？而他呂不韋不就成了秦王上台最大的功臣了？

這個想法聽起來很離譜，但不是完全沒可能。就算失敗了，大不了把異人拋開就是，也沒甚麼危險。

所以呂不韋一見到異人就驚歎道：「奇貨可居！」他主動上門拜見異人，並說出了自己的想法。異人心想哪有這樣的好事？但自己現在既然已經落魄到這種程度了，試試也無妨，就勉強答應了他的提議，並且感激地說：「事情要真像您預計的那樣，將來我將和您共同統治秦國。」

呂不韋最大的優勢是錢多。他先給異人一大筆錢，讓他在趙國廣交社會名流，異人的特殊身份加上「孔方兄」（金錢）的推動，使得他立即在趙國的上流社會中結交到一大群「朋友」。

呂不韋再拿出一大筆錢，買了許多珍奇古玩，親自到咸陽求見華陽夫人的姐姐和弟弟，讓他們幫忙把這些珍寶獻給華陽夫人，並且說：「異人在

邯鄲整天思念父親和華陽夫人。他說他把華陽夫人看得跟自己親生母親一樣。而且他現在也成長起來了，在邯鄲廣結賓客，賢德之名傳遍天下，將來一定大有作為。」

世上的女人，不管地位多高，都愛兩樣東西 —— 奇珍異寶和甜言蜜語。華陽夫人也不例外。聽到呂不韋的話以後，她心花怒放，原來自己在遙遠的邯鄲還有一個這麼乖巧的「兒子」。

呂不韋趁機進言：「夫人現在深受太子寵愛，但有沒有想過，將來太子年老了，夫人沒有子嗣，如何立足？不如趁現在趕緊在王孫中選一位賢德之人，收為養子，再勸太子立他為嫡子，以後夫人的榮華富貴，世代不絕，全從這養子身上來。」

華陽夫人被說動了。開始在安國君身邊吹枕邊風，天天說異人如何如何賢德，安國君的心裏也漸漸起了變化。

但這還只是呂不韋宏大計劃的第一步。他看到異人的地位漸漸提高，開始實行下一步計劃，以便更進一步控制他。

他在邯鄲城內找到一個富豪家的女兒，叫作趙姬，把她送給異人為妻。但有另一種說法，說趙姬本來是呂不韋家裏的一個舞姬，異人有一次偶然見到她就被迷住了，於是呂不韋順勢把這個美女送給了異人。

而坊間的傳言更加離譜，傳說趙姬嫁給異人的時候已經有了身孕，所以後來生下來的趙政，也就是秦始皇，其實是呂不韋的兒子。

到底那種情況是真實的？現在已經說不清了。有可能是秦國人為了拔高祖先的身份篡改了史書，也有可能是六國的人們為了埋汰秦國編造了這些謠言。

但要說秦始皇是呂不韋的兒子，這個基本不可能。總之趙姬嫁給異人以後，為他生下了兒子趙政。那時候長平之戰剛好結束，趙國士卒遭遇慘烈的大屠殺，趙國人咬牙泣血，見到秦人就殺，異人不出意外地淪為了大家的活靶子，趙國政府派出士兵全城捉拿他們一家三口。

關鍵時刻，又是「孔方兒」發揮了威力。呂不韋和異人拿出重金，買通了守城的官吏，成功逃出邯鄲，逃到秦國。趙姬則帶著兒子到娘家躲避，

在刀光劍影中勉強逃過一劫。戰火紛飛的年代，年幼的趙政在東躲西藏中艱難成長著。他們一家三口都因秦國承受了很大的磨難，這讓秦人對他們普遍報以同情。異人在秦國的名聲也因此更加響亮了。

異人來到咸陽，首先拜見父母，他依照呂不韋的計策，穿上楚國人的服裝——因為華陽夫人是楚國人，拜倒在華陽夫人腳下，聲稱：「兒子是楚國人。」

華陽夫人感動得無以復加，當即決定正式收他為養子，異人從此改名為「子楚」。

子楚正式成為了安國君的嫡子，開始了他飛黃騰達的人生。華陽夫人和子楚都極其感激呂不韋，子楚還親切地稱他為老師。再加上趙姬母子跟呂不韋千絲萬縷的聯繫，呂不韋終於成功登上秦國政壇，成了子楚身邊最重要的人物。

但這一家人可沒想到，呂不韋的計劃還不止於此，他還有第三個步驟。

債台高築

竊符救趙過後，出現了諸侯合縱討伐秦國的局面。這是秦昭襄王晚年過於激進的政策造成的。但這只是一時的失誤，不會從根本上改變局面。從根本上來說，這幾十年秦國確實已經把山東六國打殘了。合縱聯盟就算趁著秦國暫時沒緩過氣來大殺一通，收復大片土地，但他們跟秦國之間國力上的巨大差距還是彌補不了的，一旦秦國恢復過來，山東六國將又會重新陷入被動挨打的局面。

秦昭襄王末期，秦國就處在恢復中。這時候秦國暫停了之前強勢擴張的過程，只是偶爾對三晉發起一些小規模的戰役，繼續蠶食他們的領土。

當然，還有一個倒楣蛋，因為太弱小，不幸淪為了秦國的出氣筒，那就是早已被天下人忘記的周王室。

周王室現在已經沒有自己的地盤了。周赧王這些年一直依附於西周國

和東周國兩個芝麻綠豆的小國。

但他們可不認為自己是小不點。就在魏、趙、楚三國合縱攻秦（後來韓國也加入），雙方展開激烈戰鬥時，西周文公和周赧王受到鼓舞，也準備加入戰團。

他們窮困潦倒，就找洛邑的富人借錢，拚湊了一支六千人的軍隊，由西周文公領著，雄赳赳氣昂昂地開到伊闕去，傳檄天下，號稱要聯合六國兵馬一同伐秦。

結果回頭一看，根本沒有幾個國家響應，只有楚國和燕國派了三三兩兩幾支人馬過來湊數，西周文公沒辦法，只好解散軍隊回家去。

秦昭襄王卻被惹火了：「輪到你這種貨色來欺負我？」立即點起軍馬，直撲洛邑。小小的西周國哪裏擋得住秦國大軍，瞬間分崩離析，西周文公只好親自到咸陽跪求秦昭襄王的原諒。

秦昭襄王一聲冷笑：「饒你性命可以，但你們的國家就不必存在了。」

西周文公只好獻上本國的典籍圖冊，三十六座城邑從此並入秦國版圖，三萬周朝子民從此變成秦人。

被放回洛邑的西周文公沒過多久神秘死亡，西周國民眾紛紛逃往東周國，西周國整個國家也就從歷史上徹底消失了。

西周國滅亡，把周王室也順帶拖下了水。

周赧王當時還在洛邑。這些年他都是靠著西周文公生活的，西周國被吞併後，他很尷尬地淪為了秦國子民，秦國也懶得管他，就讓他在洛邑自生自滅。

但他沒了經濟來源，之前為了拚湊軍隊借的錢怎麼還？洛邑那些債主們不幹了，天天上門催債，周赧王被逼得走投無路，只好築起一座高台，自己搬到上面去躲債。這座台子後來就被人稱為「債台」。誰曾想，曾經富有四海的周天子竟會淪為「老賴」，從文王、武王開始的歷代先王的臉面都丟得一乾二淨了。

不久以後，周赧王就在債主們的逼迫中鬱鬱而終。人們也不再在乎這個家族是否會傳承下去，沒人說要擁戴新的周王，立國八百年的周王朝在一

片嘲笑聲中，退出了歷史舞台。而象徵著國家權力、代代相傳的周室九鼎也從此神秘失蹤，下落不明。

那是公元前 255 年。同一年，楚國攻滅魯國，周文化最後的守護者也消失了。從那以後，周朝血脈由東周文君繼承。但好景不長，六年之後的公元前 249 年，秦國再次出手，派呂不韋滅掉東周國，殺死了東周文君。周朝香火至此斷絕。

秦宮秘事

再說秦昭襄王。消滅西周國是秦昭襄王一生最後的壯舉。公元前 251 年秋天，秦昭襄王逝世，五十六年征伐四方的傳奇人生終於畫上了句號。

到這時為止，東方六國已經徹底被秦國壓制，秦國征服天下只是時間問題。可以說，秦國的統一大業是由秦昭襄王完成的，後來的一切不過是水到渠成。

秦昭襄王死後，諸侯們紛紛派出使節前往咸陽弔唁。一方面是為了討好秦國，另一方面也想暗中觀察一下秦昭襄王的繼任者是甚麼樣的人。

安國君作為繼任者主持秦昭襄王的葬禮。一年服喪期滿以後，昭告天下，宣佈即位，是為秦孝文王。華陽夫人被封為王后，子楚也躍升為秦國太子。

就在天下諸侯們小心翼翼地觀察新一任秦王的臉色的時候，一個爆炸性的消息傳來 —— 登基僅僅三天的秦孝文王暴斃！

天下人震驚莫名，紛紛猜測幕後的真相。有人說，呂不韋為了保證子楚能登上王位，設計殺害了秦孝文王。這種可能性很大，畢竟子楚的太子之位是靠花言巧語騙來的，根本不穩固，萬一以後秦孝文王改變主意怎麼辦呢？所以，趁秦孝文王立足未穩，將他幹掉，再把子楚扶上王位，呂不韋 —— 可能還有子楚、華陽夫人他們，才能安心。

但不管天下人怎麼猜測，總歸沒有證據，這件事也只能成為一樁懸案

了。公元前 250 年，子楚登上王位，是為秦莊襄王。趙國人聽到消息，趕緊把趙姬和趙政母子用豪華車隊載著，恭恭敬敬地送到咸陽。歷經磨難之後，這一家三口終於得以團聚，相互說起這些年的漂泊經歷，都是感慨不已。

可惜相聚的時光是短暫的。三年之後，正當盛年的秦莊襄王突然薨逝。眾人扶立十二歲的太子政繼位，一個新的時代來臨了。秦王政年紀太小無法掌權，秦國朝政由呂不韋控制，他一人手握整個秦國乃至天下的殺伐大權，成為令諸侯們戰栗的人物。這個精明的商人當年的投資取得了百萬倍的回報，這或許是中國歷史上最成功的一筆生意。同時秦國的休養生息已經取得了效果，國力基本恢復過來了。這個龐然大物又開始張牙舞爪地對外發起進攻。

第一個目標是重新拿下前幾年被合縱聯盟收復的土地。

從前兩年開始，呂不韋就派出大將蒙驁連續進攻韓、趙、魏三國，打下了剛剛被他們收回的上黨郡、三川郡、太原郡，以及河東的一些城邑。

三國震恐，只好重新開啟合縱，共同抗秦。讓誰來擔任合縱聯盟的領袖呢？魏安釐王找到隱居在趙國的信陵君，希望他再度出山。

老去的時代

當初信陵君在關鍵時刻挽救了趙國，受到趙人的隆重歡迎，成為全體趙人心中的超級偶像。

趙孝成王親自出城迎接他，平原君背著箭袋給他引路，把他迎進邯鄲城，給予最高規格的禮遇。趙孝成王甚至準備封賞五座城池給他，被他推掉了。

另一邊，魏安釐王咬牙切齒，發誓絕不放過這個同胞兄弟。信陵君知道魏國是回不去了，只能接受趙孝成王的挽留。他把魏國軍隊送回去以後，就回到了邯鄲，繼續過著翩翩佳公子的生活。

這時候的信陵君已經成為國際上的傳奇人物，各國賢才紛紛前來投

靠。幾年以後，平原君過世，他府裏原來的門客們也都投靠到信陵君門下，信陵君府上因此人才畢集，氣象之盛，為天下第一。

就這樣悠閒地生活了十年，信陵君似乎已經忘記了自己的祖國。上次合縱以後，魏國收復了大片土地，國力明顯恢復，重新在國際上活躍起來，甚至還向東邊擴張，跟齊、楚爭奪土地。這樣的局面當然是秦國不能容忍的，所以秦莊襄王上台以後就加大了對魏國的打擊力度。魏安釐王覺得自己腰杆硬了，不必像以前那樣逆來順受的，就想找人再組個合縱聯盟試試手氣，興許能再把秦國打一頓也說不定呢？

合縱聯盟的領袖必須是眾望所歸的超級偶像。魏安釐王想起了自己那個在趙國的弟弟。於是發佈消息說已經原諒了他當年的錯誤，並要把「信陵」這座封邑還給信陵君，還多次派人去趙國接他回國。

可惜信陵君早已心灰意冷，他回絕了使者的邀請，並且命令下人不許再接待魏國來的使者。

他手下的門客很多都是從魏國過來投靠他的，不敢勸他。只有兩個在趙國新招到的門客，毛公和薛公，敢大膽說話。

兩人勸信陵君說：「公子能得諸侯敬重，只因為您是魏國的公子，倘若您眼看著秦國攻破魏國，焚毀先君宗廟，公子有何面目立於天下呢？」

信陵君被說動了。為了祖國的利益，他再次披上戎裝。

公元前247年，秦王政即位的那一年，信陵君回到魏國，魏安釐王降階以迎，兄弟一笑泯恩仇。

魏安釐王把上將軍的相印授給信陵君，令他代魏出征。信陵君派使者傳告天下諸侯：「合縱擊秦，便在此刻！」各路諸侯群起響應，天下豪傑紛至沓來，瞬間集結起五國軍馬，龍驤虎步，豪氣衝天，數十萬大軍浩浩蕩蕩殺奔前線。

秦軍十年前吃過大虧，知道不能硬拚。蒙驁帶領軍隊灰溜溜地逃進函谷關，閉關不出。五國聯軍在函谷關外縱橫來去，震懾強秦，威名播於四方，天下皆驚。

這是東方六國最後的雄威，光焰萬丈，卻一閃即逝，瞬間落幕。冷靜

分析，這次合縱其實是失敗的。東方六國消耗大量人力物力，並沒有真正打擊到秦國。秦軍退回函谷關並不是因為怕他們，只不過採取兵法上「避其鋒芒」的戰術而已，先躲一躲，消耗敵人的銳氣，一旦聯軍撤退，秦軍馬上捲土重來，重新佔領東方的土地。

說到底，這時候東方六國的力量根本不足以對秦師造成太大殺傷力，只能象徵性地把秦師趕跑，而無法取得實質上的勝利。

他們在秦國面前已經無計可施了。但即使這樣象徵性的勝利，秦國人還是看不下去。他們想盡辦法打擊信陵君，在魏國大肆散佈信陵君即將威脅到魏王的謠言。

魏安釐王也被這個弟弟的超高人氣震驚了，他很清楚，在魏國人心裏，信陵君才是真正的領袖。如果信陵君真要奪取他的權位，不管從謀略、手段還是民眾的支持上來看，他肯定都不是對手。

他決定再次奪走信陵君的相印：「公子還是到煙花叢中去吧。」信陵君知道他一生的功業已經完成了，不管在國內還是國際上，都已經沒有再讓他施展抱負的土壤。

他不再過問天下事，整日佯狂詐醉，痛飲豪歌，在溫柔鄉中流連忘返，在放浪形骸中消磨著寂寥的歲月。四年之後，信陵君去世，留給世人一個落寞的背影，以及「竊符救趙」的不朽傳說。

「縱死俠骨香，不慚世上英。誰能書閣下，白首太玄經。」千年之後，世上仍然流傳著「公子」的傳奇。信陵君死後，春申君接過了他的大旗，繼續號召天下人合縱抗秦。

公元前 241 年，楚、燕、魏、趙、韓五國聯合，由春申君帶領，再次討伐秦國。

這次的情況比上次更讓人失望。秦軍還是不跟他們正面對決，直接躲進函谷關，五國兵馬氣勢洶洶地殺到函谷關下，準備跟上次一樣耀武揚威一番再撤退。不料秦軍突然打開關門殺出來，五國軍隊嚇得拔腿就跑，瞬間作鳥獸散，連秦軍的正臉都沒看清楚。

「合縱抗秦」從此成了一個笑話。春申君就此遭到楚考烈王的厭棄，漸

漸失勢，三年之後被政敵刺殺身亡。

同樣落寞的還有廉頗。趙孝成王死後，趙悼襄王登基。他非常忌憚廉頗的威望，即位後馬上解除了廉頗的軍權，讓樂乘去前線接替他。當時廉頗剛剛打下魏國的繁陽，正要高歌猛進，卻聽到自己被解職的消息，怒髮如狂，立時率領兵馬掉頭攻打樂乘。樂乘大敗而逃，不知所終，廉頗隨後也逃到了魏國。

趙國同時失去了兩員大將，軍事實力明顯削弱，之後幾年連續被秦國欺負，趙悼襄王又想起了流落在外的廉頗。

他讓使者帶上鎧甲和寶馬，到大梁去看看「廉頗老矣，尚能飯否」？廉頗看到趙國使者來了，非常開心，為了證明自己還能領兵，他一頓飯吃了一斗米、十斤肉，還親自披掛上馬展示了一番武藝，希望能夠重新回到趙國任事。

哪知道那個使者早就被朝廷裏的奸臣郭開收買了。使者回到趙國以後，報告說：「廉頗雖然飯量還好，但一會兒時間就三次把大便拉到褲子裏。」

趙悼襄王一聽，心想廉頗確實老了，從此放棄了招他回國的打算。而廉頗也就只能留在魏國了。

但廉頗畢竟是趙國名將，魏人怎麼都不放心他，他在魏國始終得不到重用，只好接受楚幽王的邀請，去楚國當將領。

到了楚國以後，他鬱鬱寡歡，總說：「我還是想帶趙國士兵啊。」可惜他再也沒有機會，最終只能終老楚國。

荒冢埋劍，倦鳥歸林，英雄的時代就這樣過去了，只留下漫天絢麗的晚霞，和那些仗劍天涯、策馬奔騰的動人傳說。從那以後，東方六國不僅國力衰頹，人才也漸漸凋零，再也沒有重振旗鼓的志向，只是趴在秦國腳邊苟延殘喘地活著。祖先們的榮耀早已經被人遺忘。現實的痛苦令人身心俱疲，黃昏已經降臨，一個時代漸漸老去。是時候終結這種局面了。

第十八章

四海歸一

穢亂宮闈的趙太后

　　呂不韋投資的成功，讓他走上了人生巔峰。這時的秦國由趙太后輔政，朝中大權完全掌握在呂不韋手中。呂氏家族成為咸陽的超級豪門，家中有僮僕上萬人，出行的車隊綿延數里，權勢之盛，威望之高，跟秦王相比也差不多。

　　發跡以後的呂不韋特別想擺脫暴發戶的形象。他效仿信陵君、春申君那些傳統貴族，也招攬了許多門客，在門下著書講學、熱鬧非常，並且編出了《呂氏春秋》這樣一部巨著，想替秦國摘掉「文化落後」的帽子。但呂不韋也有個很大的煩惱。趙太后是個不甘寂寞的妖艷婦人。前些年老公在的時候還不敢亂來，現在秦國沒人能管束她了，她就想起了老相好呂不韋。經常把呂不韋召進宮中侍寢，絲毫不在意自己兒子的看法。

　　呂不韋可要理智得多。他知道這樣搞下去會惹來大禍。為了讓太后放過自己，他專門找來一個叫嫪毐的男子，讓他拔掉鬍子，冒充太監，到宮裏侍奉太后。

　　趙太后得到嫪毐以後，親身試驗，果然雄武異常，頓時喜不自勝，從此就拋開呂不韋，天天跟嫪毐淫樂，呂不韋這才鬆了一口氣。

　　後來趙太后有了身孕，不好直接生在宮裏，就藉口說咸陽宮的風水不好，帶著嫪毐搬到了雍城的行宮裏去住。兩人在那裏更加無所忌憚，不分畫夜地宣淫作樂，幾年時間生下了兩個兒子，一家四口熱熱鬧鬧地生活著，驚得周圍人目瞪口呆。

　　但太后完全不在意衆人異樣的目光。她公然提拔嫪毐，把山陽郡、太原郡等地都封給他，宮室、苑囿、車馬、服飾，樣樣都是頂級配置。嫪毐隨之也成了秦國朝廷的實權人物，家裏僮僕幾千，全國各地趨炎附勢的人，都來到他手下充當門客，一時竟有四千之多。

　　嫪毐小人得志，極其囂張，對自己的醜事一點都不掩飾，有一次喝醉了酒跟人吵架甚至說：「我是秦王的爹，你算甚麼？」

　　各種風言風語傳遍了秦國的大街小巷。老百姓都在私下眉飛色舞地討

論，流傳的版本也越來越生動，甚至說嫪毐的「那話兒」能轉動車輪，太后喜歡得不得了⋯⋯

年少的秦王政對於這樣的恥辱又羞又恨。但他還沒能掌權，只能先忍著。

公元前 238 年，秦王政成年了。在雍城蘄年宮舉行冠禮。按照傳統，這之後他就要親自掌權了，太后不管願不願意都得把權力交出來。嫪毐知道一旦這個少主人掌權，自己的末日就到了。所以不顧一切地發起叛亂。

他趁秦王政去雍城的機會，盜用秦王和太后的印璽，調動首都的戍衛隊，再加上自己家裏的僮僕，在咸陽發起叛亂，準備殺向雍城。

秦王政聽到消息，立即命令昌平君、昌文君帶兵鎮壓，雙方在咸陽展開血戰，嫪毐的人馬敗下陣來，倉皇逃出了咸陽。

秦王政隨後在全國發出通緝令，很快就把嫪毐一夥亂黨抓捕歸案，為首的二十多人全部斬首示眾，五馬分屍，滅三族。

趙太后被關進雍城的萯陽宮，她跟嫪毐生的兩個兒子被裝進麻袋當場摔死。嫪毐手下四千多戶門客被流放到蜀地，剩下的都發配到宗廟裏服苦役。

嫪毐和趙太后的勢力被剪除乾淨。

呂不韋也受到牽連。秦王政說嫪毐是他舉薦上來的，本來要治他的罪，但姑念他輔佐先王有功，免除死罪，只是奪了他的權力，放逐到蜀地。

其實公正地說，呂不韋是冤枉的。他跟嫪毐明明就是政敵，兩人是水火不容的關係，怎麼能說他是嫪毐的同黨？而且他對秦國的貢獻非常大，是一名盡職盡責的好官員。

但秦王政要奪回權力必須除掉呂不韋。嫪毐的叛亂是最好的藉口，呂不韋有沒有罪根本不重要。

呂不韋也很清楚這一點。他知道秦王以後肯定容不下自己，只好在蜀地服毒身亡。

舊貴族全部被打翻，秦國朝中勢力大洗牌，年輕的秦王政成為最大的

贏家，從此把權力握到了自己手上。

雖然一年以後，秦王政接受大臣們的建議，把趙太后又接回了咸陽宮裏，但太后那群人已經永遠翻不起風浪了。

現在是年少有為的秦王政掌權，秦國這輛戰車從此走上正軌，挾著雷霆萬鈞之勢，不可阻擋地開上了一條光明大道。

年少有為的秦王

呂不韋是治國方面的奇才。秦國朝堂上亂成一鍋粥的這些年，秦國的國政並沒有出現重大失誤，對外擴張依然有條不紊地進行著，對東方六國的壓迫一點都沒有減輕。

秦王政接過權力的交接棒以後，很快就表現出了極其高明的政治天賦。他順利地把呂不韋的擴張計劃接過來，繼續推行。

這時候六國已經基本沒有反抗能力了，秦國的對外政策也就做了一些調整。

最大的調整就是開始舉起「仁義」的大旗，佔據輿論的制高點。秦國一百年來都被稱為「暴秦」，在天下人眼裏是一隻嗜血的巨獸，只會一味地殺戮，沒有人性可言。秦王政登基以後，卻開始宣揚自己才是偉大的解放者，要把天下人從六國暴君的壓迫下解救出來。一個明顯的變化就是：秦國現在不以殺人多少為軍功的標準了。

從前秦軍對外用兵的時候，都要大肆收割人頭，每次「斬首」多少人，是戰爭成功與否的一個主要標誌。

秦王政當政以後，秦軍對外的戰爭卻再也沒有了「斬首」的記錄，只記載攻佔了某地。一方面可能確實是殺的人少了，另一方面也說明秦國在宣傳上刻意低調處理這件事，不再宣揚自己殺人的功績。

這使得秦國的形象溫和了一些。畢竟秦國現在考慮的不僅是征服六國，更是以後如何統治六國百姓的問題，不能結太多仇。

跟軍事上的「低調」密切配合的，是秦國現在更注重從內部瓦解敵人，而非像原來那樣只專注於戰場。

這首先要歸功於一個叫頓弱的幕僚。他向秦王政提出：應該撒下重金去賄賂六國朝廷裏的權臣，讓他們從內部破壞六國的抵抗政策，這樣秦國只要花費較小的代價就可以攻下六國。

六國的權臣為甚麼那麼容易被收買呢？因為現在天下的形勢已經漸漸明朗了，只要略微有一點見識的人都能看出，秦國吞併六國的趨勢已經不可逆轉。這些權臣們也要替自己的後半生和子孫後代考慮，現在配合秦國，以後改朝換代了還能換個地方繼續做官，何樂而不為呢？

所以秦國的金錢和心理攻勢一推出去，馬上取得了驚人的效果。六國的內奸們紛紛展開賣國大賽，恨不得把自己國家拆了賣一個好價錢。這樣六國在面對秦國侵略的時候也就更加軟弱無力。

另一個重要的獻策者是李斯。他本來是楚國的一個小官，生逢亂世，懷抱定國安邦之才，想要幹出一番事業。

據說他年輕的時候，有一次看到廁所裏的老鼠在糞便堆裏鑽來鑽去，瘦小羸弱，看到人或者狗過來嚇得驚慌失措；但糧倉裏的老鼠，悠閒地躺在大房子裏，吃著精細的米麵，長得又肥又大，也不用擔心被人和狗打擾。

他因此感慨說：人的才能高低本沒有本質區別，命運的不同是環境造成的——位置比努力更重要。

所以他需要去一個能發揮自己才幹的地方。六國大廈將傾，顯然不是可以久留之地，天下只有一個地方能帶給他光明的前途，那就是秦國。

他拜齊國的荀子為師，學習當時最先進的治國理念，學成以後就去了咸陽，在呂不韋門下謀了一個差事，漸漸地得到了呂不韋的賞識。

李斯想盡辦法把自己的主張推送到秦王跟前。他向秦王政上書說：「當年穆公稱霸西戎，卻最終沒能消滅東方各國，只因為周德未衰，諸侯們還很強大；現在諸侯們都已經衰落，跟秦國的郡縣差不多了，秦國應該趁這個機會一統天下，否則等諸侯們恢復過來，重新聯合起來，秦國再要滅六國就難了。」

　　這番話正好跟年輕氣盛的秦王政的觀點相合，秦王政也正想趁這個機會幹一番事業。於是對李斯刮目相看，把他任用為長史。這是李斯進入秦國政壇的開始。

　　李斯也提出了對六國君臣又拉又打的策略。能用金錢收買的就收過來為我所用，不能的就用武力征服。秦王政應用李斯、頓弱等人的策略，很快在六國內部培養起一幫奸細，成功地擾亂了六國的朝政，李斯也因此被提拔為客卿（從外國來本國做官，被封為卿的人）。

　　但趙太后和呂不韋這些人的倒台卻意外牽連到了李斯。當時秦王政怒火中燒，認為所有客卿都靠不住，準備下令把朝廷裏面所有不是出生在秦國的官員都攆出秦國（也有觀點認為驅逐客卿的導火索是韓國忽悠秦國建鄭國渠，想通過這種大型工程耗盡秦國的國力，秦國建好鄭國渠以後才發現了這個陰謀）。

　　李斯作為客卿中間的佼佼者，也是被驅逐的對象。他在離開秦國的途中寫了一封《諫逐客書》給秦王政，言辭懇切地分析了客卿給秦國帶來的好處。從當初的百里奚，到後來的商鞅、張儀，再到最近的范雎，他們都屬廣義上的客卿，但都給秦國帶來了巨大的變革，秦國正是因為不拘一格任用了這些外來的人才，才能在亂世中保持國力的穩步提升。

　　秦王政是虛心納諫的君王，看到這封奏摺以後，馬上轉變態度，收回驅逐客卿的命令，召回了被驅逐的客卿們。包括李斯在內的客卿因此保住了在秦國的事業，秦國也成功避免了一次人才的嚴重流失。

　　從那以後李斯就一直受到秦王政的青睞，步步高陞，終於成為秦國朝廷裏首屈一指的重臣。

　　秦國在這群雄心勃勃的君臣的統領下，正式開啟了統一天下的宏大工程。

　　第一個受害者是基本沒有抵抗能力的韓國。

　　公元前 233 年，秦國殺死來替韓國求饒的韓非子，韓王安在巨大的壓力下，主動向秦國稱臣，希望換取秦國的寬恕。

　　但他們並不知道，李斯向秦王政提出的滅六國方案裏面，第一個目標

就是韓國。

公元前 231 年，韓國南陽地方官獻城投降，隨後帶領秦軍攻打自己的祖國，秦軍頓時對韓國內部的軍事防線瞭如指掌，韓國戰場的局勢急轉直下。

這是秦國收買六國官員的第一起成功案例，在這個賣國賊的帶領下，秦軍勢如破竹，第二年就渡過黃河，打下新鄭，活捉韓王安，韓國滅亡。

接下來輪到趙國。

趙國的頂樑柱

從趙孝成王開始，趙國君主一代不如一代。趙悼襄王上台以後立即奪走廉頗的兵權，導致廉頗跟樂乘火拼，兩員大將同時出走，趙國軍事力量大受打擊。這以後趙國就只剩李牧這根頂樑柱了。李牧是這個時代最有才幹的將領，他長期在北部邊疆雁門關替趙國防禦匈奴，是趙國的北方長城。

匈奴是馬背上生存的民族，來去如風，隨時會衝進關內來劫掠一番，搶完了就跑，等你去追的時候又很容易被他殺個回馬槍。所以農耕民眾對他們很頭疼。

李牧採取堅壁清野的戰術，平時積極操練士卒，加固堡壘，等匈奴來的時候就命令人們帶著馬匹財物躲進堡壘中，這樣匈奴每次來都空手而歸。

但人們卻以為他是害怕匈奴，不敢出擊，都說他很懦弱。最後連趙王都被傳聞誤導了，召回李牧，派別人去防守北方邊境。

繼任者不懂兵法，匈奴一來就出擊攔截，結果每次都被殺得大敗，白白損失了很多兵馬。

趙王這才想起李牧，只好重新起用他，李牧說：「派下臣去可以，但還是得依照下臣的戰術。」趙王沒辦法，只好答應他。從那以後，邊關再次緊閉大門，不跟匈奴正面對決。匈奴也就越來越放肆，每次來了都長驅直入，如入無人之境。李牧故意讓軍隊輸給匈奴幾次，折了一些人馬，又讓人在關

隘外面漫山遍野地放牧，顯得十分散漫。暗地裏卻加緊訓練士卒，選出五萬精兵做衝鋒隊，十萬弓箭手殿後，準備好以後，全部埋伏起來，等著匈奴來臨。

匈奴接連取得小規模勝利，以為趙國已經沒有防禦能力了，便點起全部兵馬，十多萬人呼嘯而來衝進趙國關隘，想一舉踏平趙國邊關。

等匈奴都衝進埋伏圈以後，李牧的軍隊從四面八方湧出來，截斷後路，把匈奴包圍在中間。一時弓弩手漫山遍野，箭如飛蝗。匈奴這才驚覺上當，趕緊奪路而逃，結果在每個路口都遭到截擊，被殺得慘不忍睹，最後幾乎被全部殲滅，軍事實力遭到毀滅性打擊。

趙國大軍乘勝掩殺，接連攻破東胡、林胡等蠻族部落，各部落的單于紛紛逃竄。此後北方蠻族十多年都不敢再侵犯趙國邊境。

對匈奴的大勝使得李牧聲名遠揚。當廉頗和樂乘出走以後，趙王就派他到南方抵抗秦國的侵略。

這時候東方六國已經非常屚弱了。對於秦國大軍，基本上是望風而逃。李牧卻不一樣，他帶著在北方戈壁上鍛煉出來的精銳部隊來到前線，一交戰，頓時顯露出驚人的戰鬥力，連戰連捷，打得秦軍暈頭轉向，最後連秦國將領桓齮都不敢回國了，只好逃到燕國去躲避。

秦國人沒想到北方軍隊竟然這麼兇悍。秦王政又派出王翦去攻打趙國。王翦是當前秦國最著名的將領，但面對李牧的時候同樣無計可施，相持一年多都拿不下趙國的城池，這還是在雙方國力相差巨大的情況下出現的結果，想想實在讓人恐怖。

最後王翦只好使出老辦法——依靠內奸，從內部瓦解趙國。

趙王自毀長城

趙悼襄王是個才能有限又喜歡自作聰明的人，他在婚姻方面的愛好也是非常獨特。

他的王后叫趙悼倡后。為甚麼會有這麼奇怪的一個稱號？因為史書記載這個女人是「倡女」。古代「倡」和「娼」不分，所以趙悼倡后可能是舞女出身，也可能就是個妓女。

趙悼倡后雖然出身風塵，但擁有驚人的美貌，被趙國一個王爺看上，把她娶到家裏做了妃子。

可惜王爺不久就離開人世了，趙悼倡后成了寡婦。但她運氣實在好，又被趙悼襄王看上了，把她納入後宮。

趙悼襄王非常寵愛這個女人，不顧李牧為首的大臣們的堅決反對，立為她王后。

趙悼襄王的前一個王后生下了趙嘉，之前已經被立為太子。趙悼倡后得寵以後生下趙遷，於是趙悼襄王又一次拋開大臣們的意見，廢掉趙嘉，把趙遷立為太子。

但趙遷的母親是這樣一個人，他作為太子又怎麼能讓大臣們真心臣服？趙國君臣之間的隔閡從這時候已經暗暗出現了。

不僅在立儲方面昏招迭出，趙悼襄王晚年在對待秦國的態度上也十分幼稚，以至於上了一次大當。

公元前 237 年，秦王政剛剛從呂不韋手上奪回政權，正準備幹一番事業，趙悼襄王趕緊和齊王建一起去咸陽朝賀。

齊王建是秦國最忠實的馬前卒，他去拍馬屁是正常的，但是趙悼襄王這麼著急地貼上去幹嘛呢？

因為他正在謀劃攻打燕國，需要求得秦王的默許。

趙國這些年依然執行「失之東隅收之桑榆」的國策。被秦國佔了土地，就去東邊國家那裏撈回來——他們的主要攻擊對象是燕國。

趙悼襄王接連很多年都在攻打燕國。有李牧這位名將在，燕國不是他們的對手，搶到了很多土地。

現在趙悼襄王又一次要打燕國，所以先到咸陽來通報一聲，希望秦國別攔著他們。

兩個馬仔一起趕著獻殷勤，左右圍著秦王，一口一個「大王」，叫得比

蜜還甜，秦王政一開心，大手一揮：「去吧，儘管打，不攔著你。」燕國那邊大概是聽到了風聲，也趕緊派人來抱大腿，但遲了一步，秦王政冷冷地回覆他們：「我已經同意趙國打你們了，你還來幹甚麼？」趙悼襄王得到了尚方寶劍，回去馬上磨刀霍霍，準備開戰。第二年一開春就派大軍殺奔燕國，一路勢如破竹，拿下許多城池。

沒想到這時候秦國突然翻臉，派王翦等人乘虛而入，打進趙國本土，接連打下九座城池。趙國從燕國手裏搶到的土地還不如丟給秦國的多，白白擔下侵略者的名聲，鬧得灰頭土臉的。

而且秦國的理由名正言順——「你侵略燕國，我來打抱不平，怎麼，不服？」

趙悼襄王氣得口吐鮮血，當年就暴病身亡。

公元前 236 年，趙遷繼位，史稱趙王遷。

當初李牧他們反對立趙悼倡后的理由是：她出身低賤，會污染王室的血脈。這種以出身論英雄的觀點帶著明顯的歧視，但在當時卻是主流社會都認可的。

不料趙王遷上台以後，不僅不小心做人，反而以他的所作所為證明了這種血統論的正確性。

首先，趙悼倡后不是正經女人，她跟春平君通姦，鬧得宮裏烏煙瘴氣的。

再有，趙王遷也是個人品低劣的貨色，在大臣和百姓心裏形象都很差，史書上明確說他「素以無行聞於國」。他重用郭開，而這個郭開本來就已經惡名在外了。當年就是他買通使者造謠，說廉頗「一飯三遺矢」，致使趙悼襄王丟掉了這顆寶貴的將星。現在趙王遷一點都沒有吸取教訓，繼續對郭開言聽計從。

卻不料郭開正是李斯他們的主攻目標之一，他們早就用重金和封官的許諾收買了郭開，讓郭開在趙王跟前進讒言，儘量擾亂趙國國政。

從那以後，趙王遷的決策就被嚴重干擾了。上次秦國偷襲趙國，打下九座城池以後，趙國戰略上已經很被動，連續幾年被秦國揍得暈頭轉向，丟

了許多土地。

公元前 233 年，趙王遷從北方調來李牧抵禦秦國，李牧一上場，局面馬上扭轉，連續幾場大勝，打得秦軍倉皇逃竄。

公元前 229 年，秦國派王翦進攻趙國，逼近邯鄲，卻又被李牧和司馬尚聯手擋住，進退兩難。

這時候郭開接到秦國主子下達的新命令，要他設法詆毀李牧和司馬尚。郭開就到趙王遷跟前造謠說，李牧二人一直據守，不肯出戰，是在暗地裏聯絡秦軍，想謀反。趙國這些年一直不停地被秦國攻打，國家早就搖搖欲墜了，又剛剛遭遇大地震，饑荒在全國蔓延，內憂外患之中，趙王遷已經成了驚弓之鳥。現在聽說李牧他們要謀反，就跟天塌下來一樣，也不辨別真偽，馬上就派人去前線替換李牧和司馬尚。

當年長平之戰，廉頗被半路換下，趙國隨後慘敗的情形歷歷在目，現在李牧又遇到了同樣的情況。他不願意讓趙國再一次遭受那樣的悲劇，所以公然違抗君王的命令，一口回絕了撤換他的請求。

趙王遷接到使者的回報以後，卻以為這是李牧要謀反的明確證據。他設下圈套，把李牧誘捕歸案，然後斬殺，又廢掉了司馬尚的軍權，派趙蔥和顏聚接替他們。

擎天柱轟然坍塌，前線官兵一片嘩然。軍隊再也沒有了抵抗意志，通向邯鄲的道路已經向秦軍敞開。

秦國那邊一聽說李牧被殺，知道滅趙的最佳時機來臨了，馬上增派軍隊，以雷霆萬鈞之勢壓向趙國。

黑雲佈滿趙國的天空，曾經傲視群雄的趙國軍隊如同潰決的河堤，以無可挽回的態勢崩潰。趙蔥戰死，顏聚被俘，士兵們四散奔逃，王翦的軍隊飛快推向邯鄲。

三個月之後，邯鄲陷落，趙王遷淪為秦國的階下囚，被放逐到房陵的深山中，趙國至此滅亡。

但趙國人的意志還沒有完全崩潰，邯鄲的貴族們擁進宮裏殺死趙悼倡后，保護廢太子趙嘉逃出邯鄲，逃到靠近燕國的代郡，重新建立了一個新政

權，稱為代國，趙嘉被擁立為代王。

趙國的殘兵敗卒們都逃到代國，聚集在代王嘉身邊，跟燕國聯合起來，共同抵抗秦軍的攻勢。

他們在極為艱苦的情況下又堅持抵抗了六年。直到公元前 222 年，燕國滅亡以後，孤立無援的代國才被王翦的兒子王賁攻破，而代王嘉的最終結局成為謎案。

趙國是六國裏面最為可惜的。他們一直保持著錚錚鐵骨，勇敢對抗秦國的侵犯，卻因為國力的巨大差距，終究無力回天。

而內奸郭開並沒有獲得好下場。趙國滅亡以後，他得到秦國賞賜的高官厚祿，屁顛屁顛地跑回邯鄲的家裏去搬運金銀財寶，準備到咸陽去當大官，卻不料亂世道路艱險，半路上被盜賊截殺了，辛苦攢來的財寶都為別人做了嫁衣裳。

再說燕國。當初邯鄲被攻破以後，趙國軍民紛紛向代郡逃亡，燕國立即感受到唇亡齒寒的巨大壓力，他們一方面接納逃來的趙國難民，並且跟代王嘉的軍隊合作抗秦，一方面主動出擊，希望通過暗殺秦王的方式扭轉戰局。

燕國的最後一擊

燕國的末代君王燕王喜是個碌碌無為的庸君，但他有個非常勇敢的兒子。太子丹年輕的時候就被派到趙國做人質，在邯鄲城裏結識了少年時代的趙政，兩人甚至曾是好朋友。

後來趙政登上秦王寶座，太子丹又被派到秦國當人質。但在權力面前，私人情誼根本不算甚麼，秦王政對太子丹態度非常傲慢。

太子丹在咸陽受盡欺侮，更擔心著遠方祖國的命運。最終他想辦法逃出秦國，回到燕國，領導燕人抵抗秦國的暴行。

然而小小的燕國有甚麼資本跟秦國對抗呢？太子丹只好劍走偏鋒，從

民間搜集勇士，準備劫持或者刺殺秦王。他認為秦王被殺以後，秦國高層之間的矛盾將會爆發，從而讓六國獲得打敗秦國的機會。

有人向他舉薦荊軻。荊軻是燕國民間的俠客，傳說他本來是衛國人，自幼喜愛讀書擊劍，在衛國沒有受到重用，便到各國遊蕩，後來來到燕國。

他在薊城四處結交豪俠之士。他跟高漸離最要好，兩人經常喝得爛醉，在燕國街市上顛顛倒倒地遊逛，高漸離擊築，荊軻唱歌，忽而又抱在一起痛哭，渾然忘我，遊戲紅塵。

當時的人們很欣賞這樣的狂人，因此荊軻雖然混跡於社會最底層，在燕國權貴中間卻很有名氣。

太子丹聽說以後，暗中把荊軻請來，奉為上卿，送給他大量的珠寶美女，讓他過著奢華的生活。

公元前 227 年，趙國滅亡以後，秦國大軍已經推進到燕國邊境。太子丹找到荊軻說：「秦軍即將渡過易水，國家存亡已在旦夕之間，還請先生依計劃行事。」

荊軻說，要取得秦王的信任，需要兩樣東西：樊於期的頭顱和督亢的地圖。樊於期本來是秦國大將，攻打趙國的時候被李牧打敗了，不敢回秦國，只好逃到了燕國，被燕國任用為將軍。秦王大怒，殺了他全家老小，並且一直在通緝他。（有人認為他就是桓齮）

而督亢是燕國最富庶的地方，獻督亢的地圖就是說把這個地方割讓給秦國。

殺樊於期相當於燕國政府出爾反爾，太子丹是重情重義的人，他很不情願，但目前這種情況下也沒別的辦法了。樊於期聽說以後，自盡身亡，把頭顱交給了荊軻。

太子丹又找來徐夫人淬煉的匕首，還讓一個叫秦舞陽的少年跟著荊軻，一切準備就緒以後，告訴秦國，燕國要獻土地請求和解，把荊軻他們送到了易水邊。

當時秋風蕭瑟，江上蘆花盛開，白茫茫直到天邊，送行的隊伍全部穿

著白衣白盔，天地間一片肅殺，愁雲籠罩著遼闊的大地。

生離死別的瞬間已經來到，高漸離擊築，荊軻悲歌，眾人相和，邊走邊唱：「風蕭蕭兮易水寒，壯士一去兮不復還！」唱到高亢處，人人怒髮衝冠。

這是最後的救贖，燕國的命運在此一舉。

荊軻一行人來到咸陽以後，遞上國書，不久就接到秦王的邀請函，要他到朝堂上面見秦王。

荊軻帶著秦舞陽來到咸陽宮，荊軻捧著一個匣子，裏面盛著樊於期的頭顱，秦舞陽捧著督亢的地圖，兩人在兩排武士的刀劍環伺之下小心翼翼地前進。

還沒走到大殿前，秦舞陽已經嚇得臉色慘白，周圍的秦國大臣們都有點詫異，只有荊軻依然神色自若地走上台階。

秦王宣荊軻進殿獻圖，荊軻從秦舞陽手裏接過地圖，低頭走進大殿。

根據秦王的御醫夏無且後來的敘述，當時荊軻捧著地圖來到秦王的案几前，緩緩把地圖展開給秦王看，展到最後一層的時候，一柄閃亮的匕首赫然出現！

荊軻一手抓住秦王的衣袖，一手拿匕首刺過去，秦王急忙躥向後方，衣袖被扯斷，荊軻刺了個空。

荊軻隨後撲過去，秦王已經跑向了大殿的柱子旁邊，繞著柱子躲避，荊軻在後面緊緊追趕。

按照秦國的規定，大殿上的侍從們不許帶任何兵刃，沒有君王的命令，下邊帶著兵器的侍衛們不能進殿。當時情況太突然，秦王只顧著躲避，忘了叫侍衛上來，所以大家在下邊目瞪口呆，竟然沒人敢衝上去保護大王。

這時御醫夏無且急中生智，拿手裏的藥袋扔向荊軻，把荊軻擋了一下，下邊的人們大喊：「大王拔劍！」秦王這才想起自己身上有佩劍，於是拔出來一劍砍傷了荊軻的大腿。

荊軻坐倒在柱子旁，把手裏的匕首扔向秦王，秦王一閃身躲開了，拿

著佩劍衝上去，把荊軻砍得血肉模糊。

下邊的人們這才一擁而上，把荊軻剁成了肉泥，他們又殺掉外面的秦舞陽。這次精心準備的刺殺行動遭到慘敗。

秦王政暴跳如雷，立即發動大軍撲向燕國。燕國哪有能力抵擋。薊城很快被攻破，燕王喜、太子丹等人帶著手下人逃到遼東，秦國大軍又追向遼東。燕王喜只好殺掉太子丹，把他的人頭送給秦國謝罪。

秦國收下太子丹的人頭以後才暫時放過了燕國，讓他們在遼東苟延殘喘，把兵力調向南方去攻打楚、魏兩國。直到五年後的公元前 222 年，才又調集兵馬回來，一舉滅掉了燕國和代國的殘餘勢力。

再說南邊的戰事。秦國滅掉韓、趙以後，深入中原核心地帶，魏國已經被秦國四面包圍了。秦國自始至終沒有發起大規模的滅魏戰爭，只是在無數次的軍事打擊中逐步吞噬魏國的土地。到最後，魏王控制的地區只剩下大梁和周圍一些零散的城邑了。

公元前 225 年，王賁率軍進攻大梁。他讓軍隊挖掘溝渠，引黃河和大溝的水衝向大梁。三個月之後，大梁城垣崩塌，魏王假只好出城投降。秦國殺掉魏王假，然後滿城追殺魏國的王族公子們，連繈褓中的嬰兒都不放過，王孫貴族的鮮血染紅了大梁城。

魏國至此滅亡。下一個輪到楚國。

楚國的滅亡

秦國在攻打燕國、追殺太子丹的戰役中冒出一位功勳卓著的少年將領 —— 李信，秦王政非常賞識他，想讓他做滅楚之戰的主帥。

秦王政問李信：「滅楚需要多少兵馬？」李信回答：「給臣二十萬人足矣。」秦王政又問王翦同樣的問題，王翦回答：「非有六十萬人不可。」

秦王政淡淡一笑：「王將軍果然老了，還是讓年輕人帶兵吧。」於是分給李信和蒙武二十萬兵馬，讓他們去攻打楚國，讓王翦回家養老去了。

李、蒙二人帶兵來到楚國。前些年白起已經打下了楚國的核心地帶郢郾地區，但這些地方楚國貴族的勢力根深蒂固，跟東部的楚國政府裏應外合，不停地發動叛亂，這麼多年一直在反反復復地跟秦國中央軍展開拉鋸戰。

目前郢郾地區又落入楚人手裏了。李、蒙二人滅楚的第一個目標就是重新奪回郢郾地區。

李信單獨帶兵攻打郢郾，蒙武帶兵殺向東部的城父。戰爭進行得很順利，郢郾的叛軍一觸即潰，李信隨後趕向東部去跟蒙武會合，準備共同進軍壽春。

這時候一個史書上語焉不詳的神秘人物登場了。昌平君是楚國公子，可能是楚考烈王的兒子之一，但他年輕的時候卻在秦國朝廷裏為相，是秦王政的左膀右臂之一，曾經跟呂不韋、昌文君（可能也是楚國公子）共同鎮壓嫪毐之亂，為秦王政坐穩江山立下了汗馬功勞。

為甚麼楚國公子會在秦國掌握權柄？這是個謎案。史書上對於昌平君的記載似乎在竭力迴避一些內容，又彷彿有人刻意刪除了關於他的記錄。

就在李信他們攻打楚國的前兩年，新鄭的韓國遺民剛剛聯合楚人起來造反。秦王政一邊鎮壓新鄭的反叛，一邊緊急把韓王安轉移到陳地。這裏曾經也是楚國的首都，現在已經被秦國所佔領（楚國的首都先後是郢都、陳、壽春，前兩個目前都已經被秦國佔領）。

同時秦王政還把昌平君派到陳地去安撫當地的民眾，他作為楚國公子，比較能得到楚人的認可。

不料昌平君到達楚國故地以後立即反叛，帶領當地人加入抗秦的隊伍。

前方的李信還不知道這個消息，就在他以為郢郾已經平定，大搖大擺往東走的時候，昌平君和大將項燕卻帶領兵馬悄悄跟在他後面，連跟了三天三夜，趁秦軍不留意的時候發起突襲，一舉擊潰秦軍，取得了六國對秦國的最後一場大勝。

李信的軍隊大敗而逃，退出了楚國土地。秦王政大驚，沒想到二十萬秦軍竟真的拿不下楚國。他連夜驅車趕到王翦養老的地方，親自向王翦道

歉：「寡人悔不聽先生之言，才有今日之敗，還請先生顧念國家安危，再次出山，領兵滅楚。」

王翦說：「那還是請大王給臣六十萬兵馬。」

秦王政一口答應下來，於是王翦再度披掛出山，帶領六十萬大軍殺奔楚國。

這時候在陳地那邊，楚將項燕擁戴昌平君為楚王，利用昌平君在楚人中的威望，凝聚人心。（具體的時間有爭議，也有可能是在楚王負芻被俘虜以後才立的昌平君。）王翦一來局面就不同了。他不跟楚軍硬拚，而是命令秦軍築起深溝高壘，堅守不出，不管外面的楚軍怎麼挑戰都不理。他每天讓士兵們休息、沐浴，好好養足精神，自己跟普通士兵同寢同食，直到有一天，他問下人：「大家閒下來都在幹甚麼呀？」下人回答：「都在玩投石、跳躍的遊戲。」王翦說：「這樣的軍隊可以出擊了。」

這時候外面的楚軍看到秦軍長期不出戰，已經開始撤走兵馬，準備到東部去，王翦學習之前昌平君的做法，派軍隊悄悄跟在後面，趁敵人不注意的時候發起突襲，一舉打敗了楚軍，並且斬殺昌平君，消滅了楚國最後的精銳。

楚國最後的名將項燕也在這次戰役中身亡，但他的功勳卻牢牢記在了楚人的心中。

到這一步，楚國再也沒有抵抗之力了。公元前 223 年，壽春陷落，末代楚王負芻被俘虜，楚國滅亡。

愚蠢又可悲的齊王

齊國人早已丟失了血性。秦國四處出擊的這些年，他們厚顏無恥地跟在秦人後面當馬屁精，對各個兄弟國家的呼救聲置若罔聞，甚至每當秦國滅掉一個國家，齊王建都會派人去咸陽朝賀。

齊國的大臣們也都在為自己留後路。他們異口同聲地勸齊王建不要招

惹秦國，甚至不要發展軍備，以免激怒秦國，昏庸無能的齊王建竟然完全相信了他們的話。

當五國都被秦國消滅以後，齊國才忽然發現自己已經是孤零零的一個人，身旁是秦國這隻猛虎，正在磨牙吮血，躍躍欲試。

齊王建惶惶不可終日，他想不出甚麼辦法，只好當鴕鳥，派人牢牢守住西部邊境，跟秦國斷絕一切往來，整個縮在自己的烏龜殼裏，彷彿這樣就不會遭到外來的打擊了。

秦國滅楚之後，順勢往南征服百越部落，又向北，滅掉已經奄奄一息的燕國和代國。至此，除了齊國那小小的一塊地盤以外，天下都是秦國的土地了。

公元前 221 年，秦王政派王賁領兵，從原來燕國的南部攻入齊國，兵臨臨淄城下。

到這一步，齊人的血性還是沒有激發起來，朝廷上下沒有一個人願意出來抵抗侵略。

秦國宣佈只要齊王建投降就給他五百里的封地。相國后勝早已經被秦國收買了，拚命攛掇齊王建投降。齊王建是個沒主見的人，懵懵懂懂地在大臣們的簇擁下開門迎接秦軍入城，曾經的東方霸主就以這樣恥辱的方式湮沒在了歷史塵埃裏。

不料秦王政隨後就翻臉，不給齊王建和他的家族任何優待，把他遷到共地，丟進一片松柏林裏，任他自生自滅。齊王建不久就餓死在了那裏，成為六國民眾口中的笑料。

一統山河

那些征伐四方的沙場男兒，那些氣吞萬里的英雄豪俠，終於化作史書裏的塵埃，只留下一縷忠魂供後人憑弔。

公元前 221 年，四海歸一，天下初定，這是六國的慘禍。但站在歷史

長河之上來看，又是天下人的幸事，紛紛攘攘的五百年亂世至此終結，人們終於有望迎來真正的太平盛世。對於老百姓來說，天下太平，人人安居樂業，就是最大的幸福。

秦王政認為這是他和秦國列祖列宗的無上功德，他的功勞已經蓋過了三皇五帝，僅僅稱為「王」已經無法再彰顯他的尊貴，所以讓大臣們想一個比「王」更加氣勢恢宏的稱號。

大臣們想來想去，說：「上古有天皇，有地皇，有泰皇，其中泰皇最尊貴，大王您以後可以稱為『泰皇』。」

秦王政說：「『泰』字不要，只留『皇』字，再加上上古的『帝』位，就稱為『皇帝』吧。」

又說：「以前的人們都在死後立一個謚號，這是子議父、臣議君，不可，從朕開始，不要謚號。朕是第一個皇帝，就叫『始皇帝』。」

台下百官朝賀，鐘鼓齊鳴，眾人俯伏在地，齊聲稱頌：「吾皇萬歲萬歲萬萬歲！」

秦始皇跟大臣們計議，當今天下平定，該如何保定長治久安。

有人說：「燕、齊等地離咸陽太遠，難以治理，不如效法周朝，分封王子到此等地方為諸侯。」大家聽到這個建議都積極附和，只有李斯反對說：「周天子封的兄弟親屬們，到幾代人以後都疏遠了，相互征戰不休。如今王子功臣們賞賜一些財物就夠了，不必再封諸侯。」

秦始皇也認為：「諸侯們相互攻訐多年，人民飽受其苦，現在九州初定，又立諸侯，是重啟肇端，萬萬不可。」

於是決定以郡縣制為國家的基本體制，廢除周朝的分封制，天下從此再沒有諸侯國了。

華夏大地開啟了一個全新的時代。

完成這些前無古人的偉大事業以後，公元前 219 年，秦始皇帶領群臣從咸陽出發，來到泰山舉行封禪大典。

他站在巍峨的岱宗之巔，腳下是秀美壯麗的萬里山河，紅日高照，江河長流。在那遼闊的大地上，早起的人們扛著鋤頭走向青青的田野，夫妻相

互依偎，說著情話，孩子們在田埂上撒歡，剛剛播下的種子正在土地裏生根發芽……

多麼迷人的華夏！亙古以來，不計其數的英雄豪傑為這片土地而折腰，這片土地那迷人的魅力來自哪裏呢？秦王閉目遐想……在這一刻，他是這片古老的土地唯一的主人。他相信，他的權力將會永遠傳遞下去，二世、三世，以至於萬世……

附錄　大事年表（公元前 445 年─公元前 221 年）

■魏國稱霸

- 公元前 445 年，魏文侯繼承魏氏家業。

- 約公元前 439 年，楚惠王想攻打宋國，墨子趕到郢都阻止。

- 公元前 432 年，中山國復國，被魏、趙聯手控制。

- 公元前 429 年，秦懷公繼位，秦國政壇開始一段混亂時期。

- 公元前 425 年，魏文侯擔任正卿，魏國崛起。

- 公元前 419 年，魏國在少梁修築軍事要塞，開始搶佔河西地區。

- 公元前 415 年，秦靈公去世，秦簡公成功奪位，公子連逃到魏國避難。

- 公元前 414 年，中山武公帶領中山國獨立，立都顧城。

- 公元前 413 年，魏國開始在河西發起進攻；齊、楚偷襲魏國後方。

- 公元前 412 年，吳起殺妻求將。

- 公元前 409 年，吳起擔任魏國統帥，攻克臨晉等軍事要地。

- 公元前 408 年，中山桓公繼位；魏、趙聯手攻打中山國，樂羊食子。

- 公元前 406 年，魏軍攻破顧城，再次滅中山國。

- 公元前 405 年，齊國田會反叛，三晉聯手攻齊，俘虜齊康公，送到洛邑，要求周王封自己為諸侯。

- 公元前 403 年，周威烈王正式冊封魏、趙、韓三家為諸侯。

- 公元前 452 年 ── 公元前 403 年，三家瓜分晉國土地。

- 公元前 401 年起，秦國試圖收復河西，但屢戰屢敗。

- 公元前 400 年，韓國首都陽翟被鄭國軍隊包圍；三晉聯軍進攻楚國。

- 公元前 391 年，田和廢齊康公；三晉在大梁和榆關大敗楚軍。

- 公元前 389 年，吳起守陰晉城，以五萬軍隊打退秦國五十萬大軍。

- 約公元前 389 年，吳起離開魏國去楚國，受楚悼王重用，在楚國推行新法。

- 公元前 386 年，周安王冊封田和為齊侯，是為齊太公；秦出公繼位，小主夫人執政，被朝臣們孤立；趙國遷都到邯鄲；魏國幫助公子朝攻打邯鄲，引爆兩國矛盾，三晉聯盟破裂。

- 公元前 385 年，韓國打進宋國首都，活捉宋悼公；魏武侯派人護送公子連回秦國爭位，殺死秦出公母子。

- 公元前 384 年，秦獻公登基，進行一系列改革，秦國進入上升通道。公元前 383 年，趙敬侯向中原挺進，攻打衛國，魏國救援衛國，引發趙、魏、齊、楚、衛五國連續三年的混戰，魏國受損嚴重，被迫求和，霸權凋零。

■中原群雄混戰

- 公元前 381 年，楚悼王去世，楚國貴族反撲，殺吳起，變法被迫終止；中山桓公復國。

- 公元前 380 年，齊國侵略燕國，三晉聯手干涉，雙方爆發多輪衝突。

- 公元前 379 年，齊康公死於飢寒，呂氏齊國滅亡。

- 公元前 377 年 —— 公元前 376 年，趙國和魏國連續多次攻打中山國，無法獲勝。

- 公元前 375 年，韓國吞併鄭國。

- 公元前 374 年，中山國進攻趙國，收復大片領土。

- 公元前 372 年，趙國再度侵入衛國，連下七十三城，魏國干涉，趙國大敗。

- 公元前 370 年，魏武侯去世，公子罃和公子緩爭位，趙、韓兩國干涉，準備分割魏國，因為分贓不均而作罷；魏惠王登基。

- 公元前 369 年，魏惠王報復，先後打敗趙、韓兩國。

- 公元前 367 年，公子根叛亂，周國分裂為西周國和東周國。

- 公元前 366 年，魏、韓聯手在武堵築城，遭到秦國反擊，兩國大敗，秦國勢力開始進入河西地區。

- 公元前 364 年，秦軍在河西發起進攻，把魏國人趕到石門，斬首六萬，周顯王褒獎秦獻公，賜「伯」號；魏國遷都到大梁，之後開始大舉建設，魏國經濟發展到頂峰。

- 公元前 362 年，秦軍在河西大敗魏、趙聯軍，活捉魏國重臣公叔痤。

- 公元前 361 年，公叔痤臨終推薦商鞅，魏惠王沒有接受，商鞅去秦國。

- 公元前 359 年，秦孝公任用商鞅，發佈《墾草令》，開始變法圖強。

- 公元前 357 年，齊威工登基，開始在齊國進行一系列革新舉措。

- 約公元前 357 年，齊國建立稷下學宮，成為天下學術中心。

- 公元前 356 年，商鞅被任命為左庶長，正式在秦國推行新法。

- 公元前 354 年，趙國攻佔衛國兩座城邑，魏國報復，圍困邯鄲；秦國在河西出擊，攻下少梁。

- 公元前 353 年，趙國向齊、楚兩大國求援，齊威王派田忌、孫臏帶領齊、宋、衛聯軍攻打魏國，在桂陵伏擊龐涓得手，同一時期秦國、楚國、韓國也攻打魏國，魏國第二次被各國圍攻；申不害建議韓昭侯向魏國請和。

- 公元前 352 年，魏、韓聯手，國際聯軍瓦解，魏國反擊國際聯軍獲勝。

- 公元前 351 年，韓昭侯任用申不害為相，開始在韓國變法；趙國割地求和，魏軍撤走。

- 公元前 350 年，秦國遷都到咸陽，進行第二輪商鞅變法。

- 公元前 349 年，魏、趙、韓廢晉靜公為庶人，晉國滅亡。

- 公元前 344 年，魏惠王召集諸侯在逢澤會盟，稱魏王，然後帶領諸侯朝覲周天子。

- 公元前 342 年，秦國太子駟帶領諸侯朝覲周天子；魏國進攻韓國，報復他們不參加逢澤會盟，韓國向齊國救援。

- 公元前 341 年，齊軍撲向魏國大梁，孫臏在馬陵打敗龐涓，隨後全殲十萬魏軍；趙、韓、秦、宋、齊出手，第三次圍攻魏國，魏國衰落。

■合縱連橫之爭

- 公元前 340 年，商鞅計賺公子卬，秦國開啟第五輪河西之戰，隨後幾年接連獲勝。

- 公元前 338 年，秦惠文王登基，報復商鞅，商鞅身死以後被五馬分屍。

- 約公元前 335 年，魏惠王任惠施為相，改變對外政策，結好齊國；大約同時，公孫衍建議魏惠王暗中結交楚國。

- 公元前 334 年，徐州相王，齊國與魏國聯手稱王。

- 公元前 333 年，公孫衍任秦國大良造；楚軍在徐州大敗齊軍，要求齊威王驅逐田嬰。

- 公元前 331 年，秦國進攻魏國雕陰和陰晉，大勝，魏國河西的軍事力量遭遇毀滅性打擊。

- 公元前 330 年，魏國把手中最後的河西土地獻給秦國，秦國徹底收復河西。

- 公元前 329 年，張儀到秦國，受秦惠文王重用；秦國施行連橫策略；魏國把上洛之地獻給秦國；秦國奪取汾陰、皮氏，挑動魏國進攻楚國；宋康公發動政變趕走宋剔成君，自立為君。

- 公元前 328 年，魏國把上郡土地獻給秦國；楚懷王繼位。

- 公元前 327 年，秦國把焦、曲沃兩城還給魏國。

- 公元前 326 年，趙武靈王繼位。

- 公元前 325 年，秦惠文王聯合魏惠王、韓宣王共同稱王；魏王、韓王替秦王駕車。

- 公元前 323 年，魏、韓、趙、燕、中山五國相王；齊威王破壞五國聯盟未遂；楚國昭陽攻入魏國，奪八座城池；昭陽攻打齊國，被陳軫以「畫蛇添足」的故事說動而退兵。

- 公元前 318 年，公孫衍帶領山東五國攻打秦國，同時聯絡義渠國夾擊秦國；燕王噲禪位給子之。

- 公元前 317 年，秦國樗里疾反擊，在修魚重創三晉；公孫衍離開魏國到韓國為相；孟嘗君相魏。

■ **秦楚之爭**

- 公元前 316 年前，秦國贈送金牛給蜀國，五丁開山，鑿金牛道。

- 公元前 316 年，蜀國和巴、苴聯盟爆發大戰，雙方都向秦國求援；秦國滅蜀、巴、苴三國。

- 公元前 315 年，秦、韓在濁澤對峙；燕國大亂，太子平向齊國求救。

- 公元前 314 年，齊國侵入燕國，殺子之；韓軍在岸門被秦軍打敗，秦國隨後連續打擊三晉。

- 公元前 313 年，張儀欺騙楚懷王，說要割讓商於之地。

- 公元前 312 年，趙武靈王扶立燕昭王即位，齊軍撤出燕國；趙國在國際上嶄露頭角；秦、楚丹陽、藍田之戰爆發。

- 公元前 311 年，蜀相陳莊叛亂，秦國甘茂平叛；張儀再次欺騙楚懷王；秦國攻佔楚國的召陵。

- 公元前 310 年，秦武王當政，逼走張儀，改變對外政策，直取中原。

- 公元前 308 年，秦武王與甘茂訂立息壤之盟，攻打韓國宜陽。

- 公元前 307 年，秦國打下宜陽，進軍中原，威逼周王室；秦武王在洛邑舉鼎身亡，羋八子和惠文后爭權；趙國送秦昭襄王回國即位，羋八子一派獲勝；趙武靈王胡服騎射。

- 公元前 306 年，楚國滅越國；趙國向北開疆拓土，打擊中山、樓煩、林胡等蠻族。

- 公元前 305 年，羋八子派系剿滅惠文后派系，徹底掌權。

- 公元前 304 年，秦昭襄王與楚懷王會面，歸還上庸之地，兩國友好。

- 公元前 303 年，孟嘗君組織三國兵馬進攻楚國，秦國救援，三國兵馬撤走。

- 公元前 302 年，楚國太子橫殺秦國大夫，秦、楚聯盟破裂。

- 公元前 301 年，秦國帶頭攻打楚國，三國聯軍捲土重來，在垂沙大敗楚軍，楚國大亂。

- 公元前 299 年，秦昭襄王約楚懷王在武關會面，隨後將其扣留；趙武靈王傳位於趙惠文王，自號為「主父」；趙國攻破中山國首都；孟嘗君相秦。

- 公元前 298 年，趙武靈王混進咸陽查看情況；孟嘗君被秦國扣留，依靠「雞鳴狗盜」的幫助逃走；齊、魏、韓合縱攻秦，在函谷關對峙。

- 公元前 297 年，楚懷王逃出監獄，又被抓回。

- 公元前 296 年，楚懷王死在秦國。五國聯軍攻破函谷關；趙國吞併中山國，遷中山王。

■秦齊之爭

- 約公元前 296 年，燕國突襲齊國，大敗，十萬軍隊被屠戮。

- 公元前 295 年，趙國發生沙丘宮變，趙武靈王被餓死。

- 公元前 295 年 —— 公元前 273 年，秦國對韓、魏兩國發起持續攻擊，佔領大片土地。

- 公元前 294 年，田甲劫持齊湣王，孟嘗君受到猜忌，被迫離開齊國到魏國為相。

- 公元前 293 年，秦國魏冉舉薦白起，發起伊闕之戰。

- 公元前 291 年，秦昭襄王封魏冉到陶邑。

- 約公元前 290 年，蘇秦做燕國間諜，挑起齊國進攻宋國，挑撥齊國與周邊國家的關係。

- 公元前 288 年，秦、齊兩國互相稱帝，兩個月後都自行取消帝號。

- 公元前 287 年，趙、齊、韓、魏、楚五國攻秦，在成皋駐紮，五國各懷鬼胎，暗自移兵去攻打宋國。

- 公元前 286 年，齊、趙、魏三國攻宋，滅亡宋國。

- 公元前 285 年，秦國發起，秦、趙、燕、魏、韓五國伐齊，大勝。

- 公元前 284 年，齊國在濟西慘敗，樂毅帶領燕軍橫掃齊國全境，齊湣王逃到莒城，楚將淖齒殺齊湣王，太子法章逃進深山，遇到君王后。

■秦趙之爭

- 公元前 283 年，秦國攻打魏國，包圍大梁，燕、趙救援魏國。

- 公元前 282 年，秦國進攻趙國，打下祁、茲氏兩座城，隨後幾年接連對趙國用兵，蠶食趙國國土。

- 約公元前 282 年，藺相如完璧歸趙。

- 公元前 280 年，秦國司馬錯進攻楚國西部。

- 公元前 279 年，秦國白起打下楚國鄢城；燕昭王去世，燕惠王繼位，召回樂毅；田單以火牛陣趕走燕軍，恢復齊國，迎接齊襄王回臨淄；澠池會，藺相如強迫秦王擊缶。

- 公元前 278 年，白起打下楚國郢都、夷陵，燒楚王陵園；楚頃襄王逃到陳地，楚軍全線崩潰；屈原投江。

- 公元前 277 年，秦國吞併楚國西部國土，楚國被嚴重削弱。

- 公元前 276 年起，趙國廉頗連續攻打東方各國，擴張領土。

- 公元前 272 年，宣太后誘殺義渠王，秦國隨後滅義渠國。

- 公元前 271 年，范雎到秦國；魏冉攻打齊國。

- 公元前 270 年，魏冉打下齊國剛、壽兩座城池，並入陶邑；范雎說秦昭襄王，受重用；秦國開始「遠交近攻」。

- 公元前 269 年，閼與之戰，趙奢領導趙軍大勝秦軍，斬首八萬。

- 公元前 266 年，秦昭襄王發動政變，廢宣太后，逐「四貴」。

- 公元前 265 年，秦昭襄王替范雎報仇，追殺魏齊；齊國君王后當政。

- 公元前 264 年，秦國白起攻打韓國汾城、陘城，準備截斷韓國領土。

- 公元前 262 年，秦國截斷太行道，上黨郡歸降趙國。

- 公元前 261 年，趙國廉頗防守長平，與秦軍對峙；秦國遭遇饑荒，秦昭襄王拒絕救助百姓。

- 公元前 260 年，趙國用趙括替換廉頗；長平之戰秦國獲勝，屠殺趙國四十萬降卒。

- 公元前 259 年，趙國割地求和，隨後翻悔；秦軍包圍邯鄲；秦始皇生於邯鄲。

- 公元前 258 年，秦軍戰況不利，白起拒絕領軍。

- 公元前 257 年，魯仲連義不帝秦；信陵君竊符救趙，邯鄲解圍；秦昭襄王殺白起。

■短暫休兵時期

- 公元前 256 年，西周文公組織合縱攻秦，到伊闕；秦國滅西周國。

- 公元前 255 年，范雎獲罪免官；周赧王過世，周朝滅亡；楚國滅魯國。

- 公元前 251 年，秦昭襄王去世。

- 公元前 250 年，秦孝文王暴斃，秦莊襄王繼位。

- 公元前 249 年，呂不韋滅東周國。

- 公元前 247 年，秦始皇即位；信陵君率領五國攻秦，秦軍躲進函谷關。

- 約公元前 247 年，李斯到秦國，在呂不韋手下當官，幾年以後被提拔為長史。

- 公元前 245 年，廉頗受排擠，離開趙國到魏國，後來到楚國。

- 約公元前 245 年，趙國李牧領軍，大破匈奴。

- 公元前 241 年，春申君領導五國攻秦，到函谷關被嚇退。

■秦滅六國

- 公元前 238 年，嫪毐作亂被鎮壓，秦始皇幽囚趙太后；秦始皇親政。

- 公元前 237 年，秦始皇貶呂不韋，重迎趙太后回咸陽；秦始皇下令驅逐客卿，李斯上《諫逐客書》；趙悼襄王請求秦國允許攻打燕國。

- 公元前 236 年，趙國攻打燕國，秦國干涉，開始對趙國的連續打擊；趙悼襄王準備重新起用廉頗，被郭開欺騙。

- 公元前 233 年，秦國殺韓非子，拒絕韓國求和。

- 公元前 231 年，韓國南陽守衛投降秦國，帶領秦軍攻打韓國。

- 公元前 230 年，秦國滅韓國。

- 公元前 229 年，秦國王翦進攻趙國，逼近邯鄲；趙王遷聽信讒言殺李牧。

- 公元前 228 年，王翦攻破邯鄲，趙國滅亡；趙嘉逃到代地，建立代國；秦國陳兵燕國邊境。

- 公元前 227 年，燕國太子丹派荊軻行刺秦王。

- 公元前 226 年，秦國攻下燕國薊城，燕王喜逃到遼東。

- 公元前 225 年，秦國王賁攻破大梁，魏國滅亡；秦國派李信和蒙武帶二十萬大軍進攻楚國，被項燕打敗。

- 公元前 224 年，王翦和蒙武帶六十萬大軍進攻楚國。

- 公元前 223 年，壽春陷落，楚國滅亡。

- 公元前 222 年，秦國滅代國；王賁攻下遼東，燕國滅亡。

- 公元前 221 年，齊王建投降，齊國滅亡，天下平定；秦始皇首稱皇帝。